面向"十二五"高职高专精品规划教材·经管系列

# 风 险 管 理

李 蕾 主 编

郭 懿 齐 欣
刘俊杰 段乐田 副主编

U0361893

清华大学出版社

北 京

## 内 容 简 介

本书是一本适合高职院校经管财经类专业学生使用的关于金融风险管理的教材。书中对金融风险、利率风险、汇率风险、信用风险、操作风险、流动性风险、国家风险和金融衍生工具风险等重要金融风险管理，从概念类型、风险评估和度量、风险控制技术等方面，进行了系统简要的阐述；对《巴塞尔协议》和银行监管作了系统总结，并介绍了风险管理领域的最新成果——全面风险管理在金融机构中的应用情况。项目后配有扩展阅读、单元练习和课外活动等内容，方便课程教学、学习使用。

鉴于本教材内容的基础性和全面性，本书还可以作为金融机构风险管理培训教材，也可以作为初学风险管理课程的一本入门级教材。

**图书在版编目(CIP)数据**

风险管理/李蕾主编. --北京：清华大学出版社，2015（2022.2重印）
(面向"十二五"高职高专精品规划教材·经管系列)
ISBN 978-7-302-37553-1

Ⅰ. ①风… Ⅱ. ①李… Ⅲ. ①风险管理—高等职业教育—教材 Ⅳ. ①F272.3

中国版本图书馆 CIP 数据核字(2014)第 174656 号

责任编辑：李玉萍 陈立静
封面设计：刘孝琼
责任校对：周剑云
责任印制：沈 露

出版发行：清华大学出版社
    网 址：http://www.tup.com.cn, http://www.wqbook.com
    地 址：北京清华大学学研大厦 A 座   邮 编：100084
    社 总 机：010-62770175   邮 购：010-62786544
    投稿与读者服务：010-62776969, c-service@tup.tsinghua.edu.cn
    质量反馈：010-62772015, zhiliang@tup.tsinghua.edu.cn
    课件下载：http://www.tup.com.cn, 010-62791865
印 装 者：三河市金元印装有限公司
经 销：全国新华书店
开 本：185mm×260mm   印 张：14.5   字 数：351 千字
版 次：2015 年 1 月第 1 版     印 次：2022 年 2 月第 7 次印刷
定 价：36.00 元

产品编号：051388-02

# 前　言

　　20 世纪 70 年代国际货币市场上布雷顿森林体系的崩溃以及八九十年代欧美国家金融管制的放松，导致金融机构面临越来越严重的汇率风险和利率风险，人们发现导致金融机构经营失败的原因不再仅仅是信用风险，还经常包括市场风险在内，这在投资银行、证券公司和期货公司等领域表现得尤为明显。资产证券化的广泛应用，把商业银行的信贷风险传递给市场投资者，往往一个银行出现信用危机，就很快传导给其他银行乃至整个金融市场。2008 年美国次贷危机的大爆发，就是典型的金融风险快速扩散从而席卷全球的金融危机的例子。风险管理已经被各种金融机构摆在重要的日常管理议程，各种金融风险管理理论正在这些金融机构中逐渐展开实践应用。中国金融市场的相对封闭性使得国内金融机构没有感受到明显的金融风险压力，但是 2008 年发生在金融强国——美国的金融风暴，却让国内金融界的有识之士有着一叶落而知秋将至的警醒。中国利率市场化的改革虽然缓慢，但从未停止过前进的步伐，银行存款利率市场化已经摆上金融体制改革的日程表。凡此种种，都说明对国内金融行业从业人员进行风险管理理论知识的普及是非常必要且急迫的任务。

　　整个金融行业风险管理水平的提高不是一蹴而就的事情，需要金融机构自身重视本机构风险管理培训工作，也需要高校财经管理类专业的相关教师对风险管理课程展开研究和探索，为即将进入金融行业的大学生普及金融风险管理的基本知识。本教材的出版即是为了推动高职高专院校财经管理类专业风险管理教学工作的不断提高而组织编写的。所以本教材首先是一本适合高职学生使用的风险管理教材，主要体现在如下几个方面：①内容全面，难度适当。本教材对金融风险管理的基本内容和本学科的前沿理论都有介绍，并且考虑高职学生学习程度，采用通俗易懂的方式进行阐述。②案例具有实时性，应用性强。对近年国内外金融行业发生的重大金融危机事件进行选择，编辑成教学案例，配合教师课堂授课使用。③对涉及的金融专业术语，在每个项目内容结束后的扩展阅读部分进行解释，方便师生查阅使用。④每个项目模块后面附有单元练习和课后活动等内容，方便教师安排各种课程活动。

　　作为一本金融风险管理入门级教材，本书也适合金融机构开展风险管理培训考级课程使用，同样适合对金融风险管理感兴趣的人士阅读使用。对于这两类人群，本书可以使阅读者在较短时间内掌握金融风险管理的基本知识，提高使用者的学习效率。

　　本书由天津渤海职业技术学院的老师组织编写，他们分别是李蕾、郭懿、齐欣、段乐田和刘俊杰，其中李蕾任主编，郭懿、齐欣、刘俊杰和段乐田任副主编，为参编老师。具体分工为：李蕾负责编写项目二、项目五、项目七和项目八；郭懿负责编写项目四和项目六；齐欣负责编写项目九和项目十一；刘俊杰负责编写项目一和项目三；段乐田负责编写项目十和项目十二。

在本教材的编写过程中，参阅了国内外大量金融风险管理方面的著作文章和财经新闻，有的直接选编为教学案例并在其后附有出处，其他参考文章一并在书后的参考文献中列明，在此对这些著作者表示诚挚的感谢。虽然每位编写老师都是竭尽全力力求完美地完成本书内容，但是由于编者水平和编写时间有限，书中难免有纰漏，恳请广大读者批评指正。

编　者

# 目　　录

# 项目一　金融风险

案例导入：

## 从泡沫经济到金融危机

从 20 世纪 50 年代起，日本经济高速发展，80 年代中后期，由于连年巨额贸易顺差，美国与日本的贸易摩擦日益增多。为了缓解美日贸易矛盾，1985 年 9 月，美、日等 5 个发达工业国家财政部长及 5 国中央银行行长在纽约广场饭店签订了《广场协议》，直接导致了日元的急剧升值，在《广场协议》生效后不到 3 个月，日元快速升值达 20%。另外，为缓和对美贸易关系，日本必须开放国内市场。基于以上两种原因，日本政府采取了宽松的货币政策和积极扩张型的财政政策。从 1986 年开始，连续 5 次下调利率，从原来的 5.0%降至 2.5%，在降低利率的同时还大力推行金融自由化政策，逐步放松对外汇、金融市场的严格管制。宽松的货币政策和扩张性的财政政策使日本股市和房地产市场异常火爆，泡沫经济急剧膨胀。1986—1990 年，全国商业用地平均价格累计涨幅达 67.4%，明显脱离了实体经济并形成了严重的泡沫。为了抑制通货膨胀和资产投机热潮，日本中央银行采取了多次大幅度紧缩性货币政策，1988—1990 年，日本银行提高利率 3.5%，结果日本泡沫经济在 1990 年底终于破灭了。从 1990—1993 年，日本的股市下跌了约 70%，楼市下跌了 60%，银行坏账率约为 14%。一些小型的金融机构因不堪重负而纷纷破产，大型机构则在凄风苦雨中苦苦支撑，严格控制贷款，以避免破产的命运。日本泡沫经济崩溃后还没完全从危急中缓过劲来，1996 年金融危机又悄悄地降临东南亚，吞噬着十多年来处处呈现出高增长和低通胀的繁荣景象，各国几乎是毫无防备地陷入了灾难。80 年代以来，东南亚各国盲目追求经济增长，再加上国外大量资本的输入和风险溢价的降低，使得投资和信用规模急剧膨胀。以泰国为例，90 年代初期国外资本大量涌入泰国，1990 年泰国的资本净流入是 97 亿美元，占 GDP 的 11.3%；到 1995 年资本净流入达到 219 亿美元，占 GDP 的 13%。在大量外国资本涌入之后，泰国的银行系统放松了贷款条件，迅速扩张信贷。在 1990—1996 年间流进私人部门(购房抵押贷款等)的信贷资金在泰国增长了 70%。信贷扩张的结果使股市和房市交易火热，资产价格迅速攀升，泡沫现象越来越严重，基本上泰国的银行系统被房地产挟制了，由此埋下了危机的种子。到 1996 年，泰国净外国财富头寸是-1018 亿美元，占 GDP 的 55.9%，显示出了巨大的金融风险。危机的导火索是 1996 年美元汇率走强，日元对美元贬值，整个东南亚国家的国际收支出现恶化。首先泰国出口下降，现金流开始萎缩，随之影响了股市和房地产的现金流，投机者发现他们的现金在大量缩水，损失惨重，股市和房地产泡沫破裂，银行不良贷款和损失不断攀升。泰国中央银行在清查银行账目时发现泰国境内银行不良贷款数额惊人，同时，又相继爆出了曼谷商业银行和曼谷都市银行丑闻，预示着泰国银行危机的到来。于是恐慌开始蔓延，挤兑现象由此爆发，造成银行流动性枯竭。1997 年 5 月，泰国最大的金融公司第一金融公司(Finance One)倒闭；至 1997 年 8 月 5 日，58 家金融公司被勒令暂停业务，至此，泰国银行业几乎处于瘫痪状态。

亚洲房地产泡沫 1996 年由泰国开始破灭，危机如山火一样蔓延，难以控制。紧接着，

风险管理

1997 年 10 月，马来西亚、印度尼西亚和香港相继陷入了危机，一个又一个国家和地区不断传出坏消息。1997—1998 年间亚洲各大城市商用房地产资产价格急剧下跌，平均下跌40%。房地产价格的波动使这些国家的银行业陷入前所未有的灾难，给各国经济带来程度不等的巨大损失。

(资料来源：黄秀华. 从泡沫经济的典型案例反思资产泡沫的金融风险.

http://wenku.baidu.com/view/1facd3fa700abb68a982fbb0.html)

**问题：**结合案例，总结何为金融风险。

**知识目标：**

1. 掌握金融风险的概念。

2. 了解金融风险的类型。

**能力目标：**

1. 熟悉金融风险的概念和特征。

2. 熟悉金融风险的类型。

**关键词：**风险、利率风险、汇率风险、信用风险、操作风险、流动性风险

# 模块一　风　　险

## 一、风险的概念

风险在不同的领域有着不同的解释，经济学家、统计学家、决策家和保险学家等学术专家们对风险的内涵没有统一的定义。根据对风险的理解和认识程度不同，或对风险的研究角度不同，可以将风险归纳为以下几种代表性观点：风险是事件未来可能结果发生的不确定性；风险是损失发生的不确定性；风险是可能发生损失的损害程度的大小；风险是损失的大小和发生的可能性。

### 1. 损失的概率

把损失的概率也可以称为损失机会或者损失可能性。任何一件投机的事情都有风险。例如，购买 2 元彩票，要么中奖，要么未中奖，所以损失的概率为 50%。

### 2. 损失的不确定性

风险是损失发生的不确定性。只要谈到风险一定会涉及不确定性，这种不确定性又分为主观和客观两类。主观不确定性是主观的、个人的和心理上的一种观念，是个人对客观事物的主观估计，而不能以客观的尺度予以衡量。不确定性的范围包括发生与否的不确定性、发生时间的不确定性、发生状况的不确定性以及发生结果严重程度的不确定性。客观不确定性则是以风险客观存在为前提，以风险事故观察为基础，以数学和统计学观点加以定义，认为风险可用客观的尺度来度量。

### 3. 预期与实际的偏差

风险还可定义为预期与实际结果的偏差。例如，乘坐飞机可以购买意外保险，保险公司之所以销售这种保险，是因为人们对乘坐飞机有一定的担忧，这种担忧正是我们所说的预期。但按照历史数据统计飞机发生坠机的概率可能仅为 0.1%，因为无法预知预期和实际，所以人们愿意购买保险，以防万一。

综合上述观点，企业在实现其目标的经营活动中，会遇到各种不确定性事件，这些事件发生的概率及其影响程度是无法事先预知的，这些事件将对经营活动产生影响，从而影响企业目标实现的程度。这种在一定环境下和一定限期内客观存在的影响企业目标实现的各种不确定性事件就是风险。简单来说，所谓风险就是指在一个特定的时间内和一定的环境条件下，人们所期望的目标与实际结果之间的差异程度。

## 二、风险的特征

风险具有不确定性、客观性、可测定性、普遍性、传递性等特征。

(1) 风险的不确定性。它包括风险发生与否的不确定性；风险发生时间的不确定性；风险损失程度的不确定性。

(2) 风险的客观性。风险是一种不以人的意志为转移，独立于人的意识之外的客观存在。因为无论是自然界的物质运动，还是社会发展的规律都是由事物的内部因素，以及超过人们主观意识所存在的客观规律所决定的。人们只能在一定的时间和空间内改变风险存在和发生的条件，降低风险发生的频率和损失程度，但是，从总体上说，是不可能彻底消除风险的。

(3) 风险的可测定性。个别风险的发生是偶然的，不可预知的，但通过对大量风险的观察会发现，风险往往呈现出明显的规律性。了解风险的客观性正是为了认识和利用它的规律性，使人类能有效地管理和控制风险。运用现代化的计量手段、技术测量方法，就可以依据一定时期、一定范围内的大量统计资料，从宏观上预测出一定时期内特定风险发生的概率。如根据过去 50 年某一地区的历史资料，可以预测未来 5 年可能发生的自然灾害。

(4) 风险的普遍性。人类历史就是与各种风险相伴的历史。自从人类出现后，就面临着各种各样的风险，风险无处不在，无时不在，如自然灾害、疾病、伤残、死亡、战争等。随着科学技术的发展、生产力的提高、社会的进步、人类的进化，又产生了新的风险，且风险事故造成的损失也越来越大。

(5) 风险的传递性。风险的传递性是指风险借助信息、组织的扩散和传播，形成社会经验，引起各方关注，以致影响人们的风险决策。风险的传递具有扩大效应，先影响受害者，然后影响社会，向社会扩散。

## 三、风险的分类

对风险进行分类可以为风险识别提供不同的思路。风险可以从不同的角度进行区分，一般来说，有如下几种主要的分类方式。

**1. 根据风险产生的原因可分为自然风险和人为风险**

自然风险指的是由于自然界的不可抗力而引起的自然灾害所导致的物质灾害引起的损失，如台风、洪水、地震等。

人为风险是由人们的行为及各种政治、经济活动引起的风险。人为风险又可分为行为风险、经济风险、政治风险和技术风险。

**2. 根据风险损失的环境可分为静态风险和动态风险**

静态风险是在经济条件不变的情况下，由于人为或不可抗力的自然灾害造成损失的可能性。例如，龙卷风、盗窃、地震造成的经济损失等。对当事人而言，静态风险有的可以避免，有的则不可避免。例如，不乘坐飞机的人不会有空难的风险，但像地震、疾病这类风险则无法回避，因为总有发生这类风险事件的可能。在静态风险面前，人们往往处于被动地位。如人们可以预测地震，但无法阻止它的发生，人们能做的只是尽可能地将损失减少到最低限度。静态风险只会给人们带来损失，所以静态风险又被称为纯粹风险。

动态风险是在经济条件发生变化的情况下，由于市场、需求、技术、组织结构发生变化而导致风险，从而造成经济损失的可能性。例如，供给和需求的变化可能会使经济主体造成经济损失：产品的积压、经营不善、市场疲软等。对经济单位来说，动态风险一般是可以回避的。在动态风险面前，人们往往处在较为主动的地位，因为通常他们有选择的余地。

**3. 根据风险的性质可分为纯粹风险和投机风险**

纯粹风险，是指风险的结果只有损失而无获利的机会，又称特定风险，如火灾、洪水、泥石流、被盗等。一般而言，这种风险会重复出现，因此可以对它进行预测，减少风险的产生，降低损失。

纯粹风险又包括人身风险、财产风险、责任风险、违约风险。人身风险是指由于死亡或丧失工作能力而造成收入减少的风险，其损失原因包括死亡、老年、疾病、失业。财产风险分为两类：财产直接损失和间接损失。责任风险是指当一个人因疏忽或过失造成他人人身或财产损失时，过失人负有损失赔偿责任。违约风险是指一方不履行合同规定的义务而造成的另一方经济损失。例如，承包商未按计划完成一项工程，债务人未按规定支付款项等。

投机风险是指既有损失存在又有获利机会的风险。一般情况下，投机风险与资本和金融机构有关。如股票市场上既有盈利也有亏损。投机风险较为多变，其规律难以捕捉。

# 模块二 金 融 风 险

自从有了人类，就有了风险，风险一直伴随着人类社会的发展。而金融风险是与金融活动相伴而行的。20 世纪 70 年代以来，由于受放松管制与金融自由化、信息技术与金融创新的影响，金融市场的波动性增强，金融体系的稳定性下降，金融机构、工商企业、居民甚至国家面临的金融风险日趋严重。它不仅严重影响了金融机构和工商企业的正常运行，而且对一国经济乃至全球经济构成了严重的威胁，并产生一定的后果，因此，金融风险引起了全世界金融界、政府当局、国际金融组织的密切关注和高度重视。金融风险包括政府风险、金融机构风险、企业风险、个人风险和国际风险。

# 一、金融风险的定义

金融风险是指在货币经营和信用经营活动中，由于各种因素的随机变化导致金融机构或者投资者的实际收益与预期相背离的不确定性及其资产蒙受损失的可能性。它不仅会威胁到企业或机构本身的生存发展，甚至会造成整个金融体系和社会经济秩序的混乱。

金融风险又可以理解为是与金融有关的风险。例如，金融市场风险、金融产品风险、金融机构风险等。一家金融机构发生的风险所带来的后果，往往超过对其自身的影响。金融机构在具体的金融交易活动中出现的风险，有可能对该金融机构的生存构成威胁；如果金融机构因经营不善而出现危机，有可能对整个金融机构的稳健运行构成威胁；一旦发生系统风险，金融体系运转失灵，必然会导致全社会经济秩序的混乱，甚至引发严重的政治危机。

金融风险不同于金融危机。雷蒙德·戈德史密斯(Raymond.W.Goldsmith)给金融危机下的定义是"全部或大部分金融指标——短期利率、资产(证券、房地产、土地)价格、商业破产数和金融机构倒闭数的急剧、短暂和超周期的恶化"[①]。这一定义说明金融危机具有三层含义：①金融危机是金融状况的恶化；②这种金融恶化包含了全部或者大部分的金融领域；③这种恶化具有突发性质，它是急剧、短暂或超周期的。

金融风险和金融危机并没有本质上的差别。金融危机是金融风险的大面积、高强度的爆发，而金融风险积累到一定的程度，就会演变成金融危机。金融风险有转化为金融危机的可能，但不是必然。所以有时金融风险和金融危机常常被混淆。

金融风险的对立面是金融安全。金融风险的产生或存在对金融安全形成了威胁。防范金融风险就是对金融安全的维护，规避金融风险就是在巩固金融安全。

# 二、金融风险的特征

金融风险具有扩张性、社会性、时限性、隐蔽性和积聚性、风险分布不均衡、传染性等特征。

(1) 扩张性。在当今经济比较发达的社会，各种金融机构密切地联系在一起，互相依存。如整个金融体系周转不灵，肯定是有一家金融机构先出现金融问题，然后迅速扩张，并传染给周边的其他金融机构，最终引起信用危机。

(2) 社会性。金融机构的大部分资金主要来自于储户的存款，一旦发生金融风险，储户首先受到损失。储户作为银行的债权人与金融机构是一种债权债务的关系。所以，金融机构如果经营不善，就会损害社会公众的利益，从而引起社会的不稳定，危害经济纪律以及货币政策的执行。

(3) 时限性。金融风险发生后应以最短的时间迅速平定风险，时间拖得越久，其他金融机构受到的连累就越大，甚至会被搞垮。

---

① 新帕尔格雷夫经济学大辞典，中文版，第 2 卷，北京：经济科学出版社，1996，362 页

(4) 隐蔽性和积聚性。目前我国仍实行较为严格的金融管制，利率、汇率并不是由市场机制形成，而且资本项目尚未开放，这导致我国的金融风险具有隐蔽性，市场表现不明显。而我国在计划经济时代形成的隐蔽性金融风险没有得到完全的消散，却堆积沉淀到现在。

(5) 风险分布不均衡。国有商业银行较新兴股份制银行承担了较大的金融风险。国有银行要满足国企的贷款需要，成为国企亏损的转嫁对象，同时还要发放稳定社会的贷款，金融风险较大。地方性银行风险较为突出。地方性银行一般规模比较小、基础较弱、管理水平较低、违法违规经营严重、抵御风险的能力较差、风险累积日益加强。

(6) 传染性。金融风险具有传染性，最终可导致系统性金融风险甚至世界性金融风险。金融风险的传播途径有两种：一种是金融活动的直接参与者之间的各种联系和相互影响，另一种是源于金融恐慌。

## 三、金融风险的产生和发展

金融风险的成因相当复杂，涉及很多方面的因素，这些诱因因时因地不同。随着世界经济环境的改变，金融市场的环境和规则发生了巨大的变化。第二次世界大战出现了世界经济一体化，世界各国的经济开放程度逐渐提高，任何国家的经济发展都受到外部经济环境的制约，当然中国也不例外，自改革开放以来，我国开始向市场经济转轨，目前仍在转轨过程当中。20 世纪 70 年代开始世界各地陆续爆发金融危机，如 1987 年美国的"黑色星期一"大股灾、1992 年的欧洲金融危机、1997 年的亚洲金融风暴等，都给世界经济和金融市场带来了巨大的破坏，造成金融风险。

目前我国面临的金融风险是在经济体制转轨过程中长期积累起来的，既具有市场经济体制下金融风险的特点，也有不同于市场经济体制的地方。换句话说，经济体制转轨时期存在一些特定的金融风险，有些风险如道德风险在转轨时期表现得尤为突出。我国经济体制转轨的过程也就是我国金融风险不断积累并逐步显现的过程，主要表现在以下几个方面。

(1) 在计划经济体制下，典型的粗放型、数量型的经济增长模式就是全国各地大肆举债铺摊子、上项目，以求提高经济增长速度。全国各地重复建设、企业效益差，产生了大量的不良贷款。在经济迅猛增长、贷款不断增加的形式下，潜伏的金融风险被暂时掩盖了。但是随着商品市场的日益饱和，经济转向效益型增长模式，金融风险便不断地突显出来。

(2) 改革开放开始，我国国民收入分配结构和投资结构发生了巨大的变化，居民收入所占比重不断增加，财政和企业收入比重不断下降；财政不再向一般的企业拨付定额内流动资金和资本金，企业增加自有资金的能力也很低，再加上直接融资渠道有限，企业不得不向银行大量借债，造成一方面企业过度负债，不堪重负；另一方面银行资产质量差。银行成为主要的融资中介，国民经济运行中的诸多矛盾和风险向银行集中，形成和累积金融风险。

(3) 改革开放以来，我国在尊重经济主体的"私利"和提高投资行为自动化的程度的同时，忽视了信用道德建设，致使借债还钱交易规则严重受损，经济主体失去了基本的信用道德理念，"欠债有理、负债有利"之风盛行，导致银行贷款长期不能收回，形成金融风险。近几年来，一些地方、部门和单位违反国家规定，在管理体制和经营方式变革中，采用各种方式逃废银行债务，使大量金融债权悬空。此外，由于历史和体制的原因，再加上一些地方部门领导干部金融知识匮乏，不懂甚至无视金融法规，行政干预金融机构的正常经营活动的现象时有发生。

近些年来，我国金融机构的数量和业务增长迅猛，原专业银行向商业银行转变，新的金融工具不断出现。与此相比，我国的金融体制不适应改革和发展的基本要求，金融法制不健全；金融监管薄弱；金融机构内部管理混乱，纪律松弛，违章违规现象严重；约束机制和激励机制不健全；少数从业人员素质差，这些方面都造成我国金融风险日益累积渐趋严重。

## 四、金融风险的类型

关于金融风险的分类，学术界尚无统一的说法，常把金融风险分为利率风险、汇率风险、信用风险、操作风险、流动性风险、金融工具衍生风险等主要风险，还有其他风险，如国家风险、声誉风险、通货膨胀风险、技术风险等。

(1) 利率风险。利率风险是指由于利率水平的不确定性变动，金融机构的资产项目和负债项目利率没有应市场利率的变化作出合理的调整，导致其净利息收入下降或利息支出增加，进而造成损失的可能性。巴塞尔委员会在 1997 年发布的《利率风险管理原则》中将利率风险定义为："利率变化使商业银行的实际收益与预期收益或实际成本与预期成本发生背离，使其实际收益低于预期收益，或实际成本高于预期成本，从而使商业银行遭受损失的可能性。"原本投资于固定利率的金融工具，当市场利率上升时，可能导致其价格下跌的风险。

(2) 汇率风险，又称外汇风险。它是指经济主体在持有或运用外汇的经济活动中，因汇率变动而蒙受损失的可能性。1973 年布雷顿森林体系崩溃以来，汇率的波动越来越频繁，汇率风险也越来越大。汇率风险主要有 4 种：①买卖风险，即外汇买卖后所持头寸在汇率变动时出现损失的可能性；②交易结算风险，即以外币约定交易时发生的风险；③评价风险，即会计处理中因货币换算时所使用的汇率不同而承受的风险；④存货风险，即以外币计价的库存资产因汇率变动而产生的风险。

(3) 信用风险，又称违约风险。它是指交易对手未能履行约定契约中的义务而造成经济损失的可能性，它是金融风险的主要类型。所有交易中都存在信用风险。信贷业务是银行最传统的主要业务，银行是整个社会的信用中心，更是信用风险的集中地。信用风险是最传统的金融风险，一旦发生信用风险，将会给银行带来巨大的经济损失。

(4) 操作风险。巴塞尔银行监管委员会对操作风险的正式定义是："操作风险是指由于不完善或有问题的内部操作过程、人员、系统和外部事件而导致的直接或间接损失的风险。"这一定义包含了法律风险，但是不包含策略性风险和声誉风险。操作风险的主要表现有：①操作人员没有及时领会上司的意图，或信息不完全造成的操作失误所带来的风险损失；②操作人员自身的原因造成的损失；③操作系统出现故障造成的经济损失。操作风险一旦出现，会造成很严重的后果，可能导致破产。

(5) 流动性风险。它是指某人或某个机构持有的金融资产流动性的不确定而导致其遭受经济损失的可能性。它的形成原因比较复杂，一旦发生还可能引发风险扩散的严重后果。对于企业来说，如果没有保持足够的流动性，是不能正常运营的，因为它会影响到企业的生存。对于一个国家来说，银行和企业的经营离不开流动性，良好的流动性是银行和企业经营的基本。同时，流动性又具有很大的不确定性，使企业面临着很大的风险。

(6) 金融衍生工具风险。金融衍生工具又称金融衍生品，是与基础金融产品相对应的一个概念，指建立在基础产品或基础变量之上，其价格随基础金融产品的价格(或数值)变动的派生金融产品。这里所说的基础产品是一个相对的概念，不仅包括现货金融产品(如债券、股票、银行定期存款单等)，也包括金融衍生工具。金融衍生工具的基础变量则包括利率、汇率及各类价格指数等。

金融衍生工具具有杠杆性、衍生性、虚拟性、设计灵活性、复杂性、高风险性等特点。

金融衍生工具的风险主要来源于以下两个方面：①监管体系不完善。金融衍生产品市场上的交易者、经纪机构与衍生交易监管者之间的信息不对称。②金融衍生工具本身的特性。金融衍生工具的特征决定了其风险的客观存在性，只需支付较少数量的保证金即可控制全部合约资产，而且金融衍生工具是交易双方通过对利率、汇率、股价等因素变动趋势的预测，约定在未来某一时间是否交易合约。但从合约的签订到履行，受政治、经济、市场、环境等诸多因素的影响，金融工具的价格、利率、汇率、股价等因素都可能发生变动，合约价值或价格变动无法控制，它可能会造成合约价值的剧烈变化；而且，金融衍生工具市场中，在一定程度上对金融工具保值和规避风险较少，投机比重较大，投资者多以追求利润为目的，采用高抛低吸方式，加剧合约价格波动。因此，金融衍生工具风险客观存在。

# 案 例 讨 论

## 冰岛的"国家破产"

被誉为"世上最幸福国家"的冰岛，是一个美丽富饶的北欧温泉岛国，全球最适宜居住的国家。从 2005 年，冰岛人均国内生产总值达到 54 975 美元，位居世界第三。在席卷世界的金融风暴之中，冰岛却成了第一个濒临破产的国家。到现在冰岛货币克朗贬值已超过一半，很多冰岛人甚至产生了移民的想法。冰岛不仅向世人展示了金融风暴的巨大破坏力，也暴露了冰岛金融业的极端脆弱性和问题重重的发展之路。因此，冰岛政府向国际货币基金组织(IMF)、俄罗斯等申请援助，以应对金融危机。

早在 2007 年，冰岛前三大银行税前利润合计增长 22%，净资产收益率达 24%，资本充足率良好，未涉及次贷相关债权。次贷危机肇始于美国之时，大家都以为没有什么次贷业务的冰岛银行不会受到重大影响，但当雷曼兄弟等大型金融机构或倒闭或奄奄一息时，全球金融市场陷入信心的冰河纪，货币市场融资活动停滞，冰岛银行业也遭海啸席卷。

截至 2008 年 10 月 6 日，10 天之内冰岛克朗对欧元汇率下跌 30%，在过去一年更是下跌超过 50%。冰岛外汇储备迅速减少，主要银行陷入危机。2008 年 9 月 29 日，冰岛政府宣布接手第二大银行，同时宣布将寻求从俄罗斯借债 40 亿欧元以渡过难关。2008 年 10 月 8 日，为了缩小急速下行的银行业规模，冰岛政府宣布接管国内第三大银行，立即着手重组工作，称将出售该银行在芬兰和瑞典的业务。另外，由于市场缺乏足够支撑，冰岛央行还在当天决定放弃前一天制定的 131 冰岛克朗兑换 1 欧元的固定汇率，任冰岛克朗自由浮动。2008年10月9日，冰岛政府宣布接管第一大银行；冰岛证券交易所以不寻常市场条件为由宣布所有股票交易暂停，至13日恢复交易；同一天，德国和英国政府分别采取措施，暂时冻结冰岛陷入困境的主要银行在各自国家分支机构的资产，保护本国储户利益。2008年10月11日，冰岛分别与英国及荷兰政府达成协议，同意通过相应形式确保两国个人储户能够取回在遭政府接管的冰岛银行的存款。2008年10月24日，国际货币基金组织宣布将向冰岛提供21亿美元的贷款支持，以帮助冰岛渡过难关。11月19日，国际货币基金组织执行董事会批准了对冰岛的贷款计划，冰岛成为30年来第一个接受国际货币基金组织救援的西方国家。

引起冰岛破产的原因如下。

(1) 金融危机是冰岛国家破产的导火索。此次席卷全球的危机是一个偿债能力的危机，冰岛的资本不足以偿还这种债务。一开始是流动性的危机，中央银行帮助解决流动性的问题，但中央银行的责任没有得到很好地履行。像冰岛这样的有自己的货币小国家，流动性风险在金融风险中是致命性的，这是直接原因。

(2) 其根本原因是政府没有进行有效的金融监管。冰岛和欧洲的其他国家一样，对自己的金融体系进行了私有化，放松了管制。私有化之后带来了投资的繁荣、资产价格的上升，乃至资产价值的泡沫。

试分析冰岛国家破产给我们带来了什么启示。

冰岛的破产给我们带来了以下启示。

(1) 发展金融业必须有坚实的实体经济作后盾。冰岛政府把筹码过多地押在虚拟经济上，使得风险被扩大导致到无法控制的地步，简而言之，冰岛选择的经济发展模式，就是利用高利率和低管制的开放金融环境吸引海外资本，然后投入高收益的金融项目，进而在全球资本流动增值链中获利。这种依托国际信贷市场的杠杆式发展，收益高但风险也大。金融全球化带来了全球资本的流动，一个国家可以搏杀于全球资本市场，参与金融利益的分成，并攀上全球金融生态链的高端，但前提是有足够强大的实体经济作支撑。从经济规模看，冰岛似乎并不具备这种实力，不止如此，冰岛还把发展经济的筹码过多地押在了虚拟经济上，忽视了实体经济的发展。

(2) 国家不能放松对金融行业的监管。冰岛之所以出现危机，是由于金融业扩充过度，银行和大商家纷纷涉足高风险投资，国民也常年习惯靠借贷消费。对这种严重失衡的状况，冰岛政府和中央银行不仅视若无睹，政府反而鼓励银行发放更多贷款和承担更高的风险。而金融评级机构早在两年前便对冰岛银行业的情况表示关注，但冰岛当局毫无动作，冰岛的银行监管者还宣称其银行体系稳固可以抵御很大的金融冲击。但言犹在耳，冰岛最大的三家银行在不到一个半月后全都出了问题。

(资料来源：http://wenku.baidu.com/view/c4dfda85ec3a87c24028c4d6.html.)

**问题：**

1. 冰岛危机中涉及的金融风险有哪些类型？
2. 案例中涉及的金融风险特征有哪些？

# 项 目 总 结

本项目介绍了风险和金融风险的定义和特征。风险就是指在一个特定的时间内和一定的环境条件下，人们所期望的目标与实际结果之间的差异程度。风险具有不确定性、客观性、可测定性、普遍性、传递性等特征。金融风险和金融危机并没有本质上的差别，金融风险有转化为金融危机的可能，但不是必然。金融风险具有扩张性、社会性、时限性、隐蔽性和积聚性、风险分布不均衡、传染性等特征。

# 单 元 练 习

## 一、名词解释

风险　　　　金融风险　　　　利率风险　　　　汇率风险　　　信用风险

操作风险　　流动性风险　　　金融衍生工具

## 二、单项选择题

1. 下列有关风险的说法，不正确的是(　　　)。

    A. 风险是仅仅针对个人而言，不针对企业

    B. 风险是一种不以人的意志为转移，独立于人的意识之外的客观存在

    C. 风险的基本含义是对未来结果预测的不确定性

    D. 风险具有普遍性的特征

2. 根据金融风险的分类，政治风险属于(　　　)。

    A. 操作风险　　　B. 国家风险　　　　C. 信用风险　　　D. 汇率风险

3. 下列关于信用风险的说法正确的是(　　　)。

    A. 信用风险只有当违约实际发生时才会产生

    B. 对商业银行来说，贷款是唯一的信用风险来源

    C. 信用风险包括违约风险、结算风险等主要形式

    D. 交易对手信用评级的下降属于信用风险

4. 有关操作风险的说法正确的是(　　　)。

    A. 操作风险普遍存在于商业银行业务和管理的各个方面

    B. 操作风险具有非营利性，它并不能为商业银行带来盈利

    C. 对操作风险的管理策略是在管理成本一定的情况下尽可能降低操作风险

    D. 操作风险具有相对独立性，不会引发市场风险和信用风险

## 三、判断题

1. 违约风险仅针对企业，不针对个人。　　　　　　　　　　　　　　　　(　　　)

2. 信用风险又称违约风险，是指交易对手未能履行约定契约中的义务而造成经济损失的可能性，它是金融风险的主要类型。　　　　　　　　　　　　　　　　(　　　)

3. 国家风险可分为政治风险、社会风险和经济风险三类。　　　　　　（　　）

四、简答题

1. 风险的定义及特征是什么？

2. 金融风险的含义是什么？它对经济产生哪些影响？

3. 金融风险的类型有哪些？

# 课 外 活 动

总结风险和金融风险各自的特征与分类。

# 项目二　金融风险管理

**案例导入：**

### 美国次贷危机对我国金融行业的启示

2007 年以来，美国次级贷款危机所引发的全球性金融动荡一直余波未息，其引起的连锁反应令人震惊不已，给全球金融市场和人民的生活带来了巨大的冲击，没有人能够幸免。这使我们深刻地体会到金融活动全球化与金融风险的全球化相伴而生。虽然在此次危机中，我国受到的影响和牵连不大，但危机的严重后果却给我们敲响了警钟。未来我国在住房抵押贷款乃至抵押贷款的资产证券化相关制度设计等方面必须注意防范相关金融风险及其传导：①警惕金融创新风险，加强金融监管；②建立金融市场的风险预警体系；③增加评级机构的透明度，防范利益冲突；④完善信息披露制度，确保信息披露的充分性；⑤建立完善的危机救助制度。美国次贷危机引发的全球性金融危机表明，金融创新和金融风险是相生相伴的。金融创新虽然可以有效地分散风险，但不能减少风险的总量。此次危机之所以能够造成如此大的损失，究其原因是源于对金融创新的过分运用以及对风险的忽视。我国在金融现代化的进程中需要不断加强金融创新，更需要维护金融安全。

(资料来源：王欣. 美国次贷危机的经验及对中国的启示. 2011 年 7 月 21 日，王欣博客.)

**问题：** 金融风险具有哪些特点？

**知识目标：**

1. 掌握金融风险管理的流程。
2. 理解金融风险管理的主要方法。
3. 了解商业银行风险管理组织。

**能力目标：**

1. 熟悉金融风险管理的 5 种方法。
2. 熟悉金融风险管理的一般步骤。

**关键词：** 风险识别、风险分析、风险评估、风险分散、风险对冲、风险转移、风险规避

# 模块一　金融风险管理概述

## 一、风险管理水平是商业银行的核心竞争力

金融行业中商业银行具有最重要的地位，商业银行面临的金融风险具有典型性和全面性。在市场经济框架下，随着社会的发展变迁，银行业务在传统的存贷款、结算和中间业

务基础上变得日趋复杂，从严格的分业经营发展到多元化的混业经营，早期围绕存贷款业务开展的风险管理活动已经不能满足商业银行控制风险和管理风险的要求。在当代无论是西方国家还是我国，商业银行已经不再是传统上经营货币的金融机构，而成为经营风险的特殊市场主体。银行风险管理的目标已不是消除风险，而是通过主动管理风险实现风险和收益的平衡。

越来越多的商业银行高层认识到将风险管理战略纳入商业银行整体战略中并服务于业务发展战略的重要性。在日益激烈的市场竞争中不被淘汰出局的银行必然是具有较高风险管理意识并建立起完善的风险控制机制的银行，只有在保障安全性基础上才能考虑流动性和效益性的问题，提高风险管理水平是提高银行核心竞争力的关键。目前，我国大部分商业银行已经设立首席风险官(CRO)，专门负责本银行风险管理工作，是和执行总裁 CEO、财务总监 CFO 等在一个级别的银行高层，这也体现出银行股东对风险管理和风险内控工作的重视。

## 二、金融风险管理的发展历程

### 1. 资产风险管理阶段

20 世纪 60 年代以前，商业银行以资产业务(如贷款)为主，经营中最直接、最常见的风险来自资产业务。一笔大额信贷业务的违约，可能导致一家银行出现流动性风险，甚至倒闭。因此，商业银行极为重视对资产业务的风险管理，通过加强资产分散化、信贷担保、资信评估、项目调查、严格审批制度、减少信用贷款等手段防范资产风险，减少信贷损失。这个时期，商业银行风险管理的重点在资产业务的风险管理，强调保障银行资产的流动性。

### 2. 负债风险管理阶段

20 世纪 60 年代以后，西方国家经济开始高速增长，市场对商业银行资金需求呈现井喷式发展，大部分银行面临资金相对不足的巨大压力。为了提高银行资金流动性，同时能够避开金融监管的限制，西方商业银行开始进行金融工具创新活动，如大额可转让定期存单 CDs、回购协议、同业拆借等，扩大银行资金来源，提高资金使用效率。这些金融创新一方面缓解了银行的资金压力，另一方面使银行负债规模急速扩大，增加了银行经营压力和经营不确定性。此时，商业银行风险管理的重点开始转向负债风险。

### 3. 资产负债风险管理阶段

进入 20 世纪 70 年代后，国际汇率制度随着布雷顿森林体系的瓦解，出现从固定汇率制度向浮动汇率制度转变的过程。1973 年的石油危机导致西方国家通货膨胀加剧，利率波动剧烈。利率和汇率的双重影响使得西方商业银行资产负债价值波动显著，在这种情况下，单一的资产风险管理和单一的负债风险管理都无法保证银行在安全性、流动性和效益性之间的均衡。于是，资产负债风险管理理论应运而生，它通过资产负债期限管理、经营目标相互替代和资产分散化，实现对资产业务和负债业务的协调管理。同时，利率、汇率、期货、期权等金融衍生工具大量出现，为金融机构提供了更多资产负债风险管理的工具。

### 4. 全面风险管理阶段

20 世纪 80 年代后，随着银行业的竞争加剧，存贷利差变窄，而银行从金融衍生工具和其他中间业务中获得的收益越来越多，非利息收入比重迅速增加。另外，计算机和网络的发展引起的全球化浪潮，使得金融自由化和金融创新发展很快，商业银行面临的风险日益呈现多样化、复杂化、全球化的趋势。20世纪90年代英国巴林银行倒闭、亚洲金融危机等一系列事件显示，商业银行面临的风险已经由信用风险、市场风险、操作风险等多种风险因素交织而成。复杂的风险管理工作开始把金融学、数学、统计学等多学科知识融合进来，风险管理理念和技术因此得到极大发展，开始了信用风险、市场风险、操作风险管理并重，信贷资产和非信贷资产管理并举，风险管理组织流程再造与定量分析技术并举的全面风险管理时代。

## 三、风险管理的概念

风险管理是商业银行等金融机构围绕金融风险展开的管理活动，包括风险管理组织的设置、风险管理流程的设计和风险管理技术的应用等方面。风险管理组织是指商业银行内部设立的专门负责本银行风险管理事务的管理部门。通常以首席风险官 CRO 为最高领导，他由银行董事会聘用，并对董事会和股东大会负责。CRO 下面设有专门负责信用风险、操作风险、市场风险、流动性风险等不同金融风险的风险经理，风险经理对 CRO 负责。风险经理下面是风险管理师以及风险管理工作人员。另外，银行还会聘请外部风险专业人员作为风险顾问，他们也属于风险管理组织中的一员。风险管理流程是指银行整个风险管理活动的步骤，一般可分为风险识别、风险度量、风险控制和风险监测报告等部分，具体内容会在接下来的内容中详细介绍。风险管理技术是银行在现有条件下可以用来减少风险和控制风险的方法措施，目前主要有风险分散、风险对冲、风险转移、风险规避、风险保留等技术，具体内容会在本项目的模块三进行介绍。

通过前面对金融风险管理发展历程的简介，可以看出不同时期金融风险管理的要求是不一样的，首先各个阶段风险管理目标不同，风险管理组织结构随之调整，然后风险管理流程会因此发生变动，最后风险管理的技术越来越复杂。

## 四、风险管理流程

风险管理流程是银行风险管理部门开展风险管理工作的具体步骤，不同的银行风险管理流程可能稍有不同，但是大体一致。风险管理步骤可以分为风险识别、风险度量、风险控制和风险监测与报告4个部分。

### 1. 风险识别

风险识别包括风险认知和风险分析两个环节。风险认知是通过系统化方法发现金融机构面临的风险种类和性质；风险分析是在风险认知基础上深入分析各种风险的成因以及变化规律。

### 2. 风险度量

风险度量是对商业银行当前面临的各种金融风险量化评估的过程，通常用风险损失频率和损失大小来量化风险。有的风险能够量化，有的风险不能够量化，对可以量化的风险，银行通过开发风险管理计量模型搜集数据并输入计量模型，从而准确测算出所需的风险资

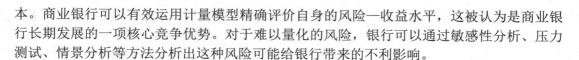

本。商业银行可以有效运用计量模型精确评价自身的风险—收益水平，这被认为是商业银行长期发展的一项核心竞争优势。对于难以量化的风险，银行可以通过敏感性分析、压力测试、情景分析等方法分析出这种风险可能给银行带来的不利影响。

### 3. 风险控制

风险控制是银行在评估风险损失大小基础上采取风险管理策略的过程。这个过程包括风险管理决策过程和实施过程。风险管理决策是由商业银行董事会和高级管理层(包括CRO)制定的，具体来说是由董事会直属的风险管理委员会制定并由董事会决定实施。风险管理实施过程是由业务领域风险管理委员会和基础业务部门的风险经理进行的，同时其他风险控制部门(财务、内部审计、法律、外部监督)协助进行。

### 4. 风险监测与报告

风险监测是在风险管理策略实施过程中，通过监测各种可量化的关键风险指标和不可量化的风险因素的变化和发展趋势，及时调整风险应对计划。

风险报告是将风险管理信息传递给银行内部和其他机构，使其了解金融风险现状和银行风险管理状况的工具。高级管理层、风险管理委员会和前台人员由于应用风险报告的目的不同而对报告内容要求不一样，所以建立功能强大、动态/交互式的风险监测和报告系统，对提高银行风险管理效率和质量意义重大，也直接体现了商业银行风险管理水平和研发能力的高低。

风险监测和报告是一个动态、连续的过程，在实施风险管理策略过程中需要不断向实施部门给予反馈信息，及时调整可能出现的问题，才能使整个风险管理部门发挥出控制风险和减少风险损失的作用。

### 5. 总结(见表2-1)

表2-1　风险管理流程及流程内容

| 风险管理流程 | 流程内容 |
| --- | --- |
| 风险识别 | 识别风险种类和性质，分析风险成因与变化规律 |
| 风险度量 | 通过损失频率和损失大小量化风险水平 |
| 风险控制 | 风险管理决策和实施过程 |
| 风险监测与报告 | 风险管理效果监测和反馈过程 |

# 模块二　金融风险识别与度量

## 一、金融风险识别

### (一)风险识别的目的与作用

风险识别的目的是适时、准确地识别出商业银行已发生的风险及其产生的遗留风险、新增风险和尚未发生的潜在风险。风险识别的准确性和及时性对风险管理效果至关重要，延误或错判都将导致风险管理信息的传递和决策失效，甚至造成很严重的风险损失。目前商业银行业务日益多样化，各种金融风险交织发生，风险识别和分析的难度随着风险复杂化不断增加，决定着商业银行风险识别和分析方法需要与时俱进不断提高。

### (二)风险识别方法

#### 1. 风险清单分析法

它是商业银行识别与分析风险最基本、最常用的方法。它采用类似于备忘录的形式，根据 8 种金融风险分类，将商业银行所面临的风险逐一列举，并联系经营活动对这些风险进行深入理解和分析。

#### 2. 财务报表分析法

风险管理部门通过实际调查研究，以及对商业银行的资产负债表、损益表、财产目录等财务资料进行分析，发现潜在风险。

#### 3. 故障树分析法

故障树分析法是从风险事故的结果出发，推导出引发事故的原因的方法。它通过图解形式识别和分析风险事件发生前存在的各种风险因素，由此判断和总结哪些风险因素最可能引发风险事件。

#### 4. 流程图分析法

这种方法是通过建立流程图来系统分析、识别风险的潜在因素。它主要用于对资金运用方面的风险识别分析，通过对企业再生产过程中各个环节逐项进行分析，从中发现问题，找出可能产生的风险及其根源。

## 二、金融风险度量

### (一)风险度量的目的与作用

风险度量的目的是在风险识别与分析基础上采用某种方法估计和测算出风险发生的概率和损失大小以及可能给银行带来的影响程度。它是风险管理中非常重要的一个环节，如果对风险评估出现严重失误，将会误导后续的金融风险管理决策和实施，导致整个风险管理过程的失败。

### (二)风险度量方法

前文已经提到过有的金融风险可以量化分析(如市场风险)，有的金融风险较难定量分析(如操作风险)，只能用定性分析方法进行评估。定性分析方法主要有经验判断法、专家调查法等；定量分析方法主要有评分或评级法、统计估值法、数理统计法、假设检验法、敏感性分析、压力测试、情景分析等。

#### 1. 经验判断法

经验判断法是通过风险管理者的主观判断来度量风险大小。它适用于涉险资产总额较小，但是涉及的风险因素较多，难以使用或没有必要使用定量分析，或者使用其他复杂定性分析的成本较高的风险。这种方法依赖判断者的知识、经验和技能，灵活多变。同时这种方法由于主观性很强，缺乏标准和统一的度量框架。随着定量分析技术的深入发展和应用，经验判断法已经成为其他度量方法的辅助手段。

### 2. 专家调查法

专家调查法是通过一定程序将召集到的各个风险专家分散的经验和专业知识，汇集成统一的经验和知识，从而对金融资产风险水平给出主观预测。根据具体程序不同，专家调查法又可分为专家个人判断法、专家会议法和德尔菲法。

专家个人判断法是风险专家根据自己的经验和知识对特定风险给出评估。与经验判断法相比，风险专家的专业水平高于风险管理者，使得专家对金融风险水平的判断更加接近实际情况。这种方法最大限度发挥出风险专家的个人能力，但是每个专家知识面的宽度、深度以及拥有信息量的多少都会影响到他的个人判断结果，主观性较强，完全采用其判断结果具有较大风险。

专家会议法是银行将一定数量的风险专家聚集在一起，就某个风险问题通过讨论或辩论的形式，集思广益，最后得出一个比较一致的判断结论。这种方法如果不考虑成本，则优于专家个人判断法，但是面对面的讨论容易使专家彼此受到影响，甚至会隐瞒自己的真实想法，反而不利于得到正确结论。

德尔菲法是在克服以上两种专家调查法的基础上发展起来的，主要针对原因复杂、影响较大又无法用定量分析来评估的风险。其主要过程是：首先银行制定出风险调查方案，确定调查内容；其次聘请若干名风险专家，通过邮寄或电子邮件发给他们相关调查内容并请他们各自分析，针对风险对象得出自己的判断结论并邮寄或电邮汇总至银行；接着银行将汇总的专家结论整理后，再邮寄或电邮反馈给各位专家，让其在此基础上各自作出修正，并再次邮寄或电邮汇总至银行，银行根据汇总结果决定是否要进行下一轮的函询调查，最后经过若干次的函询汇总，最终得到一个针对风险对象的基本一致的判断结论。这种方法的优点是克服了专家会议法中专家互相影响不能独立判断的缺陷；缺点是如果专家之间分歧较大，将很难产生统一的判断结果，仍然具有较强的主观色彩。

### 3. 评分或评级法

评分或评级法是一种相对简单的量化风险方法。首先针对风险对象(如信贷风险)选取若干关键性指标(如违约概率、违约损失率、违约风险暴露等)构建一个风险评价体系，然后据此对风险管理对象进行考核，给出分值或等级。这种方法综合性强，应用广泛，如度量操作风险的平衡记分卡、度量市场风险的证券评级、度量信用风险的 Z 计分模型、贷款五级分类和信用评级等。

### 4. 统计估值法

统计估值法是利用统计学知识根据搜集到的历史资料来估计某种金融风险的大小，可以估计该风险发生的概率和风险损失幅度，即方差和标准差。估计方法主要采用点估计和区间估计。这种方法度量风险结果是否准确，取决于获得的历史资料的多少和真实程度。

### 5. 数理统计法

如果银行无法获得足够的历史资料，可以采用数理统计法度量风险对象。即通过建立数学模型，用均值描述期望收益，用方差描述风险，目标函数是在风险一定前提下选择最佳投资组合，使收益最大，或是在收益一定时确定最小的方差，使风险最小。

### 6. 假设检验法

假设检验法是概率统计学中常用的一种方法，通过对求知参数的数值提出假设，然后利用历史资料形成的样本信息，运用概率论知识来检验所提出的假设是否合理。这种方法和统计估值法一样，主要适用于统计规律稳定、历史资料齐全的风险估计。

### 7. 敏感性分析

敏感性分析是利用金融资产的价值对其市场因子的敏感性来测量金融资产市场风险的方法，这些市场因子包括利率、汇率、股票指数和商品价格等。敏感性越强的金融资产受市场因子变化的影响越大。针对不同的金融资产、不同的市场因子，有不同类型的敏感性分析方法，如针对利率性金融工具的持续期，针对股票的 Beta，针对衍生金融工具的 Delta、Gamma、Vega、Theta、Rho 等。其中持续期是一种常用的敏感性分析方法。

### 8. 压力测试

压力测试是用于衡量风险资产组合价值潜在最大损失的一种方法，可为银行或其他金融机构中的风险管理部门的决策者提供有意义的参考。该方法首先设置压力测试情景，然后选取影响金融资产对象风险大小的若干个关键指标建立统计计量模型，分析这些关键指标变动引起的资产风险变动情况，最后计算压力情景下的预期损失和所需的风险资本。

### 9. 情景分析

情景分析是一种具有战略高度的分析方法，它针对各种不同事件对银行损益的潜在影响进行分析，帮助银行对长期利益作出评估。情景分析通常由高级管理层使用，侧重对风险事件长期、广泛影响的分析。

情景分析可以下分为 5 个步骤。①制造情景。情景通常按照高级管理人员的要求来制造，因为他们最了解银行的业务状况和影响损益的外部因素。但有时风险管理人员也直接设立情景。②情景要素分析。制造情景之后，征求银行专家和相关业务部门的意见，从情景中提取要素数据。③情景预测。对每个情景要素作两方面预测：一是要素在未来一定时间内的发展状态；二是潜在损失。这个环节很大程度取决于人的主观判断，因此主观判断的准确性非常重要。④情景合并。把每个情景要素的预测合并到统一的情景中去。对于合并后的情景，不仅要检查它的一致性，还要检查重复计量因素、相互矛盾的假设及结果的合理性。⑤情景展示和后续步骤。情景分析建立在一系列假设之上，假设并不完全符合实际，在对分析结果作展示的时候，重要的是阐述整个过程的假设和目标。后续步骤即是管理人员采取适当的行动来应付可能发生的事件。

# 模块三　金融风险控制技术

在对银行风险进行有效识别和精确度量后，风险管理者接着就要选择合适的风险控制技术(或称为风险管理工具)，通常是几种风险控制技术综合使用，对商业银行当前风险和潜在风险进行处理。这个过程中风险管理者要面对风险管理成本和收益平衡的问题，任何风险管理工具的使用都要付出成本，需要考虑经济性问题，事实上任何风险管理策略都会包含这方面的因素。当前金融风险控制技术主要有风险预防、风险规避、风险自留、风险分散、风险对冲、风险转移共 6 种方法。

## 一、风险预防

风险预防是在风险尚未造成损失之前，金融机构采用一定的防范性措施，以防止损失实际发生或将损失控制在可承受的范围之内。它具有安全可靠、成本低廉、社会效果好的特点，是一种传统的风险管理方法，也是金融机构常用的一种风险管理策略。使用这种方法的前提是，在风险识别阶段对较大风险种类和性质有所认识，能够有时间作出风险预防措施。风险预防主要被运用于信用风险管理和流动性风险管理中，在操作风险管理中也可以使用。

在信用风险管理中，我国商业银行信贷管理实行的"审贷分离"和"分级审批"制度，就是一种比较有效的风险预防措施。审贷分离制度中贷款调查、贷款审查和贷款发放三个环节形成人员隔离、各负其责、相互制约的局面，能够有效预防信贷风险发生。分级审批制度是商业银行根据业务量大小、管理水平和贷款风险度确定各级分支机构的审批权限，超过审批权限的贷款，应当报上级审批，有效控制了银行分支机构信贷额度过大带来的风险。

在流动性风险管理中，商业银行为了预防流动性风险的发生，保证日常业务的正常进行，有必要保留一部分准备金。银行准备金分为三个级别：一级准备金、二级准备金和三级准备金。一级准备金主要包括库存现金和存在中央银行的存款(通常是由中国人民银行规定、商业银行和其他金融机构必须保持的准备金)；二级准备金、三级准备金主要包括一些流动性较强的营利性资产，如短期政府债券、短期投资、短期贷款和短期票据等。银行准备金制度使得商业银行在安全性和流动性之间存在保持平衡的调整空间，是一种很重要的预防流动性风险的制度。

虽然风险预防是相当有效的风险控制方法，但有些金融风险无法通过风险预防策略进行防范，比如突发风险。风险预防有时是以牺牲一定的收益为代价来实现的，比如银行准备金制度，流动性强的准备金营利性差，营利性强的准备金其流动性又会差些。这也是风险预防措施的一点不足之处。

## 二、风险规避

风险规避是在某些风险发生之前，风险管理者通过风险识别发现这些风险，预测它们一旦发生会给银行带来的损失，然后对其设法躲避的风险管理策略。风险规避也是一种常用的风险管理工具，具有保守而且比较简单的特点。不过银行经营的就是风险，如果一味采取规避方式，则由承担风险可能带来的收益也会随之失去，因此采用这种策略时，风险管理者需要认真权衡投资项目收益和风险之间的关系，只对难以承受极大损失或可以承受但收益得不偿失的项目风险采取规避措施。

一般风险管理者可以从以下方面考察是否适用风险规避方法。

(1) 风险损失承担与预期收益是否对称，如果损失大于收益，应考虑回避风险。

(2) 可能的风险损失过大，超过金融机构的承受能力，可以回避风险。

(3) 风险原因过于复杂，机构现有风险管理水平无法驾驭，也应回避风险。

(4) 风险管理的成本太高，权衡成本和收益之后，可以考虑是否放弃。

(5) 风险项目不是金融机构的主要业务，风险过大，可以考虑放弃。

## 三、风险自留

风险自留是金融机构对已识别出的风险考虑损失和收益后主动采取承担风险的策略，或者对突发风险被动接受并承担风险损失的情况。由此可以看出风险自留可以是有计划的，也可以是无计划的，但是不管是否有计划，选择自己承担风险，金融机构就必须为可能发生的风险损失安排资金以渡过难关。根据资金安排不同，风险自留分为以下三种方式。

### 1. 风险准备金

风险准备金是金融机构针对各种资产建立准备资金用于补偿风险自留的损失。如果风险引起的损失有限，就可以通过准备资金及时补偿风险损失，防范风险发生带来的间接损失。对于这种风险自留方式，无论是金融机构还是企业组织都广泛存在。我国自 1988 年起在银行中建立起贷款呆账准备金制度。目前我国商业银行呆账准备金是按银行发放贷款余额的一定比例，从营业费用中提取用于补偿呆账损失的一种准备金。现在计提准备金的方法采用不分贷款类别，统一按银行年初贷款余额的 1%计提。风险准备金起到及时补偿风险损失的作用，但是它会形成资金占用的成本，而且如果损失过大，风险准备金有不能弥补的可能性。

### 2. 专业自保公司

这是大型跨国公司常用的风险自留方式。专业自保公司是母公司自行设立，在跨国公司集团内部开展保险业务的保险子公司。目前全球 90%以上的跨国公司都采用这种方式降低风险。它的最大好处是操作方便、保险总费用水平低；缺点是集团内部风险数量和种类有限，不能进行有效的风险组合，另外子公司所在国的法律限制也会影响专业自保公司的保险效果。目前我国专业自保公司有两家，即中石油集团自保公司、中海油香港自保公司。

### 3. 资本充足管理

对于金融机构的非预期损失应由其资本承担。因此，金融机构持有充足资本是金融风险管理的本质要求，也是金融监管的要求。商业银行的资本充足率由巴塞尔银行委员会统一规定为 8%，并给出计量方法。我国证券公司的风险资本规定由《关于证券公司风险资本准备计算标准的规定》给出。我国商业银行和国际接轨，也实行 8%的资本充足率要求。

## 四、风险分散

风险分散是指通过多样化的投资来分散和降低风险的策略。"不要把所有鸡蛋放在一个篮子里"的古老格言形象地说明了这一方法的内涵。马柯维茨的投资组合理论认为，只要两种资产收益率不完全正相关(同方向变动)，分散投资于两种资产就具有降低风险的作用。对于由相互独立的多种资产组成的投资组合，只要组合中的资产个数足够多，该投资组合的非系统性风险(又称非市场风险，具有可分散性)就可以通过这种分散策略完全消除。

分散方法主要包括以下 5 种。

(1) 银行资产种类分散，银行将资产分散在不同种类的贷款和各种证券中。

(2) 投资行业分散，银行将资金投放于若干个行业而不是某一个行业。

(3) 投资地区分散，根据地区间经济发展的不平衡性，银行在经济发达和经济不发达地区之间分配资金，可以是全国各地区也可以是全球各地。

(4) 银行客户分散，银行应将资金投向不同规模、不同行业、不同地区的客户。

(5) 资产质量分散，银行在信贷和投资证券时应将资金分散于不同质量的贷款和证券中，保证银行实现收益最大化和风险最小化。

风险分散投资策略经过长期实践证明是行之有效的，但其实行的前提条件是要有足够多的相互独立的投资方式。同时，风险分散需要成本，主要是分散投资时增加的各项交易费用。与承担的风险损失相比较，这个成本支出还是值得考虑的。

## 五、风险对冲

风险对冲是针对某种金融资产组合的风险，投资或购买特定资产或金融衍生产品，使两者在价值变动方面是相反的，通过这种措施减少或消除该金融资产的风险。

其原理是某市场因子变化导致的对冲资产与资产组合价值变化的方向相反，从而当市场因子变化时，可以用对冲资产的收益弥补资产组合的损失。

风险对冲对管理市场风险(如利率风险、汇率风险、股票风险和商品风险)非常有效，可以分为自我对冲和市场对冲两种情况。

(1) 自我对冲是指商业银行利用资产负债表或某些具有收益负相关性的业务组合本身所具有的对冲特性进行风险对冲。

(2) 市场对冲是指对于无法通过资产负债表和相关业务调整进行自我对冲的风险，通过金融衍生产品市场进行对冲。

近年来，由于信用衍生产品不断创新和发展，风险对冲策略也被广泛应用于信用风险管理领域。

## 六、风险转移

风险转移是指通过购买某种金融产品或采取其他合法的经济措施将己方资产面临的风险转移给其他经济主体的方法。风险转移分为保险转移和非保险转移。

(1) 保险转移是商业银行通过购买保险，以缴纳保险费为代价，将风险转移给承保的保险公司。当商业银行发生风险损失时，承保公司将按照保险合同的约定责任给予商业银行一定的经济补偿。

(2) 非保险转移方式主要有担保(如保证、抵押和质押)、转售等。商业银行发放贷款时要求借款人提供保证人或担保物作为还款担保，这样借款人的违约风险就转移给保证人或担保物。未到期票据贴现是一种常见的通过转售转移风险的做法。

此外，金融衍生产品可以看作是特殊形式的保单，它为投资者提供了转移市场风险的工具。

# 模块四　金融风险内部控制

中国银行业监督管理委员会在 2004 年 12 月 25 日颁布的《商业银行内部控制评价试行办法》中，将内部控制定义为：商业银行内部控制体系是商业银行为实现经营管理目标，通过制定并实施系统化的政策、程序和方案，对风险进行有效识别、评估、控制、监测和改进的动态过程和机制。该《试行办法》将商业银行内部控制总结为 5 要素：内部控制环境、风险识别与评估、内部控制措施、监督评价与纠正、信息交流与反馈。

完善商业银行的内部控制机制不仅可以保障风险管理体系的健全、改善公司治理结构，而且可以促进风险管理策略的有效实施，同时风险管理水平的提升又能极大提高内部控制的质量和效率。

商业银行内部控制必须贯彻全面、审慎、有效、独立的原则。

(1) 内部控制应覆盖所有部门和岗位，由全体人员参与，任何决策或操作均应当有案可查。

(2) 内部控制应以防范风险、审慎经营为出发点，分支机构或新业务的开展均要体现"内控优先"的要求。

(3) 内部控制应具有权威性，任何人都要受到内部控制的约束。

(4) 内部控制的监督、评价部门应独立于内部控制的建设、执行部门，并有直接向董事会、监事会和高级管理层报告的渠道。

与国外金融机构内控体系相比，我国商业银行内控建设还处于起步阶段。例如，商业银行所有权和经营权的分离还有待完善；内控组织架构尚未形成；内控管理水平、内控监督及评价的及时性和有效性急需提高。因此，结合自身经营特点，借鉴国际规范的内控体系，加快加强内控建设是我国商业银行当前的重要任务。

# 案 例 讨 论

## 城市商业银行内控漏洞再现——富滇银行金融市场部被"一锅端"

富滇银行作为历史上在我国西南和东南亚各国具有强大影响力的地方银行，具有较高的历史文化品牌价值。2007 年 12 月 30 日，昆明市商业银行成功更名为富滇银行，赋予了这一历史知名品牌新的内涵和生命力。2010 年，银监会批复同意富滇银行设立老挝代表处，富滇银行成为全国 145 家城市商业银行中首个获批在境外设点的地方性商业银行，可见富滇银行在当地的影响很大。而其金融市场部更是因为"骄傲"的政绩一向被富滇银行引以为荣。然而，3500 万的贪腐金额不仅使富滇银行声誉受损，也创造了近年云南金融贪腐案之最。我们知道国债交易有"T+0"、"T+1"的产品，其中 T+0 的结算方式可以最大限度地实现客户投资的高流动性，即能够实现券款实时交割，当日买入的债券当日可以再次卖出或进行转托管、非交易过户等操作；当日卖出债券所得资金，当日就可进行转账或提现。云南昆明富滇银行金融市场部总经理等人通过朋友公司委托，或者自己委托，利用"T+0"的操作使得当天投进去的钱当天就出来了，账面不变的方式相互拆借资金，然后以近乎高利贷的利息再借给中小企业，为自己谋利，结果在部门检查对账时被发现。

金融市场部的操作应该很严格，但是出现了如此大的问题，说明在产品的设计以及监管上还有漏洞。一是可以通过几个人一起操作，使得当天投进去的钱当天就出来了，账面不变，从而不被银行监管部门察觉；二是可以通过朋友的公司委托，或者自己委托等方式进行"T+0"交易将所赚资金归列自己名下；三是可以通过内外勾结、相互走账方式绕开银行内部控制体系实现资金的"体外循环"，将这些套取的资金用于诸如房地产开发、高利贷等投机项目获利。另外，虽说国债"T+0"的交易结算方式，一笔资金可以多次交易、反复买卖，在不增加市场资金存量的情况下，可以产生明显的资金放大效应，但一天之内想多次交易并不容易，因为还要登记结算，一天最多一次。应该说富滇银行金融市场部原总经理等人这样交易撒开银行监管是比较难的，如果银行内部制度完善的话，金融市场部人士不可能这样做。

城市商业银行年初以来频频曝出大案要案，从齐鲁银行伪造票据诈骗案到汉口银行"假担保"事件，温州银行骗贷案，再到富滇银行的贪腐丑闻，显示出城商行的内控管理存在巨大漏洞，连基本的管理都过不了关。可见在城商行急速扩展进程中，银行内部风险失控到了何种严峻的程度。因此，当前各城商行应加强自律，加快风险管理建设，控制操作风险。首先，从近几年我国金融业暴露出的有关操作方面的问题看，源于金融机构内部控制和公司治理机制失效而引发的操作风险占了主体，成为我国金融业面临风险中的一个突出特征。对近两年金融机构发生的各类案件分析表明，银行风险所造成的损失主要来自于管理层腐败、内部工作人员违规行为以及金融诈骗等。因此，强化员工法制意识，用制度和法律加强内部管理和风险控制，是商业银行必须重视的重点。其次，针对目前国债业务中存在的风险隐患，各商业银行应加强对国债业务的管理：指定专门的业务部门对营业部的国债业务进行集中统一管理和监控；采取有效措施严格禁止营业部对外签订任何形式的国债融资协议，非法融入资金；对国债回购业务建立必要的审批程序和科学的操作流程，全面防范因客户或营业部违规操作而引发的国债回购风险，特别加强对国债回购放大、大额国债回购等业务的内部控制和管理，建立必要的国债投资客户回访或函证制度，建立国债业务在计算机信息系统、财务、交易等重要环节的风险监控；进一步加强对营业部的印章管理，严禁出具任何形式的虚假资信证明；加强对营业部国债业务的现场稽核和非现场稽核力度，提高内部稽核水平和效果，防患于未然。最后，加大案件排查力度，通过自查主动发现和暴露案件从而及早控制风险将损失降到最低。一要加大对制度执行的监督力度，进一步提高违规问责力度，提高整改的持续性和有效性，健全内控自查自纠机制，切实解决整改不力现象；二要把案件易发业务、易发岗位、易发环节和有不良行为的从业人员作为高度管控的重点，加强监督管理，杜绝以人情代规章、代纪律的现象发生，提高案件及时查出率和自查发现率；三要加强形势分析、案情分析，及时总结案件防控工作经验和创新，形成排查——整改——提高——再排查的良性循环。

（资料来源：中国金融风险案例每月精解. 2011.）

**问题：**

(1) 案例中富滇银行受到的金融风险属于哪种类型？

(2) 富滇银行在金融风险管理中出现了哪些问题？

(3) 富滇银行应该如何改进银行内控管理机制？

## 信用违约是当前主要金融风险

中国银监会发布的 2012 年监管年报指出，今年重点监控信用违约、表外业务关联和外部传染风险三大金融风险。

自 2011 年四季度后，银行业不良贷款呈现出上升趋势。商业银行 2012 年年末不良贷款余额为 4 929 亿元，比年初增加 647 亿元，不良率为 0.95%。截至 2013 年 3 月末，商业银行不良贷款余额较年初进一步增加了 340 亿元，且不良率上升至 0.99%，已连续 6 个季度反弹。

可以说，在上述三大风险中重点还是信用违约金融风险。它来自这样几个方面：地方融资平台风险没有得到有效遏制，总量从 2010 年的 10.7 万亿元增加到 2012 年的 12.85 万亿元，占 GDP 25.1%，两年增加两万多亿元。其中，平台贷款从 2010 年的 8.5 万亿元增加到 2012 年的 9.3 万亿元，还不包括信托融资。地方融资平台债务被称为永不会到期的债务，贷款被称作永不到期的贷款。风险之大可想而知。

产能过剩带来的信用违约风险。前几年大投资造成的产能严重过剩，继光伏产业、钢铁产业过剩后，电力、煤炭经营都已经出现不景气状态，产能过剩很快就会来临，信用违约风险将会接踵而至。房地产行业不良贷款虽然在 2012 年出现"双降"，但是，随着调控力度的加大，其是信用违约风险一个不可忽视的爆发点。因此，防范银行业信用违约风险是重中之重。

包括理财产品在内的表外业务关联风险也进入了密集爆发期。目前，在银行理财产品和代理销售理财产品上暴露的风险点不少。除了加强监管以外，关键在于规范银行业的中间业务行为，彻底禁止银行从事杠杆率高的各类金融产品发售代销。对于"民间融资、非法集资等外部风险传染"，只要建立起银行业与这些外部风险的防火墙就可以了。

银监会所说的三大风险，主要是如何防止银行业内部风险，即如何防止金融监管笼子内的风险，而没有涉及监管以外的社会融资风险，如民间借贷风险、高利贷风险、非法集资风险、小额贷款公司、担保公司等各类风险。2012 年全年社会融资规模为 15.76 万亿元，人民币贷款占同期社会融资规模的 52.1%，也就是说，有 48% 的社会其他融资在监管上处于缺位状态，仅 2012 年就有 7.6 万亿元。监管笼子以外的社会融资规模越来越大，风险也越来越高，对这些类似影子银行监管上的缺位，正在给中国埋下巨大的金融风险隐患，不排除成为金融危机爆发的根源。

(资料来源：余丰慧. 证券时报，2013-04-26.)

**问题：**
(1) 我国金融风险的现状如何？
(2) 我国金融监管包括哪些方面？

# 扩 展 阅 读

### 1. 大额可转让定期存单 CDs

可转让定期存单是由银行向存款人发行的一种大面额存款凭证。它与一般存款的不同之处在于可以在二级市场进行流通，从而解决了定期存款缺乏流动性的问题，所以很受投资者的欢迎。它最早是由美国花旗银行于 1961 年推出的，并且很快为别的银行所效仿，目前已成为商业银行的重要资金来源。在美国，其规模甚至超过了短期国债。我国从 1986 年下半年开始发行大额可转让定期存单，最初只有交通银行和中国银行发行，从 1989 年起，其他银行也陆续开办了此项业务。在我国，面向个人发行的存单面额一般为 1 万元、2 万元和 5 万元，面向单位发行的存单面额一般为 50 万元、100 万元和 500 万元。

### 2. 回购协议

回购协议是指以有价证券作抵押的短期资金融通，在形式上表现为附有条件的证券买卖。有价证券的持有者在其资金暂时不足时，若不愿放弃手中证券，可用回购协议方式将证券售出，同时与买方签订协议，以保留在一定时期后(如一天)将此部分有价证券按约定价格全部买回的权利，另支付一定的利息。利息的支付或者加在约定价格之内，或者另计。还有一种"逆回购协议"，即贷出资金取得证券的一方承诺在一定时期后出售证券，收回贷出资金。回购协议的期限一般很短，最常见的是隔夜拆借，但也有期限长的。此外，还有一种"连续合同"的形式，这种形式的回购协议没有固定期限，双方都没有表示终止的意图时，合同每天自动展期，直至一方提出终止为止。

### 3. 同业拆借

同业拆借是指银行之间为了解决短期内出现的资金余缺而进行的相互调剂。它一般发生在一个工作日结束后银行对账目进行结算时发现资金出现多于或短缺的情况下，为了使第二天的工作照常进行或对富余款项进行利用。它的主要交易对象为超额准备金，拆入行向拆出行开出本票；拆出行则对拆入行开出中央银行存款支票即超额准备金。对资金贷出者而言是拆放，对拆入者而言则是拆借。同业拆借发生量大，交易频繁，对市场反应敏感，能作为一国银行利率的中间指标。同业拆借除了通过中介机构进行外，也可以是双方直接联系，目前世界上大多数拆借是借助于一些大规模商业银行作为媒介，这些大银行除自己拆借外也向同行提供信息，为有需求者牵线搭桥。还有部分国家通过专门设立的拆借公司来进行。同业拆借期限短，一般为 1～2 天至多不过 1～2 周，拆款利息即拆息按日计算，拆息变化频繁，甚至一日内都会发生变化。同业拆借市场的利率确定方式有两种：其一为融资双方根据资金供求关系以及其他影响因素自主决定；其二为融资双方借助中介人经纪商，通过市场公开竞标确定。

### 4. 金融创新

金融创新是指金融内部通过各种要素的重新组合和创造性变革所创造或引进的新事物，可归为三类：①金融制度创新；②金融业务创新；③金融组织创新。最传统的金融产品是商业票据、银行票据等。由于创新，在此基础上派生出许多具有新的价值的金融产品或金融工具，如期货合同、期权合同互换及远期协议合同。远期合同和期货近几年又有新的创新，具体表现在：远期利率协议、利率期货、外国通货期货、股票指数期货等。目前最新的杰作则为欧洲利率期货、远期外汇协议，前者为不同通货的短期利率保值；后者为汇率变动保值。

### 5. 金融全球化

金融全球化是经济全球化的重要组成部分，是金融业跨国境发展而趋于全球一体化的趋势，是全球金融活动和风险发生机制日益紧密关联的一个客观历史过程。从微观层次来看，由于金融活动是投资者和融资者通过一定的金融机构，利用金融工具在金融市场进行的资金交易活动，因此金融全球化就是金融活动的全球化。金融活动的全球化主要可包括以下几个方面。

(1) 资本流动全球化。

(2) 金融机构全球化。

(3) 金融市场全球化。

# 项 目 总 结

商业银行等金融机构面临越来越复杂的金融风险，风险管理成为银行的核心竞争力。金融风险管理经历了资产风险管理、负债风险管理、资产负债风险管理和全面风险管理等4个阶段，体现了商业银行随着金融风险日趋复杂采取了与时俱进的风险管理活动。

金融风险管理流程包括风险识别、风险度量、风险控制和风险监测报告等环节。风险识别方法有风险清单分析法、财务报表分析法、故障树分析法和流程图分析法。风险度量主要有经验判断法、专家调查法、评分或评级法、统计估值法、数理统计法、假设检验法、敏感性分析、压力测试、情景分析等方法。风险控制主要有风险预防、风险规避、风险自留、风险分散、风险对冲和风险转移等方法。商业银行对金融风险的内部控制重点在管理控制、会计控制和稽核控制。

# 单 元 练 习

## 一、单项选择题

1. 商业银行风险管理的流程是(　　)。

    A. 风险控制→风险识别→风险监测→风险度量

    B. 风险识别→风险控制→风险监测→风险度量

    C. 风险识别→风险度量→风险控制→风险监测

    D. 风险控制→风险识别→风险度量→风险监测

2. (　　)是商业银行日常工作的一个重要部分，每个业务都要建立控制措施、分清责任范围，并接受仔细、独立的监控。

    A. 外部控制环境　　　　　　　　B. 风险识别与评估

    C. 内部控制措施　　　　　　　　D. 监督、评价与纠正

3. 商业银行最高风险管理决策机构是(　　)。

    A. 董事会　　　　B. 监事会　　　　C. 风险管理部门　　　　D. 财务控制部门

4. 下列属于风险控制方法的是(　　)。

    A. 财务报表分析法　　　　　　　B. 流程图分析法

    C. 风险自留　　　　　　　　　　D. 情景分析

5. 下列属于风险识别方法的是(　　)。
　　A. 故障树分析法　　　　　　　　　B. 压力测试
　　C. 假设检验法　　　　　　　　　　D. 专家调查法
6. 下列属于风险度量方法的是(　　)。
　　A. 敏感性分析法　　　　　　　　　B. 风险清单分析法
　　C. 风险对冲　　　　　　　　　　　D. 风险转移
7. 在银行风险管理中，银行(　　)的主要职责是执行风险管理政策、制定风险管理的程序和操作规程、及时了解风险水平及其管理状况等。
　　A. 高级管理层　　B. 董事会　　　　C. 监事会　　　　　　D. 股东大会
8. 银行内部控制制度在管理控制方面不包括(　　)。
　　A. 组织结构控制　　　　　　　　　B. 岗位责任制
　　C. 风险管理控制　　　　　　　　　D. 会计控制
9. 风险自留的方式不包括(　　)。
　　A. 风险准备金　　　　　　　　　　B. 专业自保公司
　　C. 资本充足管理　　　　　　　　　D. 风险对冲

## 二、判断题

1. 风险管理已经成为商业银行的核心竞争力。　　　　　　　　　　　　　(　　)
2. 我国商业银行风险管理起步晚，所以现在处于负债风险管理阶段。　　　(　　)
3. 风险识别是商业银行对现有风险和潜在风险分析其风险要素、形成原因及变化规律的过程。　　　　　　　　　　　　　　　　　　　　　　　　　　　　　　　　(　　)
4. 风险度量是商业银行在风险识别基础上对风险进行量化分析的过程。　　(　　)
5. 风险控制技术是商业银行对已识别风险进行消除或减少的方法。　　　　(　　)
6. 银行内部控制的重点是管理控制。　　　　　　　　　　　　　　　　　(　　)
7. 银行将资产分散在不同种类的贷款和各种证券中属于风险分散的方法。　(　　)
8. 风险转移分为保险转移和转售两种方法。　　　　　　　　　　　　　　(　　)
9. 风险规避对银行来说是一种最好的风险控制方法。　　　　　　　　　　(　　)
10. 风险预防需要银行付出成本，因此要考虑成本和收益的关系才能决定是否采用这种风险控制方法。　　　　　　　　　　　　　　　　　　　　　　　　　　　　　(　　)

## 三、问答题

1. 简单描述金融风险管理的过程。
2. 银行风险管理组织机构有哪些？
3. 银行进行风险管理可以采取的方法有哪些？
4. 风险对冲可以适用所有金融风险吗？
5. 银行内部控制的重点在哪里？
6. 银行考虑是否采取风险规避可以从哪些方面进行考察？

# 课 外 活 动

通过银监会网站了解我国商业银行金融风险管理的现状与不足。

# 项目三  《巴塞尔协议》与银行监管

案例导入：

## 套在日本人脖子上的绳索——《巴塞尔协议》(资本充足性标准)

    1985 年 9 月的《广场协议》导致日元急速升值，日本企业对外投资暴增，从 1986 年的 220 亿美元上升到 1989 年的 680 亿美元；1980 年到 1990 年累计对外投资额达 2 271 亿美元，是 80 年代前半期的 5 倍。尤其是在 1988 年到 1990 年期间，日本对外直接投资额占世界 8 个主要工业大国对外直接投资的 27.5%，超过英国和美国，成为全球最大的对外直接投资国。在全球资产规模最大的 10 家大银行中，有 7 家属于日本。

    随着日元的升值，亚洲各国对日本的出口剧增，对日本的经济依赖性增加；日本企业为了降低生产成本，纷纷向亚洲其他国家和地区转移生产基地；日元的强势导致亚洲国家在对日贸易中倾向于用日元来作为结算货币，日元也因此在亚洲得以广泛使用，日元区在逐渐地形成，日本也具备了争夺全球话语权的能力。这让国际金融势力非常不舒服。

    为了有效地抑制日本资本的全球扩张，也为了打击正在形成的日元区，在 1987 年年底，《巴塞尔协议》(资本充足性标准)出台了。该协议要求：凡是从事国际业务的银行，必须将总资产中的自有资本比例维持在 8%以上。

    一开始，美联储主席沃尔克把它拿到国际清算银行去寻求国际协调，结果遭到了联邦德国、法国和日本等国的强烈反对。于是，美国改变了策略，首先与英国达成双边协议，并率先在两国银行的国际业务中实施了它们的标准——这无异于强迫其他国家签署协议，因为不签署协议就无法与把持着世界金融命脉的美英银行做生意。日本无奈，只好在 1989 年接受了《巴塞尔协议》，但是，日本要求把银行账外资产的 45%认定为自有资本，国际清算银行同意了日本的要求。

    《巴塞尔协议》对日本银行的致命伤害在日本经济泡沫破灭后很快就显露出来。为了达到《巴塞尔协议》的要求，日本各银行在国际融资中变得越来越谨慎，对外贷款规模持续下降。1988 年，国际银团的贷款规模为 1 260 亿美元，1989 年降到 1 210 亿美元，1990 年降到 1 080 亿美元。国际上的日元融资比例同时下降，1987 年为 10.8%，1988 年为 5.6%，1990 年仅为 1.8%。从这组数字可以看出《巴塞尔协议》对限制日本资本规模的效果。

    在日本股市泡沫破灭后，日本各银行的账外资产逐年快速下降，自有资本比例跟着下降，日本大型银行的平均资本充足率也一度降至 8%左右，正好被《巴塞尔协议》勒住脖子，国际著名的企业信用评级机构就以此为参考不断降低日本金融机构的信用等级，如此一来，日本金融机构在国际金融市场的筹资成本就提高了。为提高银行的资本充足率，日本银行只好大规模压缩贷款，日本企业从银行贷款就变得越来越难，这又导致了日本企业经营业绩下降(甚至有的企业因此而破产)，日本公司股票又因此而下跌，股票下跌又使日本银行的账外资产减少(甚至因贷款企业破产而使坏账增加)，资本充足率又跟着下降，日本银行只得进一步压缩贷款……恶性循环形成了。

    日本政府为抵抗泡沫崩溃带来的经济灾难，刺激经济增长，实施了前所未有的大规模扩张的财政政策。如 1992 年 8 月投入 110 000 亿日元的财政资金以刺激经济增长，1993 年 4 月投入了 130 000 亿日元，1994 年投入了 150 000 亿日元。财政投入逐年增加，使政府债务急剧增长。但每次的努力都以失败告终——因为在《巴塞尔协议》的逼迫下，日本银行出现了严重的惜贷行为，冲销了日本政府扩张性的财政政策，阻碍了日本经济的恢复。经济虽然没有刺激起来，政府公债包袱倒是越来越重，到 2006 年年底，日本政府公债已达到 83 492 亿美元，几乎是日本国民生产总值的 1.7 倍，这一比例在西方发达工业国中没有先例。以美国为例，美国联邦政府公债占 GDP 比例还不到 40%。日本经济有彻底崩溃的可能。

(资料来源：金鸿95. 国际金融探秘. 2008 年 4 月 14 日发表于搜狐军情观察论坛.)

**问题：** 为什么《巴塞尔协议》对英美两国的银行监管影响没有日本大？

**知识目标：**

1. 《巴塞尔新资本协议》的三大支柱。
2. 《巴塞尔协议III》的基本内容。
3. 银行监管。

**能力目标：**

1. 熟悉《巴塞尔新资本协议》的三大支柱。
2. 熟悉银行监管的内容。

**关键词：** 最低资本要求、监管部门的监督检查、市场纪律

# 模块一　《巴塞尔协议》

《巴塞尔协议》产生的背景可以从 20 世纪 70 年代全球性通货膨胀，各国纷纷采取浮动利率和利率剧烈波动时期溯源。国际大型商业银行的业务呈现出全球化、金融操作与工具创新和金融投机活动三个特点。

## 一、《巴塞尔协议》的形成和发展

银行监管的国际合作正式从理论上升到实践的导火索是 1974 年联邦德国赫斯塔特银行和美国富兰克林国民银行的倒闭。这两家著名国际性银行的倒闭使监管机构在惊愕之余开始全面审视拥有广泛国际业务的银行的监管问题。国际商业银行表现出诸多问题：①脱离国内的银行管制，国际银行监管十分薄弱，漏洞百出；②风险增大，由于金融操作与金融工具的创新，使银行经营的资产超过银行资本几十倍；③国际金融投资活动使一些银行从中获得暴利，也使一些银行受到巨大损失，严重危害各国存款人的利益。于是在 1975 年 2 月，美国、加拿大、联邦德国、法国、日本、意大利、比利时、卢森堡、荷兰、瑞典、英国、瑞士 12 国集团的代表齐聚瑞士巴塞尔，商讨成立巴塞尔银行监管委员会，简称巴塞尔委员会。巴塞尔委员会的宗旨在于加强国际合作，共同防范和控制银行风险，保证国际银行业的安全和发展。巴塞尔委员会目前已成为银行监管的国际标准制定者。巴塞尔委员

会推动了《巴塞尔协议》的出台。

## 二、《巴塞尔协议》的主要内容和缺陷

1988 年 7 月，巴塞尔委员会通过了《关于统一国际银行的资本计算和标准的协定》，也就是《巴塞尔协议》。它是世界各国银行监管历史上的一个重要里程碑，一个重要的指标，是衡量单一至整个银行体系稳健性的标准。它为全球银行监管提供了统一的监管框架。

### 1.《巴塞尔协议》的主要内容

《巴塞尔协议》的制订是为了减少国际银行间的不公平竞争、维持资本市场稳定、降低银行系统风险。《巴塞尔协议》增加了新的内容，包括信用风险和市场风险。

《巴塞尔协议》分为四部分内容，其中协议的核心思想是资本的划分和风险权重的计算标准；另外还有资本与资产的标准比例和过渡期的实施安排、各国监管当局自由决定的范围。

《巴塞尔协议》四部分内容具体如下：①确定资本的构成，即核心资本和附属资本两大类，对各类资本按照各自不同特点进行明确的界定。②风险档次划分，根据资产信用风险的大小，将商业银行资产负债表的表内和表外项目风险权重划分为 0、20%、50% 和 100% 四个风险档次。《巴塞尔协议》确定了资本对风险加权资产的目标比率是 8%。③设定转换系数，将表外授信业务纳入资本监管。④规定银行的资本与风险加权总资本之比不得低于 8%，核心资本与风险加权总资产之比不得低于 4%。可见《巴塞尔协议》的核心内容是资本的分类。也正因为如此，许多人直接就将《巴塞尔协议》称为规定资本充足率的报告。

### 2.《巴塞尔协议》的缺陷

随着世界各大商业银行信用危机出现日趋频繁，1988 年的《巴塞尔协议》被全球 100 多个国家以不同的形式所采纳，成为商业银行信用风险资本充足性的通用标准。但是，随着金融工具及交易的不断迅猛发展，市场问题尤为突出，巴塞尔委员会于 1996 年颁布了针对市场风险资本充足性的补充规定，允许商业银行使用内部风险模型。尽管如此，1988 年《巴塞尔协议》仍然存在诸多的不足，具体缺陷体现在以下几个方面。

(1) 风险敏感性差。风险权重级别过于单一，只有纵向划分，没有横向比较，造成同类资产无法划分信用差别，从而无法确定商业银行面临的真实风险。

(2) 风险类别单一。商业银行的风险包括信用风险、市场风险、操作风险等，《巴塞尔协议》只涉及了信用风险。但是商业银行一些亏损事件的发生却与信用风险无关。例如，巴林银行和大和银行的倒闭，原因在于市场风险和操作风险。

(3) 国家风险问题。《巴塞尔协议》只局限于经合组织(经济合作和发展组织)成员国范围内的资产风险权重，忽视了非经合组织成员国，存在相当大的局限性，造成国家之间风险权重的巨大差距。

## 三、《巴塞尔新资本协议》

为了实现世界各国商业银行安全、稳步的运营，准确地反映它们的风险水平，2004 年

6 月《巴塞尔新资本协议》正式出台，针对风险敏感度、风险管理的全面性、国家间不同的发展水平，巴塞尔委员会提出了新的修改框架。

从 2006 年开始，世界各地的主要经济体开始采用《巴塞尔新资本协议》。《巴塞尔新资本协议》的主要内容可以概括为最低资本要求、监管部门的监督检查、市场纪律三大支柱，与资本监管互为补充。三大支柱的内容如图 3-1 所示。

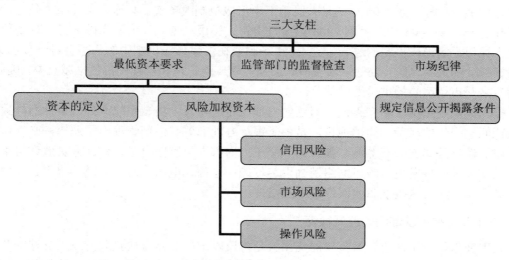

图 3-1　《巴塞尔新资本协议》的三大支柱

### 1. 第一支柱最低资本要求

作为第一支柱，最低资本要求是巴塞尔新协议的基础，第二、三支柱对第一支柱起到辅助和支持作用。巴塞尔委员会认为充足的资本金是保证国际金融体系安全稳健发展的重要保障。

资本充足率是指银行权益资本占银行总资产的比率。资本的充足率是保证银行投资人、债务人资产安全性的保障，它是银行资产对其风险的比率，是保证银行等金融机构正常运营和发展所必需的资本比率。各国金融管理当局一般都有对商业银行资本充足率的管制，目的是监测银行抵御风险的能力。

《巴塞尔新资本协议》在第一支柱中充分考虑到了信用风险、市场风险和操作风险，并为计量风险制定了相应的计算方法。巴塞尔委员会允许银行在计算信用风险时从标准法和内部评级法中选择一种。其中，标准法是根据外部评级结果，以标准化处理方式计量信用风险。内部评级法是采用银行自身开发的内部评级体系，同时，内部评级法又分为初级法和高级法两种。如果选用内部评级法计算信用风险的资本，要求必须经过银行监管当局的正式批准。对于风险管理水平较低一些的银行，新协议建议其采用标准法来计量风险，计算银行资本充足率。当银行的内部风险管理系统和信息披露达到一系列严格的标准后，可采用内部评级法。内部评级法允许银行使用自己测算的风险要素计算法定资本要求。其中，初级法仅允许银行测算与每个借款人相关的违约概率，其他数值由监管部门提供；高级法则允许银行测算其他必需的数值。

市场风险实际上是由于利率、汇率、股票、商品等价格变化导致银行损失的风险。市场风险实际包括利率风险、汇率风险、股市风险和商品价格风险四大部分。由于我国银行从事的股票和商品业务有限，因此其市场风险主要表现为利率风险和汇率风险。

在整个金融市场中，资金的机会成本、汇率、股票和商品的价格皆离不开利率；同时信贷关系是银行与其客户之间最重要的关系，因此利率风险是银行经营活动中将面临的最主要风险。随着我国经济持续增长，越来越多的国内企业将走出国门投资海外，汇率风险也随之增加。同时，自2005年7月人民币汇率形成机制改革实施以来，人民币兑外汇的风险明显上升。从2005年7月到2006年5月中旬人民币兑美元升值已突破8元心理价位。随着人民币汇率形成机制的进一步完善，市场因素在汇率形成机制中的作用会进一步加大，我国银行业的汇率风险也将进一步提升，加强汇率风险管理和监管变得越来越重要。因此，汇率风险是市场风险的重要组成部分。

操作风险是指由于不完善或有问题的内部操作过程、人员、系统或外部事件而导致的直接或间接损失的风险。简单地说，是由于银行办理业务或内部管理出了差错，必须作出补偿或赔偿；法律文书有漏洞，被人钻了空子；内部人员监守自盗，外部人员欺诈得手；电子系统硬件软件发生故障，网络遭到黑客侵袭；通信、电力中断；地震、水灾、火灾、恐怖袭击等，所有这些给商业银行带来的损失。

### 2. 第二支柱监管部门的监督检查

《巴塞尔新资本协议》最重要的变化就是将监管部门的监督检查列为三大支柱的其中一个，这无形中对银行监管部门作出了更加严格、积极主动的要求，促使了监管部门需要建立一整套完善的监管评估过程，实现过程监管模式。

银行监管部门实施监管的过程中，应当遵循的四项原则分别如下。

(1) 银行应具备与其风险状况相适应的评估总量资本的一整套程序，以及维持资本水平的策略。

(2) 监管部门应检查和评价银行内部资本充足率的评估情况及其战略，以及银行监测和确保满足监管资本比率的能力。若对最终结果不满足，监管部门应采取适当的监管措施。

(3) 监管部门应使银行在高于法定最低资本充足率下运营，并应有权要求银行维持超过最低标准的资本。

(4) 监管部门应争取及早干预，从而避免银行的资本低于抵御风险所需的最低水平，如果资本得不到保护或恢复，则需迅速采取补救措施。

从《巴塞尔新资本协议》可以明确地看出，巴塞尔委员会将各国的金融监管当局的职责放在了首要的位置，并提出了非常详尽的配套措施，具体有以下三大职责。

(1) 资本充足率的全面监管。

(2) 建立商业银行的内部信用评估体系。

(3) 完善制度化。

### 3. 第三支柱市场纪律

市场纪律是《巴塞尔新资本协议》的第三大支柱。《巴塞尔协议》以最低资本要求(第一支柱)和监督检查(第二支柱)为基础，以市场纪律(第三支柱)为补充，市场纪律的核心是信息透明度。市场纪律的有效性，直接取决于信息披露的建立健全程度。市场纪律实施根据不同的情况大致可以分为两种：一种是一般的银行，要求每半年进行一次信息透明度评估。另一种是，专门针对金融市场上非常活跃的银行，要求每季度进行一次信息透明度评估。对于市场风险，发生重大的事件之后都要进行相关的信息披露。

## 四、《巴塞尔协议 III》

### (一)《巴塞尔协议 III》的出台背景

在雷曼兄弟破产两周年之际，《巴塞尔协议III》在瑞士巴塞尔出炉。最新通过的《巴塞尔协议III》是 2008 年全球金融危机的直接催生，该协议的草案于 2010 年正式出台。《巴塞尔协议III》第一次建立了一套完整的、国际通用的、以加权方式衡量表内与表外风险的资本充足率标准，有效地扼制了与债务危机有关的国际风险。《巴塞尔协议 III》几经波折，终于在 2013 年 1 月 6 日发布其最新规定。

### (二)《巴塞尔协议 III》的主要内容

(1) 一级资本充足率下限将从现行的 4%上调至 6%，核心一级资本占银行风险资产的下限将从现行的 2%提高到 4.5%。新的一级资本规定在 2013 年 1 月至 2015 年 1 月间执行。总资本充足率要求在 2016 年以前仍为 8%。

(2) 增设总额不得低于银行风险资产 2.5%的资本防护缓冲资金，在 2016 年 1 月至 2019 年 1 月之间分阶段执行。此后，核心一级资本、一级资本、总资本充足率分别提升至 7.0%、8.5%和 10.5%。

(3) 提出 0～2.5%的逆周期资本缓冲区间，由各国根据情况自行安排，未明确具体实施安排。

《巴塞尔协议III》的出台必将影响银行的发展战略和经营方式。我国银监会也随后推出了资本要求、杠杆率、拨备率和流动性的要求四大监管工具，构成了目前国内银行业监管的新框架。

## 五、新旧《巴塞尔协议》对比

自 1988 年《巴塞尔协议》实施以来，它已经是公认的一个国际惯例，被广泛地运用到国际竞争中，在诸多方面起到了重要的作用。例如，在银行监管、防范金融危机等方面，为维持金融市场的稳定起到了不可忽视的作用。但是，1997 年的东南亚金融危机的大面积爆发，《巴塞尔协议》并没有发挥出作用。同时随着金融风险的涉及面越来越广，旧的《巴塞尔协议》的不完善越来越明显，于是 1996 年 6 月正式开始对旧的《巴塞尔协议》进行必要的修改。经过多年的调查与测算，2004 年 6 月 26 日，世界 12 国集团的央行行长最后终于通过了《巴塞尔新资本协议》，新的协议于 2006 年年底开始实施。此后不久，欧盟成员国、澳大利亚、新加坡和中国香港等发达国家和地区也表示将利用新协议对商业银行进行监管，部分发展中国家如南非、印度、俄罗斯等也表示将积极实施新协议。截至 2010 年 9 月 12 日巴塞尔委员会宣布《巴塞尔协议III》草案正式出台。新旧协议的对比详见表 3-1。

表 3-1　新旧巴塞尔协议对比

| 协议 | 《巴塞尔协议》 | 《巴塞尔新资本协议》 | 《巴塞尔协议Ⅲ》 |
|---|---|---|---|
| 出台时间 | 1988 年 7 月 | 2004 年 6 月 | 2010 年 9 月 |
| 主要内容 | (1)资本分类；<br>(2)风险权重计算标准；<br>(3)1992 年资本与资产的标准比例和过渡期的实施安排；<br>(4)各国监管当局自由决定的范围 | 三大支柱<br>(1)最低资本要求；<br>(2)监管部门的监督检查<br>(3)市场纪律 | (1)提高资本充足率要求；<br>(2)增设"资本防护缓冲资金"；<br>(3)提出 0～2.5%的逆周期资本缓冲区间 |
| 作用 | 促进银行监管和国际合作 | 三大支柱，银行监管具有可操作性 | 提高银行监管要求，降低银行风险，维护金融稳定 |
| 其他 | 适用范围小，内容简单，以不变应万变 | 适用范围扩大，内容复杂，覆盖面广，更具灵活性 | 内容不断丰富，所体现的监管思想也不断深化 |

# 模块二　银 行 监 管

所谓银行监管是指政府对商业银行的监督与管理，即政府或权力机构为保证银行遵守各项规章、避免不谨慎的经营行为而通过法律和行政措施对银行进行的监督与指导。我国现阶段实行的是金融分业监管体制，中国银行业监督管理委员会(简称银监会)作为专门的银行业监管机构，依法对全国银行业金融机构及其业务活动进行监督管理。

## 一、银行监管的目标、原则和标准

(1) 银行监管目标。保护广大存款人和金融消费者的利益；增进市场信心；增进公众对现代金融的了解；努力减少金融犯罪，维护金融稳定。

(2) 银行监管原则。《银行业监管管理法》明确规定，银行业监督管理机构对银行业实施监督管理应当遵循依法、公开、公正、效率的原则。

(3) 银行监管的标准。中国银监会成立后，总结国内外银行监管工作的经验，明确提出良好银监会的 6 条标准：①促进金融稳定和金融创新共同发展；②努力提升我国银行业在国际金融服务中的竞争力；③对各类监管设限做到科学合理、有所为有所不为、减少一切不必要的限制；④鼓励公平竞争，反对无序竞争；⑤对监管者和被监管者都要实施严格、明确的问责制；⑥高效、节约地使用一切监管资源。

## 二、银行监管的主要内容和方法

### (一)银行业监管的主要内容及核心指标

#### 1. 市场准入监管

市场准入监管是银监会根据法律、法规的规定，对银行机构进入市场、银行业务范围和银行从业人员素质实施管制的一种行为。

市场准入监管包括以下部分。

(1) 审批注册机构。一方面表明银监会允许该机构进入金融市场，并依法对其进行监管；另一方面表明进入市场的银行机构接受银监会监管，并合法开展业务。

(2) 审批注册资本。银监会对进入市场的金融机构进行最低资本限制，并进行核实。

(3) 审批高级管理人员的任职资格。确定高级管理人员任职资格的标准主要有：①必要的学识；②对金融业务的熟悉程度。一般有严重劣迹的人员不得担任银行机构的高级管理人员。

(4) 审批业务范围。银监会审批业务范围的主要依据是市场需求以及机构的实力、管理层的经验和能力，总的要求是银行必须对它从事的所有业务活动有充分的控制能力。

### 2. 市场运营监管

市场运营监管是银监会对银行机构日常经营进行监督管理的活动，主要包括以下内容。

(1) 资本充足性。商业银行资本充足率监管要求包括最低资本要求、储备资本和逆周期资本要求、系统重要性银行附加资本要求以及第二支柱资本要求。其中，核心一级资本充足率不得低于5%，一级资本充足率不得低于6%，资本充足率不得低于8%。

(2) 资产安全性。本项监管的重点是银行机构风险的分布、资产集中程度和关系人贷款，表现为信用风险的相关指标，具体包括：

① 不良资产率(不良信用资产与信用资产总额之比)不得高于4%；

② 不良贷款率(不良贷款与贷款总额之比)不得高于5%；

③ 单一集团客户授信集中度(最大一家集团客户授信总额与资本净额之比)不得高于15%；

④ 单一客户贷款集中度(最大一家客户贷款总额与资本净额之比)不得高于10%，全部关联度(全部关联授信与资本净额之比)不得高于50%。

(3) 流动适度性。目前我国衡量银行机构流动性的指标主要有以下几个。

① 流动性比例(流动性资产与流动性负债之比，衡量银行流动性总体水平)不应低于25%。

② 流动负债依存度(核心负债与总负债之比)不应低于60%。

③ 流动性缺口率(流动性缺口与90天内到期表内外流动性资产之比)不应低于-10%。

(4) 收益合理性。此项是对银行财务的监管，具体监管指标如下。

① 成本收益比(营业费用与营业收入之比)不应高于35%。

② 资产利润率(净利润与资产平均余额之比)不应低于0.6%。

③ 资本利润率(净利润与所有者权益平均余额之比)不应低于11%。

(5) 内控有效性。根据我国《商业银行内部控制指引》，商业银行内部控制应当贯彻全面、审慎、有效、独立的原则。

## (二)银行监管的主要方法

### 1. 非现场监督

非现场监督是银监会针对单个银行在并表的基础上收集、分析银行机构经营稳健性和安全性的方式，包括审查和分析各种报告和统计报表(银行机构的管理报告、资产负债表、损益表、现金流量表及各种业务报告和统计报表)。

### 2. 现场检查

现场检查是通过银监会实地作业来评估银行机构经营稳健性和安全性的方式。具体内容是由监管当局内具备相应专业知识和水平的检查人员组成检查组，按统一规范的程序，带着明确的检查目标和任务，进入某一银行现场进行实地审核、察看、取证、谈话等活动的检查形式。现场检查一般包括合规性检查和风险性检查两个方面。

### 3. 并表监管

并表监管又称合并监管，是指在所有情况下，银监会应具备了解银行和集团的整体结构，以及与其他监管银行集团所属公司的监管当局进行协调的能力，包括境内外业务、表内外业务和本外币业务。

### 4. 监管评级

中国银监会发布的《商业银行监管评级内部指引(试行)》中借鉴了国际通行的"骆驼评级法"，确定了具有中国特色的"CAMEL+"的监管评级体系，包括对商业银行的资本充足、资产质量、管理、盈利、流动性和市场风险状况 6 个单项要素进行评级，加权汇总出综合评级，再依据其他要素的性质和对银行风险的影响程度对综合评级结果作出更加细微的正向或负向调整。

## 扩 展 阅 读

### 1. 我国银行监管主要法律简介(见表 3-2)

表 3-2　银行监管法律汇总

| 相关法律 | 制定过程 |
| --- | --- |
| 《银行监督管理法》 | 2003 年 12 月 27 日第十届全国人民代表大会常务委员会第六次会议通过，根据 2006 年 10 月 31 日第十届全国人民代表大会常务委员会第二十四次会议《关于修改〈中华人民共和国银行业监督管理法〉的决定》修正 |
| 《中国人民银行法》 | 1995 年 3 月 18 日第八届全国人民代表大会第三次会议通过，根据 2003 年 12 月 27 日第十届全国人民代表大会常务委员会第六次会议《关于修改〈中华人民共和国中国人民银行法〉的决定》修正。全文共 8 章 |
| 《商业银行法》 | 1995 年 5 月 10 日第八届全国人民代表大会第十三次会议通过，根据 2003 年 12 月 27 日第十届全国人民代表大会常务委员会第六次会议《关于修改〈中华人民共和国中国人民银行法〉的决定》修正 |
| 《行政许可法》 | 2003 年 8 月 27 日第十届全国人民代表大会常务委员会第四次会议通过。全文共分为 8 章 |

### 2. 我国商业银行最低注册资本要求

在我国，《商业银行法》第十三条规定："设立全国性商业银行的注册资本最低限额为十亿人民币。设立城市商业银行的注册资本最低限额为一亿元人民币，设立农村商业银行的注册资本最低限额为五千万元人民币。注册资本应当是实缴资本。"根据《中华人民共和国外资银行管理条例》的规定，外商独资银行、中外合资银行的注册资本最低限额为 10 亿元人民币或者等值的自由兑换货币，注册资本应当是实缴资本。

(资料来源：《商业银行法》和《中华人民共和国外资银行管理条例》)

### 3. 骆驼评级制度

骆驼评级制度(CAMELS)是国际通用的系统评价银行机构整体财务实力和经营管理状况的一个方法体系。该方法体系包括资本充足性、资本质量、管理、营利性、流动性、市场风险敏感度 6 大要素评级和一个综合评级，也称骆驼评级。

(资料来源：中国银行业从业人员资格认定办公室. 风险管理. 北京：中国金融出版社，2010.)

# 项 目 总 结

本项目介绍了国际银行监管标准《巴塞尔协议》的主要内容，指出最低资本要求是国际银行监管的核心。在介绍银行监管部分时，着重从我国银监会对国内银行业的监管内容和方法做总结和介绍。

# 单 元 练 习

## 一、名词解释

最低资本要求　市场准入监管　现场检查　市场约束

## 二、单项选择题

1. 从广义上讲，银行机构的市场准入包括三个方面，其中不包括(　　)。
   A. 机构准入　　　B. 业务准入　　　C. 产品准入　　　D. 高级管理人员准入
2. 在《巴塞尔新资本协议》中，市场纪律是(　　)。
   A. 第一支柱　　B. 第二支柱　　C. 第三支柱　　D. 第四支柱
3. 银行监管的基本原则是(　　)。
   A. 利益原则、公开原则、公正原则　B. 利益原则、公平原则、公正原则
   C. 公开原则、公正原则、效率原则　D. 依法原则、利益原则、公正原则
4. 银行风险监管指标遵循准确性、可比性、及时性、(　　)、法人并表及保密性 6 大原则。
   A. 持续性　　　B. 持久性　　　C. 可控性　　　D. 公开性
5. (　　)巴塞尔委员会通过了《关于统一国际银行的资本计算和标准的协定》，也就是《巴塞尔协议》。
   A. 1988 年 7 月　B. 1999 年 6 月　C. 2001 年 7 月　D. 1988 年 12 月

## 三、多项选择题

1. 风险评级的原则有(　　)。

A. 全面性　　　　　B. 持续性　　　　　C. 系统性　　　　　D. 审慎性

2. 银行监管的方法有(　　)。

　　A. 监督检查　　　　B. 市场准入　　　　C. 风险评级　　　　D. 资本监管

3. 《巴塞尔新资本协议》包括的三大支柱是(　　)。

　　A. 最低资本要求　　B. 外部监管　　　　C. 市场纪律　　　　D. 监督检查

4. 中国银监会以国内外银行业监管经验作为依据，提出了 4 条具体的目标，分别是：(　　)。

　　A. 通过审慎有效的监管，保护广大存款人和金融消费者的利益

　　B. 通过审慎有效的监管，增进市场信心

　　C. 通过宣传教育和信息披露，增加公众对现代金融知识的了解

　　D. 维护金融体系的安全稳定，减少金融犯罪

5. 中国银监会成立后，总结国内外银行监管工作的经验，明确提出良好银监会的 6 条标准是(　　)。

　　A. 促进金融稳定和金融创新共同发展

　　B. 努力提升我国银行业在国际金融服务中的竞争力

　　C. 对各类监管设限做到科学合理，有所为有所不为，减少一切不必要的限制

　　D. 鼓励公平竞争，反对无序竞争

　　E. 对监管者和被监管者都要实施严格、明确的问责制

　　F. 高效、节约地使用一切监管资源

### 四、判断题

1. 2006 年 4 月，巴塞尔委员会正式发布《巴塞尔协议》。　　　　　　　　　　(　　)

2. 所谓银行监管是指由政府主导、实施的监督管理行为，监管部门通过制定法律、制度和规则，实施监督检查，促进金融体系的安全和稳定，有效保护存款人的利益。(　　)

3. 在监督检查中，非现场监管对现场监管起指导作用。　　　　　　　　　　　(　　)

4. 银行监管的依法原则是指商业银行在经营管理中必须依据法律、行政法规的规定。
　　　　　　　　　　　　　　　　　　　　　　　　　　　　　　　　　　　(　　)

5. 风险管理评级是对银行风险管理系统，即识别、计量、监测和控制风险的政策、程序、技术等的完整性、有效性进行评价并定级的过程。　　　　　　　　　　　(　　)

### 五、简答题

1. 1988 年出台的《巴塞尔协议》的不足之处是什么？

2. 《巴塞尔新资本协议》的主要内容是什么？

3. 银行监管的原则和标准是什么？

4. 银行监管的必要性是什么？

5. 《巴塞尔协议 III》对中国银行业的影响怎样？

6. 《巴塞尔协议》经历了哪些发展阶段？

# 课 外 活 动

对照三个版本的《巴塞尔协议》，了解国际银行监管理念的变革历程。

# 项目四　常用金融风险度量方法

案例导入：

## 摩根大通蹊跷巨亏

2012 年 5 月 10 日傍晚，刚刚跃居美国第一大商业银行的摩根大通突然召开紧急电话会议，宣布旗下首席投资办公室(CIO)在伦敦市场的企业债 CDS 指数(CDX)投资交易出现高达 20 亿美元的巨额亏损。舆论批评的矛头大多指向了绰号为"伦敦鲸"的驻英国交易员布鲁诺·伊克希尔。美国某家著名财经报纸采访摩根大通职员后，绘声绘色地报道称，摩根大通 CEO 吉米·戴蒙甚至根本不知道手下交易员建立了如此巨大的风险头寸，直到"伦敦鲸"的事迹上了该报的头版，戴蒙这才恍然大悟，连忙向"首席投资办公室"索要该交易的详细记录。投资分析机构 CreditSights 认为，虽然"伦敦鲸"卖空的 CDX 价格正在上升，但几乎没有迹象表明市场走势发生了任何重大逆转。在风平浪静的情况下，摩根大通自己"折腾"出这样大的损失，实在匪夷所思。究其本质，只因"伦敦鲸"的做空头寸实在太大，因此微小的价格上升就能造成巨亏。不过，"伦敦鲸"入行以来，大多数时候都在看空市场，即做多代表企业违约风险的 CDX。而 2012 年年初经济并无太多复苏迹象，他为何突然"空翻多"，转而做空 CDX 并因此造成巨亏，这个问题各家媒体皆未找到合理的解释。有一种说法是，首席投资办公室的伦敦交易员并未违反公司规定，他始终认为自己在执行对冲操作，核心是公司的对冲模型出了问题。而对冲模型之所以出问题，重要原因是摩根大通在 2011 年突然更改了风险价值模型(VAR)的计算方法。有趣的是，多家媒体报道称，只有首席投资办公室的 VAR 被更改，公司其他部门则未变。这一更改直接导致首席投资办公室对每日亏损数额的估计减半，以至于未能及早发现风险。戴蒙在电话会议上宣布巨亏后，同时宣布将 VAR 改回旧有标准。但他并未解释 2011 年为何更换新标准，以及为何只"坑害"首席投资办公室这一个部门。VAR 是 1987 年"黑色星期一"股灾后时任摩根大通总裁 Dennis Weatherstone 倡导建立的，他要求公司各部门每日收盘 15 分钟内评估并汇报风险敞口。后来，摩根大通将自己的评估标准免费分享给其他银行，从此形成了 VAR 这种评估风险的模式。1997 年，美国证券交易委员会正式规定上市公司必须公布衍生品交易的 VAR。可以说，这种风险评估方法正是摩根大通"价值观输出"的产物，如果说摩根大通自己不了解这种评估模式的优点和缺陷，似乎不大合乎情理。

(资料来源：刘美. 摩根大通蹊跷巨亏助力奥巴马. 环球财经，2012-06-19.)

问题：摩根大通的巨亏是否与其风险评估模式 VAR 有关系？

## 知识目标：

1. 掌握 VAR 风险度量的方法。
2. 了解其他风险度量方法的相关指标。

**能力目标：**

1. 掌握 VAR 的具体参数使用方法。
2. 熟悉其他风险度量法的具体步骤。

**关键词：** 风险、VAR 方法、历史分析法、蒙特卡罗模拟法

# 模块一　市场风险度量简介

## 一、市场风险简介

金融市场在实际的交易中存在大量的风险，具体来讲，金融机构的交易型组合与投资型组合在时间和流动性上往往是不一致的。交易型资产组合包括了能够在有组织的市场上迅速购买或出售的资产、负债以及衍生金融工具合约。而投资型资产组合包括相对来说不流动的资产、负债和衍生金融工具合约，银行会在一个较长的时期内持有它们。从会计角度，银行表内外资产的记录可分为银行账户(Banking Book)和交易账户(Trading Book)两大类。巴塞尔委员会 2004 年制定的《巴塞尔协议Ⅱ》对其 1996 年《资本协议市场风险补充规定》中的交易账户定义进行了修改，修改后的定义为：交易账户记录的是银行为交易目的或规避交易账户其他项目的风险而持有的可以自由交易的金融工具和商品头寸，持有它的目的是为了从实际或预期的短期波动中获利。与交易账户相对应，银行的其他业务归入银行账户，最典型的是存贷款业务。交易账户中的项目通常按市场价格计价，当缺乏可参考的市场价格时，可以按模型定价。银行账户中的项目则通常按历史成本计价。需要指出的是，银行一旦发生损失，无论该损失是属于交易型损失还是投资性损失，资本都对存款者、银行的债权人以及监管当局起到一个"缓冲器"的作用。交易账户主要包括了各种市场可交易工具的多头和空头，这些资产工具包括债券、商品、外汇、股票和衍生金融工具。

随着银行贷款证券化的流行，越来越多的资产成为可流动的和可交易的。从监管当局的角度，通常将持有期小于一年的资产视为可交易资产；而对金融机构而言，可交易资产的持有期就更短了。具体来说，金融机构关注早期交易性账户中资产和负债价值的波动，或称为风险价值(Value at Risk, VAR)，甚至还要关注它们交易型账户中资产和负债值的每日波动情况，即日风险价值，特别是当这些价值的变化足以影响到金融机构的清偿力时，金融机构会更加重视这些价值的变化。可见，风险价值是指在一定的持有期和给定的置信水平下，利率、汇率等市场风险要素发生变化时可能对某项资金头寸、资产组合或机构造成的潜在的最大损失。因此，VAR 实际上是对市场风险的一种测量方法，它所关注的是潜在的最大损失，这样，市场风险就可以定义为因市场条件变化所引起的金融机构交易型组合收益不确定的风险，其中市场条件包括资产价格、利率水平、市场波动性、市场流动性等。

## 二、VAR 简介

### (一)VAR 的产生

VAR(Value at Risk，风险价值或在险价值)，是在正常的市场条件下和给定的置信水平(通常是 95%或 99%)上，某个投资组合或资产组合在未来特定时间内预期可能发生的最大损失，或者说，在正常市场条件和给定的时间段内，该投资组合发生风险价值损失的概率仅为给定概率水平(置信水平)。用公式可以表示为

$$P(\Delta P > \text{VAR}) = 1 - c$$

式中，$\Delta P$ 为证券组合在持有期内的损失；VAR 为置信水平 $c$ 下处于风险之中的资产价值。

假定 1994 年，摩根大通公司测定置信水平为 95%的每日 VAR 值为 960 万美元，其含义指该公司能够以 95%的把握保证，1994 年某一特定时点上，该公司的金融资产在未来 24 小时内，由于市场价格变动带来的损失不会超过 960 万美元。或者说，只有 5%的可能损失超过 960 万美元。

与传统风险度量的手段不同，VAR 完全是基于统计分析基础上的风险度量技术，它的原理是根据资产组合价值变化的统计分布图，可以直观地找到置信度相对应的分位数，即 VAR 值。VAR 的产生是摩根公司用来计量市场风险的产物。当时，摩根公司的总裁韦瑟斯通要求下属每天下午在当天交易结束后给他一份报告，说明公司在未来 24 小时内总体潜在损失有多大。于是风险管理人员开发了一种能测量不同交易、不同业务部门市场风险，并将这些风险体现为一个数值的 VAR 方法。从 VAR 的起源不难看出，它最早是用来度量市场风险的。由于 VAR 方法能够简单清晰地表示市场风险大小，又有严谨系统的概率统计理论为依托，因而得到了国际金融界的广泛支持和认可。国际性研究机构 30 人小组和国际掉期交易协会(ISDA)等团体一致推荐，将 VAR 方法作为市场风险测量的最佳方法。目前，越来越多的金融机构采用 VAR 方法来测量、控制其市场风险，尤其在衍生工具投资领域，VAR 方法的应用更加广泛，目前 VAR 的分析方法也已经被引入信用风险管理领域。

### (二)VAR 的参数选择

从 VAR 的计算步骤中可以看出，VAR 有两个重要的参数：资产组合的持有期和置信水平。这两个参数对 VAR 的计算及应用都起着重要的作用。

#### 1. 持有期

度量 VAR 的一个先决条件是 VAR 的持有时间范围。因为随着时间的延长，资产价格的波动性也就必然增加。对度量市场风险而言，一天或一个月可能更为适合，但对度量信用风险而言，由于贷款资产组合的价格在一段时间内波动幅度不大，所以时间段太短意义不大，常常选择半年或一年。

在选择时间段时，一般要考虑流动性、正态性、头寸调整和数据约束等 4 方面的因素。

(1) 选择时间段要考虑的首要因素是资产的流动性。资产的不同性质决定了资产的持有时间。倘若交易头寸可以快速流动，意味着可以选择较短的持有期；如果流动性较差，

交易时寻找交易对手的时间较长，则较长的持有期更合适。实际上由于商业银行在多个市场上持有头寸，而在不同市场上达成交易的时间差别很大，银行通常根据其组合中头寸权重最大的流动性选择持有期。巴塞尔委员会选择 10 个交易日作为资产组合的持有期，这反映了其对监控成本及实际监管效果的一种折中。持有期太短则监控成本高，持有期太长则不利于及早发现潜在风险。

(2) 正态分布。实证研究表明：时间跨度越短，实际回报的分布越接近正态分布。因此在金融资产持有期较短的情况下，以正态分布来拟合实际情况准确性更高。

(3) 头寸的变动。在金融交易中，资产管理人员会根据市场状况不断调整其头寸或资产组合，持有期越长，资产管理人员改变资产组合的可能性越大。

(4) 数据约束。VAR 的计算需要大规模样本数据，而大规模样本数据需要银行的信息系统能够准确采集。需要注意的是，由于金融市场变化非常快，过早的数据与现在的市场状况相差甚远，因此是无效的。

**2. 置信水平**

由 VAR 的定义可知，置信水平越高，资产组合的损失小于其 VAR 值的概率越大，也就是说，VAR 模型对极端事件的发生进行预测时失败的可能性越小。但是，置信水平并非越高越好，而是要依赖于对 VAR 验证的需要、内部风险资本需求、监管要求及在不同机构之间进行比较的需要。

(1) 置信水平与有效性之间的关系是置信度越高，实际损失超过 VAR 的可能性越小。额外损失的数目越小，验证 VAR 预测结果所需要的数据越多。由于很难获得验证所需的大量数据，所以限制了较高置信水平的选择。

(2) 当考虑银行的内部资本需求时，置信水平的选择依赖于银行对极值事件风险的厌恶程度。如果把银行分为风险厌恶、风险中性和风险偏好三种类型的话，风险厌恶型的银行就需要准备更充足的风险资本补偿额外损失。因此，如果用 VAR 模型确定内部风险资本时，越追求安全性，越要选择高置信水平。

(3) 置信水平要根据监管要求而定。一国的金融监管当局为保持金融系统的稳定性，会要求金融机构设置较高的置信水平。

(4) 置信水平的选择应该考虑到机构之间的比较。例如，不同机构使用不同的置信水平报告其 VAR 值，如果存在标准的交换方法，则可以将不同置信水平的 VAR 转换为同一置信水平的 VAR，那么置信水平的选择就无关紧要。如果不存在一种标准的变换方法将不同置信水平的 VAR 转换后相互比较，那么，一种置信水平下的 VAR 与另一种置信水平下的 VAR 则不具备可比性。

同样的资产组合由于选取的置信水平不同，计算出的 VAR 值也不同。由于国际大银行已将 VAR 值作为衡量风险的一个指标对外公布，因此各金融机构有选取不同的置信水平以影响 VAR 值的内在动力。例如，美洲银行和摩根选择置信水平为 95%，花旗银行选择 95.4%，大通曼哈顿银行则选择 97.5%，信孚银行选择 99%。巴塞尔委员会则要求采用 99%的置信水平。

### (三)VAR 的优缺点

VAR 的优点在于：①可以测量不同市场因子、不同金融工具构成的复杂证券组合和不同业务部门的总体市场风险大小；②有利于比较不同业务部门之间的风险大小，有利于进行基于风险调整的绩效评估、资本配置、风险限额设置等；③它是基于资产组合层面上的风险度量工具，可以在具体业务品种、客户、机构等层面上度量敞口风险，充分考虑了不同资产价格变化之间的相关性，体现出资产组合的分散化对降低风险的作用；④它可以度量资产集中度风险，为对集中度进行总量控制提供依据，有利于监管部门的监管。

VAR 的缺点在于：①VAR 的前提是假设历史与未来存在惊人的相似性，对未来损失的估计是基于历史数据的。许多情况下，事实并非如此。②VAR 在特定的假设条件下进行，如假设服从正态分布，但有时这与事实不符。③VAR 的计算相对复杂。④VAR 只是市场处于正常变动下市场风险的有效测量，对金融市场价格的极端变动给资产组合造成的损失无法进行度量，必须依靠压力测试。

# 模块二　VAR 的各种测量方法

VAR 值为特定的时间内市场因子变动引起的潜在损失提供了一种可能性评估。VAR 值实际上回答了下面两个问题。

(1) 在较低的概率下(比如 1%的可能性)，既定时间内实际的最大损失值是多少。

(2) 在既定的置信水平下，如在 99%置信水平下，市场价值在特定时间段(比如 1 天)内可能遭受的最大损失。

这里需要指出的是，VAR 的度量并不是说明实际损失将超过 VAR 值多少，它只是说明实际损失超过 VAR 值的可能性有多少。

## 一、方差—协方差

VAR 的衡量有许多种方法，其中最简单的方法是假设资产收益率是风险因素的线性(或德尔塔)函数，并认为风险因素是正态分布的。事实上，德尔塔—正态法又被称为协方差矩阵法(Covariance Matrix Approach)的原因是由于 VAR 是以封闭解形式得到的，因而让使用者对风险衡量方法的处理有更大的自由度，包括对投资组合 VAR 的简单分解。

### (一)一般分布中的 VAR

为了更好地理解 VAR 的概念，下面我们推导其数学表达式。设资产组合的初始价值为 $W$，持有期末的期望收益为 $R$，$R$ 的数学期望值和标准差分别为 $\mu$ 和 $\sigma$，在给定的置信水平 $c$ 下，资产组合的最低价值为 $W^*=W(1+R^*)$，其中，$R^*$ 为对应的最低收益率(一般为负值)。定义：

$$VAR=E(W)-W^*=-W(R^*-\mu)$$

根据公式的定义,计算 VAR 相当于计算资产(或资产组合)的最小值 $W^*$ 或最低的回报率 $R^*$。

此外,还可以定义相对 VAR 和绝对 VAR,分别用 $VAR_R$ 和 $VAR_A$。相对 VAR 是相对于平均值而言计算的损失,是资产组合在特定时间内,用预期价值来测度在某置信水平下可能遭受的最大损失,即当确定置信水平后,收益分布的最低值与其均值的"距离"。

$$VAR_R=预期收益/损失-在某置信水平下可能遭受的最大损失$$

用公式可表示为

$$VAR_R=E(W)-W(R^*-\mu)$$

绝对 VAR 则是相对于 0 的损失,是某置信水平下可能遭受的最大损失,与期望值无关。用公式可表示为

$$VAR_A = W - W^*=-WR^*$$

例如,如果 $W=100$,$\mu=5\%$,$R^*=-20\%$,则

$$VAR_R =100\times[0.05-(-0.20)]=25;\quad VAR_A =-100\times(-20\%)=20$$

注意 $R^*$ 是负数,这使得 $VAR_R$ 等于最大可能损失的绝对值和预期收益之和。如果预期收益碰巧是负的,则 $VAR_R$ 为最大可能损失的绝对值与预期损失之差。

比如,如果 $\mu=-5\%$,则:$VAR_R=100\times[-0.05-(-0.20)]=15$,$VAR_A=20$。当计算期间较短时,预期收益值会很低,那么 $VAR_R$ 和 $VAR_A$ 的结果将差不多。

### (二)VAR 的计算步骤

VAR 的计算首先需要设定数量因子:由于持有期和置信水平是确定的,所以我们的目标就是寻找在一定置信水平和时间跨度内,资产组合预期的最大可能损失值。

大多数 VAR 模型都是用来测度短期内(比如 1 天)的风险的。1998 年《巴塞尔协议》规定了一个置信水平 $c$ 为 99%,不过,如果是为了内部资本分配的需要,使用的置信水平可以更高一些,比如 99.96%,这与 AA 级信用级别相一致,因为根据统计计算,AA 级别公司的实际违约概率在 4 个基点左右。

在用 VAR 管理每日风险时,需要计算每日的 VAR 值,即 DVAR。DVAR 值的推导以资产组合价值的日分布为基础。不过,监管部门规定的报告监管资本的期间为 10 天。从理论上讲,可以根据资产组合的 10 日分布来计算 10 日 VAR 值,也能从 DVAR 直接推导出 10 日 VAR 值或其他任何时期的 VAR 值。

## 二、历史模拟法

### (一)历史模拟法的计算过程

历史模拟法是用给定历史时期所观察到的市场因子的变化来表示市场因子的未来变化。这种方法是借助过去一段时间内的资产组合收益的频度分布,通过找到历史上一段时间内的平均收益以及既定置信区间下的最低收益水平来推判 VAR 的值,其本质是用收益率的历史分布来代替收益率的真实分布,以此来求得资产组合的 VAR 值。

历史模拟法的推导是以历史数据构造的价格分布为基础的,这类 VAR 计算方法不需要对资产组合收益的分布作出假设,因而不涉及对某种理论分布的估计。由于它不对收益分

布作出假设，所以这种方法对于任何历史数据构造的价格分布，无论是离散的还是连续的，厚尾的还是薄尾的，都是有效的，所以又被称为非参数估计。

从概念上讲，历史数据模拟法是最简单的计算 VAR 的方法，但是历史数据模拟方法计算 VAR 所花费的时间要比参数 VAR 多得多。

### (二)历史模拟法的优缺点评定

历史模拟法的优点在于：①历史模拟法概念直观、计算简单、容易实施，容易被风险管理者和监管当局接受。②它是一种非参数方法，不需要假定市场因子变化的统计分布，可有效处理非对称和肥尾问题。③历史模拟法无须估计波动性、相关性等各种参数，避免了因为参数估计不准带来的风险；历史模拟法不需要市场动态模型，也避免了模型风险。④历史模拟法是全值估计方法，可以较好地处理非线性、市场大幅波动的情况，捕捉各种风险。

历史模拟法的缺点如下。

(1) 历史模拟法假设市场因子的未来变化与历史变化完全一致，概率密度函数不随时间变化而变化，而金融市场明天的变化未必就和昨天的变化完全一致。

(2) 历史模拟法需要大量的历史数据。如果样本量太少，VAR 估计值的精确性就难以保证，较长时间的样本尽管可以使 VAR 估计值的稳定性增加，但由于包含很多旧信息，可能会违反损益独立同分布的假设前提。

(3) 历史模拟法计算出的 VAR 波动性较大。当样本数据较大时，历史模拟法存在着严重的滞后效应，尤其是含有异常样本数据时，滞后效应更加明显，有时会导致 VAR 值严重高估。

(4) 历史模拟法难以进行灵敏度分析。在实际应用中，通常要考察不同市场条件下 VAR 的变动情况，然而历史模拟法却只能局限于给定的环境条件下，很难作出相应的调整。

(5) 历史模拟法对计算能力要求较高。因为历史模拟法采用的是定价公式而不是灵敏度，特别是当组合较庞大且结构复杂时，要求计算者有相当高的计算能力。

## 三、蒙特卡罗模拟法

### (一)蒙特卡罗模拟法的思路

蒙特卡罗模拟法也称作随机模拟法。它跟历史模拟法一样，不需要对未知整体作出任何假设，而是通过产生一个模拟的资产组合收益分布，通过模拟收益排序，可以估算出给定置信水平下的 VAR 值。但蒙特卡罗模拟法的基础是假设一个随机过程，即特定的价格动态模型和市场变量动态模型不同于以价格或市场变量变化的历史数据为基础的历史模拟法。蒙特卡罗模拟法估算风险值的基本思路是：借助计算机的统计推断方法及手段，利用相应的"随机数发生器"，通过对资产组合已有样本采取有放回的抽样(每个样本被抽到的概率都相同)，来产生大量的符合历史分布的可能的数据(伪随机数)，然后对收益的不同行为分布进行模拟，构造出资产组合的可能损益情况，从而确定整体的分布，再按照给定的置信水平估算出 VAR 值。

蒙特卡罗模拟法度量 VAR 值的基本步骤如下：首先，针对现实情况建立一个简明且易于实现的概率统计模型，使得其期望值与所要解决的问题相匹配；其次，对所造的模型中的随机变量建立抽样分布，在计算机上进行模拟试验，抽取足够的随机数，对有关的事件进行统计；再次，对模拟实验结果加以分析，给出所求解的估计及其精度(方差)的估计；最后，按照实际需要，为提高估计精度和模拟计算的效率，对模型进行改进，如图 4-1 所示。

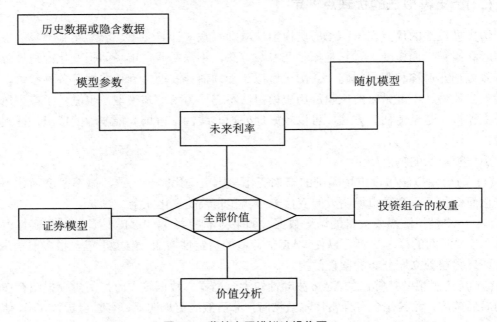

图 4-1　蒙特卡罗模拟法操作图

### (二)蒙特卡罗法的优缺点评述

蒙特卡罗方法的优点在于：①可产生大量情景，因而能够测试更多可能的结果，比历史模拟法更精确、更可靠；②与参数 VAR 不同，它采用的是完全定价模型，是一种全值估计方法，可以处理非线性、大幅波动及肥尾问题；③可模拟回报的不同行为(如白噪声、自回归和多重共线性)和不同分布，可以深入、充分地挖掘风险因子历史数据中所包含的各种有益信息，并通过对模型中相关参数的估计和修正反映到模型中去，从而使得随机模型对风险因子的变化更加贴近现实。总之，由于蒙特卡罗法的全值估计、五分布假定等特点及处理非线性、非正态问题的强大能力和实际应用的灵活性，近年来被广为运用。

其缺点在于：①产生的数据序列是伪随机数，容易出现循环和群聚效应，从而浪费大量观测值，降低模拟效率，甚至可能导致错误结果。②依赖于特定的随机过程和所选择的历史数据。③计算量大，计算时间长。蒙特卡罗法以方差—协方差方法分析投资组合的可能价格，有时会被计算数千次。④基于蒙特卡罗的计算结果严重依赖于所选择或建立的随机模型以及股价模型参数的历史数据，因此这种方法容易产生模型风险和参数估计误差。

# 案 例 讨 论

## 一份全球股权组合的投资报告

为了更进一步说明 VAR 工具的应用，表 4-1 列示了一份全球股权投资组合的风险管理报告。这里，风险是以相关数据衡量的，即相对技术指数。当前投资组合有一个年追踪误差(每年为 1.82%)，它就是组合的标准差 $\sigma_p$。该数据很容易用 $VAR=a\sigma_p\omega$ 转换成 VAR 数据。然后，就能处理 VAR 或直接处理 $\sigma_p$。

从表第 2 列可知，头寸是以偏差的百分比形式出现的。由于当前投资组合的指数权重加起来必须等于 1，因此偏差之和必须等于 0。

接下来的几栏报告单个风险、边际风险和对整体风险的贡献率。若某项头寸超过整体的 5%，就被称为"热点"。该表表明日本和巴西的市场风险较大的原因是，它们的投资组合有很高的波动性和相关性。

为了控制风险，我们观察"最佳套期保值"列。日本当前头寸为 4.5%(超权重)，为了降低风险水平，最好是有 4.93%的下降。此时，投资组合的波动性将从 1.82%的最初水平降到 1.48%的新水平。与之相比，加拿大 4.0%的(超权重)头寸对投资组合风险的影响很小。

这种报告形式对控制风险是很有价值的。并且，这些 VAR 工具都非常有用，因为分析师们都是根据此类工具来对他们的收益预期和风险进行权衡。

### 表 4-1 全球股权投资组合报告

| 国　家 | 当前头寸/% | 单个风险/% $\omega_i\sigma_i$ | 边际风险 $\beta_i$ | 风险的贡献率 $\omega_i\beta_i$ | 最佳套期保值/% | 最佳套期保值的波动性/% |
|---|---|---|---|---|---|---|
| 日本 | 4.5 | 0.96 | 0.068 | 31.2 | -4.93 | 1.485 |
| 巴西 | 2.0 | 1.02 | 0.118 | 22.9 | -1.50 | 1.66 |
| 美国 | -7.0 | 0.89 | -0.019 | 13.6 | 3.80 | 1.75 |
| 泰国 | 2.0 | 0.55 | 0.052 | 10.2 | -2.30 | 1.71 |
| 英国 | -6.0 | 0.46 | 0.035 | 7.0 | 2.10 | 1.80 |
| 意大利 | 2.0 | 0.79 | -0.011 | 6.8 | -2.18 | 1.75 |
| 德国 | 2.0 | 0.35 | 0.019 | 3.7 | -2.06 | 1.79 |
| 法国 | -3.5 | 0.57 | -0.009 | 3.4 | 1.18 | 1.81 |
| 瑞士 | 2.5 | 0.39 | 0.011 | 2.6 | -1.45 | 1.81 |
| 加拿大 | 4.0 | 0.49 | 0.001 | 1.5 | -0.11 | 1.82 |
| 南非 | -1.0 | 0.20 | 0.008 | -0.7 | -0.65 | 1.82 |
| 澳大利亚 | -1.5 | 0.24 | 0.014 | -2.0 | -1.89 | 1.80 |
| 合计 | 0.0 | | | 100.0 | | |
| 波动性 | | | | | | |
| 单一 | | 6.91 | | | | |
| 分散 | 1.82 | | | | | |

（资料来源：周晔. 金融风险度量与管理. 北京：首都经济贸易大学出版社，2010.）

问题：VAR 的应用要点有哪些？

# 项 目 总 结

本项目内容主要从金融风险度量的角度介绍度量方法的含义、内容及在领域的重要性。系统讲述了 VAR 方法的产生过程和在具体运用中的参数选择问题，同时分析了 VAR 的各种测量方法及各种方法存在的优缺点。

# 单 元 练 习

## 一、名词解释

风险价值　历史模拟法

## 二、问答题

1. VAR 方法的优缺点是什么？
2. VAR 方法的计算步骤是什么？
3. 历史模拟法的优缺点是什么？
4. 蒙特卡罗分析法的特点是什么？

# 课 外 活 动

查阅资料，了解我国商业银行目前对 VAR 模型的应用情况。

# 项目五 利率风险管理

**案例导入：**

## 美国储蓄和贷款协会危机

美国储蓄和贷款协会建立于 20 世纪 30 年代，当时成立这个协会的目的是为了鼓励美国的中产阶级进行自顾，所以全称是"扶助储贷协会"。储贷协会吸收公众的短期储蓄存款，并用这些所得存款向当地的购房者提供 20 年或 30 年的抵押贷款，利率在抵押期内保持不变。

如果储贷协会向储户支付的利率低于储贷协会发放的抵押贷款的平均收益率，则储贷协会就有盈利，可以正常经营；反之，如果储贷协会向储户支付的利率高于储贷协会发放的抵押贷款的平均收益率，则该机构就会亏损。从 20 世纪 30 年代到 60 年代中期短期存款利率很低，而且稳定，长期抵押贷款利率高于短期存款利率，即储贷协会的收益曲线总是向上倾斜的。不幸的是，在 20 世纪 70 年代中期，短期存款利率开始上升。到 70 年代后期，不断上升的通货膨胀对短期存款利率施加了向上的压力，并将短期存款利率提高到了储蓄机构可以向储户提供的利率上限水平。在 20 世纪 80 年代初，法规的调整，使储贷协会解决了资金来源不足的困难，但并没有解决他们的根本问题，即储贷协会的资产主要是固定利率的抵押贷款，而且大部分是过去几年发放的，并还要持续多年，根据合同，储贷协会不能提高已发放固定利率抵押贷款的利率。

因为老的抵押贷款利率不能提高，新的购房者对抵押贷款利率十分敏感，当抵押贷款利率提高时，他们延迟购买住宅，这一现象又使储贷协会无法通过对新抵押贷款制定较高利率来迅速提高他们的平均收益率。所以，到 20 世纪 70 年代末以后，储贷协会全部抵押贷款的平均收益率低于新的抵押贷款利率，储贷协会的全部资产收益率低于资金成本，1981 年差额为 -0.8%，亏损 60 亿美元，到 1982 年亏损 50 亿美元，储贷协会的问题越来越严重。

在 20 世纪 70 年代末期，来自新生的货币市场互助基金竞争的日益加剧，意味着储贷协会不得不向存款支付更多的利息。金融创新使顾客受益匪浅，却降低了储贷协会的"利差"。这一现象标志着储贷协会行业的萎缩，这不同于由利率上升而引起的短期危机。到 1982 年年底，大约有 1/4 或 800 家在 70 年代还在经营的储贷协会消失，其中一些已经倒闭，而另外一些则并入了更强大的机构。估计数字表明，储贷协会行业的净值从 1979 年的大约 320 亿美元，降低到 1982 年年底的 40 亿美元。

(资料来源：陈观烈. 美国储贷协会的危机及政府对策. 上海金融，1990(04).)

**问题：** 美国储蓄和贷款协会受到何种金融风险而陷入危机，这种风险是如何产生的，有可以化解的方法吗？

**知识目标：**

1. 了解利率风险形成的原因。
2. 了解利率风险度量的方法。

3. 掌握利率风险的主要类型。

**能力目标：**

1. 熟悉利率风险控制技术。

2. 熟悉利率风险套期保值原理。

**关键词**：利率风险、重新定价风险、收益率曲线风险、基准风险、期权性风险、利率敏感性缺口、持续期、远期利率协议、利率互换、利率期货、利率期权

# 模块一 利率风险的形成与类型

## 一、利率风险概念

理解利率风险概念之前，我们需要首先回顾一下金融机构的盈利模式。以银行业为例，国内商业银行的收入主要是通过发放贷款、办理结算和汇兑等中间业务、经营外汇买卖、从事投资等业务所取得收入，包括：①利息收入；②金融机构往来收入；③手续费收入；④其他收入，主要有外汇买卖收入、投资收益和营业外收入等。其中存贷款业务产生的利息收入是国内银行业最主要的盈利来源，如图 5-1 所示。

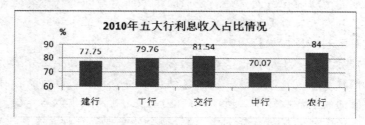

**图 5-1 利息收入在我国五大银行占比**

存贷款业务的利息收入来自存款利率和贷款利率的差额，这个差额的大小决定了银行在这一领域的盈利规模有多少，无论是存款利率还是贷款利率的变动都会对其产生影响，这种影响会渗透到银行整体盈利规模，并进一步引起银行市场价值(上市银行股价)波动。存贷款利率属于市场利率的一种表现形式，把这种由于市场利率波动引起金融机构资产负债变动，并导致其市场价值和所有者权益损失的可能性称为利率风险。

## 二、利率风险形成原因

利率风险产生的原因归根结底是市场利率的波动，下面就可能引起利率波动的各种主要原因——阐述。

### 1. 宏观经济环境

在经济繁荣时期，社会平均利润率较高，投资机会很多，社会投资需求旺盛，对资金需求较大，在资本市场上会面临资本供小于求的状况，使得市场利率有上升的趋势。在经济衰退时期，社会平均利润率下降，投资萎缩，资本市场处于资本供大于求的状况，市场

利率有下降的趋势。

### 2. 中央银行货币政策

中央银行货币政策是以货币供给量的变动，引起市场利率的变化，间接对宏观经济施加影响。在经济过热情况下，中央银行采用公开市场逆回购国债、提高存款准备金率、提高再贴现率等措施，减少市场上的货币供给量，能够使市场利率缓慢提升，引起投资成本提高，可以有效抑制社会投资过度的趋势。在通货紧缩发生时，中央银行可以采取相反措施，增加市场上的货币供给量，缓解市场资金紧张的状况，同时引起市场利率下降。

### 3. 物价水平

物价水平的变动会引起民众实际收入水平的增减，当物价上涨较快时，国民实际收入水平下降，即使是工薪阶层也需要寻找更加合理的投资渠道对家庭财富进行保值和增值，这会导致银行存款规模下降，银行不得不提高存款利率以减少存款流失。另外，社会经济发展良好使银行贷款需求稳步增加，资本市场上会面临资金缺乏的局面，引起市场利率短期快速提升，如果没有央行货币政策的干预，会带来较为严重的资本市场混乱状态。

### 4. 证券市场

证券市场包括股票市场和债券市场。在较高的通货膨胀率下，人们竞相把财富投入证券市场，以期获得高收益来抵御高通胀带来的财富缩水，这种情况会引起证券价格快速上升。证券市场较高的投资回报进一步吸引场外资金进入，资本市场上资本供不应求的状况持续下去，引起市场利率较长时间处于上升趋势。

### 5. 国际经济形势

在经济全球化的浪潮中，全球各国金融市场之间的关系越来越密切，大量资本摆脱国家限制，在国际流动追逐利差，最终导致各国的利率越来越具有趋同倾向，在联系密切的国家之间这种表现更加明显。美国和日本的宽松货币政策，在引起本国市场利率极度下降的同时，也给世界其他国家的国内市场利率带来同样影响。

## 三、利率风险的类型

前文介绍了影响利率波动的因素，下面按照利率风险来源的不同，将利率风险分为重新定价风险、收益率曲线风险、基准风险和期权性风险。

### 1. 重新定价风险

重新定价风险也称为期限错配风险，是最主要和最常见的利率风险形式，来源于银行资产、负债和表外业务到期期限(就固定利率而言)或重新定价期限(就浮动利率而言)所存在的差异。这种重新定价的不对称性使银行的收益或内在经济价值会随着利率的变动而变化。例如，如果银行以短期存款作为长期固定利率贷款的融资来源，当利率上升时，贷款的利息收入是固定的，但存款的利息支出却会随着利率的上升而增加，从而使银行的未来收益减少和经济价值降低。具体风险、期限、利率的关系如图 5-2 所示。

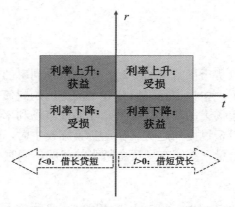

**图 5-2　重新定价风险中风险、期限、利率的关系**

$r$=预期利率；$t$=资产期限−负债期限

### 2. 收益率曲线风险

重新定价的不对称性也会使收益率曲线斜率、形态发生变化，即收益率曲线的非平行移动，对银行的收益或内在经济价值产生不利影响，从而形成收益率曲线风险，也称为利率期限结构变化风险。例如，某商业银行 2004 年 11 月 30 日决定使用 90 天的定期存款为每年调整一次利率的浮动利率贷款提供资金，而银行存贷款利率是在国库券收益率基础上加一个基点构成，2005 年 7 月 8 日，国库券收益率发生变化，收益率曲线斜率由原来的正数变成负数，如果银行存贷款利率与国库券收益率之间的关系保持不变，则该银行的净利息收入会降低很多，见表 5-1。

**表 5-1　收益率曲线风险**

|  | 正收益率曲线(国库券收益率) | 负收益率曲线(国库券收益率) |
| --- | --- | --- |
| 可浮动的贷款利率 | 9.80(7.20) | 10.40(7.80) |
| 90 天的定期存款利率 | 7.00(5.80) | 9.40(8.20) |
| 净利息收入 | 2.80 | 1.00 |

### 3. 基准风险

基准风险也称为利率定价基础风险，是另一种重要的利率风险来源。在利息收入和利息支出所依据的基准利率变动不一致的情况下，虽然资产、负债和表外业务的重新定价特征相似，但因其现金流和收益的利差发生了变化，也会对银行的收益或内在经济价值产生不利影响。例如，一家银行可能用一年期存款作为一年期贷款的融资来源，贷款按照美国国库券利率每月重新定价一次，而存款则按照伦敦同业拆借市场利率每月重新定价一次。虽然用一年期的存款为来源发放一年期的贷款，由于利率敏感性负债与利率敏感性资产的重新定价期限完全相同而不存在重新定价风险，但因为其基准利率的变化可能不完全相关，变化不同步，仍然会使该银行面临着因基准利率的利差发生变化而带来的基准风险。

### 4. 期权性风险

期权性风险是一种越来越重要的利率风险，来源于银行资产、负债和表外业务中所隐含的期权。一般而言，期权赋予其持有者买入、卖出或以某种方式改变某一金融工具或金融合同的现金流量的权利，而非义务。期权可以是单独的金融工具，如场内(交易所)交易期权和场外期权合同，也可以隐含于其他的标准化金融工具之中，如债券或存款的提前兑付、贷款的提前偿还等选择性条款。一般而言，期权和期权性条款都是在对买方有利而对卖方不利时执行，因此，此类期权性工具因具有不对称的支付特征而会给卖方带来风险。比如，若利率变动对存款人或借款人有利，存款人就可能选择重新安排存款，借款人可能选择重新安排贷款，从而对银行产生不利影响。如今，越来越多的期权品种因具有较高的杠杆效应，还会进一步增大期权头寸而对银行财务状况产生不利影响。

# 模块二　利率风险的度量

利率市场化是市场经济国家资本市场的发展趋势，中国也不例外。随着利率市场化进程的深入发展，我国商业银行面临的利率风险日趋复杂，利率风险管理逐渐成为银行高管必须面对的一个重要金融风险。事实上，利率风险管理早已成为西方商业银行资产负债管理的一项主要内容，利率风险管理的措施也随着计算机技术的进步而不断完善，管理水平有显著提高。利率风险的度量就是对商业银行可能因利率风险而遭受的经济损失进行量化，以便采取具体措施控制利率风险。目前最常见的利率风险量化方法有缺口模型、持续期分析模型和风险价值(VAR)模型。下面分别对这三种模型进行说明。

## 一、缺口模型

### (一)基本思路

在较短时间内到期或需要重新确定利率的资产称为利率敏感性资产(RSA)，主要包括短期贷款、政府或个人发行的短期证券、可变利率(可调整或浮动利率)的贷款与证券等。在较短时间内到期或需要重新确定利率的负债称为利率敏感性负债(RSL)，主要包括短期存款、同业拆借、货币市场借款等。

缺口分析是衡量利率变动对银行当期收益影响的方法。具体而言，就是将银行的所有生息资产和付息负债按照重新定价的期限划分到不同的时间段(如1个月以下，1~3个月，3个月~1年，1~5年，5年以上等)，在每个时间段内，将利率敏感性资产减去利率敏感性负债，再加上表外业务头寸，就得到该时间段内的重新定价"缺口"(GAP)，以该缺口乘以假定的利率变动，即得出这一利率变动对净利息收入变动的大致影响。当某一时段内的负债大于资产(包括表外业务头寸)时，就产生了负缺口，即负债敏感性缺口，此时市场利率上升会导致银行的净利息收入下降。相反，当某一时段内的资产(包括表外业务头寸)大于负债时，就产生了正缺口，即资产敏感性缺口，此时市场利率下降会导致银行的净利息收入下降。缺口分析中的假定利率变动可以通过多种方式来确定，如根据历史经验确定、根据银行管理层的判断确定和模拟潜在的未来利率变动等方式。

## (二)计算公式

(1) 基本缺口(GAP),反映某一时间段内利率敏感性资产和负债形成的资金缺口。

$$\Delta NII_i = (GAP_i)\Delta R_i = (RSA - RSL_i)\Delta R_i \qquad (5-1)$$

式中: $\Delta NII_i$ ——在第 $i$ 个期限内,净利息收入的变化值;

$GAP_i$ ——在第 $i$ 个期限内,资产和负债之间账面价值的差额;

$\Delta R_i$ ——在第 $i$ 个期限内,对资产和负债造成影响的利率的变化值。

(2) 累计缺口(CGAP),是将不同时间段的利率敏感性缺口相加得到。

$$\Delta NII = (CGAP)\Delta R \qquad (5-2)$$

式中: $\Delta NII$ ——在累计缺口下,净利息收入的变化值;

$CGAP$ ——某一时间段的累计缺口;

$\Delta R$ ——某一时间段内,对资产和负债造成影响的利率的变化值。

## (三)利率敏感性缺口分析

### 1. RSA 与 RSL 的利率变化相同

基本缺口只可以反映某一特定时间段内的资金缺口对银行盈利产生的影响,因此金融机构一般以累计缺口来衡量资产负债的利率敏感性。表 5-2 所示为当 RSA 与 RSL 的利率变化相同时,CGAP 与 NII 变化之间的关系。

表 5-2　RSA 与 RSL 的利率变化相同时,CGAP 对利率变化和净利息收入变化之间关系的影响

| 行 | CGAP | 利率变化 | 利息收入变化 | | 利息支出变化 | Δ NII |
|---|---|---|---|---|---|---|
| 1 | > 0 | ↑ | ↑ | > | ↑ | ↑ |
| 2 | > 0 | ↓ | ↓ | > | ↓ | ↓ |
| 3 | < 0 | ↑ | ↑ | < | ↑ | ↓ |
| 4 | < 0 | ↓ | ↓ | < | ↓ | ↑ |

从表 5-2 中可以看到,CGAP 的绝对值越大,NII 预期的变化就越大。一般情况下,当 CGAP 为正时, $\Delta NII$ 与利率变化正相关;相反,当 CGAP 为负时, $\Delta NII$ 与利率变化负相关。因此,当预期利率上升时,金融机构倾向于保持正的 CGAP,并尽量使缺口增大,以便获得利率上升带来的最大好处;反之,预期利率下调时,金融机构往往会保持负 CGAP,以获取利益。这一现象称为累计缺口效应。

举例:假设某银行在某一年内的累计缺口为 1 500 万元,如果此时 RSA 与 RSL 的利率都上升了 1 个百分点,那么这个累计缺口将给银行带来预期的净利息收入的变化,这个变化大约是

$$\Delta NII = CGAP \times \Delta R = 15\ 000\ 000 \times 0.01 = 150\ 000(元)$$

如果利率下降,当累计缺口为正时,利息收入比利息支出减少得快,因此净利息收入下降。假设利率下降 1%,则累计缺口带来的净利息收入变化为

$$\Delta NII = CGAP \times \Delta R = 15\ 000\ 000 \times (-0.01) = -150\ 000(元)$$

### 2. RSA 与 RSL 的利率变化不同

上面讨论了 RSA 与 RSL 的利率变化相同时，净利息收入的变化情况。然而，这种情况的发生是很偶然的，大部分情况下 RSA 与 RSL 的利率变化并不相同。此时，除了考虑累计缺口效应外，还要考察利差效应对净利息收入变化的影响。

如果 RSA 与 RSL 的利率差增加，当利率上升(下降)时，利息收入比利息支出增加(减少)得更多(少)；相反，若利差减少，当利率上升(下降)时，利息收入比利息支出增加(减少)得更少(多)，这种效应称为利差效应。无论利率上升还是下降，利差变化与净利息收入变化正相关，即利差增加(减少)，净利息收入增加(减少)。如表 5-3 所示，在正累计缺口时，利率与利差同方向变动，则利差变化与净利息收入变化正相关；在负累计缺口时，利率与利差反方向变动，利差变化与净利息收入变化正相关。在正(负)累计缺口下，利率与利差反方向(同方向)变动，金融机构将无法判断净利息收入的变化方向。

表 5-3　RSA 与 RSL 的利率变化不同时，CGAP 对利率变化和净利息收入变化之间关系的影响

| 行 | CGAP | 利率变化 | 利差变化 | NII 变化 |
|---|---|---|---|---|
| 1 | >0 | ↑ | ↑ | ↑ |
| 2 | >0 | ↑ | ↓ | ↑ ↓ |
| 3 | >0 | ↓ | ↑ | ↑ ↓ |
| 4 | >0 | ↓ | ↓ | ↓ |
| 5 | <0 | ↑ | ↑ | ↑ |
| 6 | <0 | ↑ | ↓ | ↓ |
| 7 | <0 | ↓ | ↑ | ↓ |
| 8 | <0 | ↓ | ↓ | ↑ ↓ |

举例：假设某个时点 RSA 与 RSL 相等，均为 1.55 亿元。如果 RSA 的利率上升 1.2%，RSL 的利率上升 1%(两者利差增加了 1.2%-1%=0.2%)，导致 NII 的变化为

$$\Delta NII = (RSA \times \Delta R_{RSA}) - (RSL \times \Delta R_{RSL}) = \Delta 利息收入 - \Delta 利息支出$$
$$= (155\,000\,000 \times 1.2\%) - (155\,000\,000 \times 1.0\%) = 310\,000(元)$$

### (四)模型评价

缺口分析是对利率变动进行敏感性分析的方法之一，是银行业较早采用的利率风险计量方法。因为其计算简便、清晰易懂，目前仍被广泛使用。但是，缺口分析也存在一定的局限性。

(1) 缺口分析假定同一时间段内的所有头寸到期时间或重新定价时间相同，因此忽略了同一时段内不同头寸的到期时间或利率重新定价期限的差异。在同一时间段内的加总程度越高，对计量结果精确性的影响就越大。

(2) 缺口分析只考虑了由重新定价期限的不同而带来的利率风险，即重新定价风险，未考虑当利率水平变化时，因各种金融产品基准利率的调整幅度不同而带来的利率风险，即基准风险。同时，缺口分析也未考虑因利率环境改变而引起的支付时间的变化，即忽略了与期权有关的头寸在收入敏感性方面的差异。

(3) 非利息收入和费用是银行当期收益的重要来源，但大多数缺口分析未能反映利率变动对非利息收入和费用的影响。

(4) 缺口分析主要衡量利率变动对银行当期收益的影响，未考虑利率变动对银行经济价值的影响，所以只能反映利率变动的短期影响。因此，缺口分析只是一种初级的、粗略的利率风险计量方法。

## 二、持续期分析模型

### (一)基本思路

持续期分析也称为久期分析，是衡量利率变动对银行经济价值影响的一种方法。久期或持续期(Duration)的概念最早是由美国经济学家费里德里克·麦考勒于 1938 年提出来的，当时他用持续期的概念度量债券投资组合管理中的利率风险。持续期是一种以现金流量的相对现值为权重的加权平均到期期限，计算的是需要偿还最初的贷款投资所需要的时间。在持续期内收到的现金流量反映的是初始投资的偿还，在贷款持续期之后、到期之前收到的现金流是金融机构的利润或者回报。持续期不但从现金流量的角度衡量资产或者负债的平均期限，而且还是一种直接衡量资产或负债的利率敏感性或利率弹性的方法。资产或负债的持续期数值越大，资产或负债的价格随利率变化的敏感性就越大。持续期模型可以通过计算整个资产负债表的持续期缺口，估算出金融机构面临的全部利率风险。

### (二)计算公式

#### 1. 持续期基本公式

持续期基本公式为

$$D = \frac{\sum\limits_{t=1}^{N} \mathrm{CF}_t \times \mathrm{DF}_t \times t}{\sum\limits_{t=1}^{N} \mathrm{CF}_t \times \mathrm{DF}_t} = \frac{\sum\limits_{t=1}^{N} \mathrm{PV}_t \times t}{\sum\limits_{t=1}^{N} \mathrm{PV}_t} \tag{5-3}$$

式中：$D$——以年为单位的持续期；

$\mathrm{CF}_t$——在 $t$ 时间内收到的证券的现金流量；

$N$——现金流量发生的最后一个时期；

$\mathrm{DF}_t$——贴现因子$[1/(1+R)^t]$，其中 $R$ 是年收益率或当前市场利率水平；

$\mathrm{PV}_t$——$t$ 时期末现金流量的现值，其值等于 $\mathrm{CF}_t \times \mathrm{DF}_t$。

持续期公式中的分母等于债券现金流量的现值(即证券市场中债券的市场价格)，分子等于债券收到的每一笔现金流量的现值乘以收到现金流量所需的时间。

#### 2. 持续期利率弹性公式

债券的现行价格等于债券将要支付的息票利息和本金的现值之和，即

$$P = \frac{C}{(1+R)} + \frac{C}{(1+R)^2} + \mathrm{L} + \frac{C+F}{(1+R)^N}$$

式中：$P$——债券的价格；

　　　$C$——(年)息票利息；

　　　$R$——到期收益率；

　　　$N$——到期的期限数；

　　　$F$——债券的面值。

求债券价格对到期收益率的导数，得到

$$\frac{\mathrm{d}P}{\mathrm{d}R}=-\frac{1}{1+R}(P\times D)\qquad(5\text{-}4)$$

$D$ 为该债券的持续期，整理式(5-4)得到

$$\frac{\frac{\mathrm{d}P}{P}}{\frac{\mathrm{d}R}{1+R}}=-D$$

再变形，得到

$$\frac{\mathrm{d}P}{P}=-D\left(\frac{\mathrm{d}R}{1+R}\right)\qquad(5\text{-}5)$$

式(5-5)即为持续期利率敏感性公式。当利率发生微小变化时，债券价格会按照相反方向发生变化。当利率变化一定时，如果利率上升(下降)，持续期较长的债券将比持续期较短的债券遭受更大的资本损失(获得更大的资本利得)。

将式(5-5)进一步变形，可以得到一个修正持续期 MD。

$$\frac{\mathrm{d}P}{P}=-\mathrm{MD}\mathrm{d}R$$

其中，MD=$D/(1+R)$。

这一形式更为直观地反映出债券价格随利率波动产生的变动。

### 3. 持续期缺口公式

首先计算资产负债表中的资产总和($A$)和负债总和($L$)的持续期。

$$D_A=X_{1A}D_1^A+X_{2A}D_2^A+\mathrm{L}+X_{nA}D_n^A$$
$$D_L=X_{1L}D_1^L+X_{2L}D_2^L+\mathrm{L}+X_{nL}D_n^L$$

其中，$X_{1j}+X_{2j}+\mathrm{L}+X_{nj}=1$，$j=A,L$。

根据资产负债表可知，$A=L+E$，$E$ 为金融机构市场价值(股权资本市值)，则金融机构市值变化为 $\Delta E=\Delta A-\Delta L$。(接下来用 $\Delta$ 而不是 $d$ 表示各变量的变化，是因为利率的变化通常是离散的，而不是连续的，例如，利率最小的变化值通常是一个基本点，即 0.01%。)

根据持续期利率弹性公式(5-5)可得

$$\frac{\Delta A}{A}=-D_A\frac{\Delta R}{1+R}$$
$$\frac{\Delta L}{L}=-D_L\frac{\Delta R}{1+R}$$

把上面两个公式变化形式，得到

$$\Delta A = -D_A \times A \times \frac{\Delta R}{1+R}$$

$$\Delta L = -D_L \times L \times \frac{\Delta R}{1+R}$$

将这两个公式代入 $\Delta E = \Delta A - \Delta L$，可以得到金融机构因利率变动带来的市值变动为

$$\Delta E = -(D_A - D_L \times k) \times A \times \frac{\Delta R}{1+R} \tag{5-6}$$

其中，$k=L/A$ 反映了金融机构的杠杆比，即金融机构资产组合中除了所有者权益之外的借入资金或负债的数据。

式(5-6)反映了利率变动对金融机构股权资本市值的影响分为三个部分：持续期缺口 $D_A-D_L \times k$、金融机构的规模 $A$ 和利率变动的影响 $\Delta R/(1+R)$。

## (三)持续期缺口分析

利用持续期基本公式计算付息债券的持续期、零息债券的持续期和永久债券(理论上存在的一种每年支付固定利息但没有到期日的债券)的持续期，从而可以归纳出持续期与债券到期期限、收益和息票利率关系的三个重要特点。

(1) 固定收入的资产或负债的持续期随着到期期限的增加而增加，但是增加的速度是递减的。

(2) 持续期随着债券收益率的提高而递减。

(3) 债券的息票利息或所承诺支付的利息越高，债券持续期越短。

举例：6 年期欧洲债券持续期

欧洲债券每年支付一次利息，假设年息票率是 8%，债券面值是$1000，现行到期收益率($R$)是 8%。根据持续期基本公式计算出该债券的持续期是 4.993 年，也就是说，$1000 的初始债券投资将在 4.993 年后收回，在 4.993 年和到期期限(6 年)之间，债券收益为投资者购买该债券获得的利润或回报。

假设收益率将上升 1 个基点(0.01%)，即从 8%上升到 8.01%，那么

$$dP/P = -4.993 \times (0.0001/1.08) = -0.000\,462 = -0.0462\%$$

由此可以得出，收益率上升 1 个基点，债券价格下跌至$999.538[$dP = P \times (-0.0462\%)$ = $1000 \times (-0.0462\%) = -0.462$ ]。

根据持续期缺口公式(5-6)，可以用下面的等式表示金融机构的净值面临的利率风险大小。

$$\Delta E = -持续期缺口 \times 资产规模 \times 利率变动的程度$$

对于金融机构来说，利率变动大部分是外部因素，不是金融机构能自行控制的，常常取决于中央银行的货币政策。而持续期缺口的大小或金融机构资产规模的多少，则可以由金融机构自行调整。

举例：假设某金融机构的管理人员已经计算出 $D_A$=5 年，$D_L$=3 年，然后，这位管理人员得知某个经济预测机构预测利率不久将从 10%升至 11%，即

$$\Delta R = 1\% = 0.01$$

$$1+R = 1.10$$

假设这家金融机构最初的资产负债如表 5-4 所示。

表 5-4 金融机构最初的资产负债

| 资　产 | 负　债 |
|---|---|
| A=100 | L=90 |
|  | E=10 |
| 合计 100 | 合计 100 |

这位管理人员计算出，如果关于利率上升的预测是准确的，那么本机构股东净值的可能损失是

$$\Delta E = -(D_A - D_L \times k) \times A \times \Delta R/(1+R)$$
$$= -(5 - 0.9 \times 3) \times 100\,000\,000 \times 0.01/1.1$$
$$= -2.09(百万美元)$$

即如果利率上升 1%，则银行会损失 209 万美元，约占金融机构初始净值 1000 万美元的 21%。利率上升 1% 后，该金融机构按市值记账的资产负债如表 5-5 所示。

表 5-5 按市值记账的资产负债表

单位：百万美元

| 资　产 | 负　债 |
|---|---|
| A=95.45 | L=87.54 |
|  | E=7.91 |
| 合计 95.45 | 合计 95.45 |

计算过程如下。

$$\Delta A/A = -5 \times (0.01/1.1) = -0.045\,45 = -4.545\%$$
$$100 + (-0.0454\,5) \times 100 = 95.45$$
$$\Delta L/L = -3 \times (0.01/1.1) = -0.027\,27 = -2.727\%$$
$$90 + (-0.027\,27) \times 90 = 87.55$$

虽然利率上升并未导致金融机构破产，但是让它的资本资产比率从 10%(10/100)降至 8.29%(7.91/95.45)。为了避免这种情况发生，管理人员应该缩小金融机构经调整后的持续期缺口，在极端情况下，这个缺口可能会缩小至零。

$$\Delta E = -0 \times A \times \Delta R/(1+R) = 0$$

要缩小持续期缺口，金融机构不能直接使 $D_A = D_L$，因为金融机构的资产不等于负债。假设管理人员将金融机构负债的持续期提升到 5 年，那么

$$\Delta E = -(5 - 0.9 \times 5) \times 100\,000\,000 \times 0.01/1.1 = -0.09(百万美元)$$

这样，当利率上升 1% 时，金融机构仍然会损失 90 000 美元。

一个恰当的办法是改变 $D_L$，使

$$D_A = D_L k = 5(年)$$

此时，$\Delta E = -(5 - 0.9 \times 5.55) \times 100\,000\,000 \times 0.01/1.1 = 0(百万美元)$

金融机构管理人员将 $D_L$ 调整到 5.55 年或者稍微比 $D_A$ 长一些，就可以弥补该金融机构

资产结构的不足。90%的资产是借入的负债，只有 10%的资产是股权资本。可以看出，这家金融机构管理人员能够用三种方法使调整后的持续期缺口缩小至零。

方法一：减少 $D_A$。将 $D_A$ 从 5 年减至 2.7 年，从而使

$$[D_A-D_Lk]=(2.7-0.9\times3)=0$$

方法二：减少 $D_A$ 的同时增加 $D_L$。例如，将 $D_A$ 缩短至 4 年，同时将 $D_L$ 延长至 4.44 年，从而使

$$[D_A-D_Lk]=(4-0.9\times4.44)=0$$

方法三：改变 $k$ 和 $D_L$。将杠杆比 $k$ 从 0.9 提高至 0.95，同时将 $D_L$ 从 3 年延长到 5.26 年，从而使

$$[D_A-D_Lk]=(5-0.95\times5.26)=0$$

## (四)模型评价

持续期模型比利率敏感性缺口模型能够更为准确地衡量金融机构的利率风险。因为与缺口模型相比，持续期缺口考虑了市场价值以及金融机构资产负债的期限分布，同时还考虑了金融机构资产负债表的杠杆程度以及资产负债现金流量的支付与收取时间。持续期除了可以反映资产、负债价值的利率弹性或利率敏感性，它的另一个重要作用是帮助金融机构免除整个资产负债表或某些资产、负债项目的利率风险，具体方法在前面已经阐述。

目前国外大型金融机构已经广泛使用持续期模型度量本机构利率风险，但是在持续期模型的实际应用中还存在一些问题，下面作一简单讨论。

### 1. 持续期匹配的代价在减少

理论上金融机构的管理人员可以通过改变资产或负债的持续期来免除其利率风险，但是对于一家大型综合性的金融机构而言，重新调整资产负债表的结构是一件耗时、费钱的事。然而，随着基金市场、资产证券化和贷款出售市场的发展，调整资产负债表结构的速度已经大幅提高，调整的成本也已大幅下降。在运用持续期模型过程中，通过相关技术应用，不需要直接对资产组合进行调整，金融机构管理人员仍可达到风险防范的目的。例如，金融机构可以通过利用衍生金融工具进行对冲的方式来获得与直接的持续期匹配相同的结果，这些衍生金融工具包括期货和远期合约，期权、利率上限期权、利率下限期权以及互换等。

### 2. 风险防范是个动态问题

持续期表现了购入债券后随即发生的利率变化，然而，利率可以在债券持有期内的任何一个时点发生变化，随着时间的推移，债券的持续期也会不断变化，它将不断地向到期期限靠近。这个特点说明基于持续期的风险防范是个动态问题，它要求管理人员必须不断地调整其投资组合的结构，保证投资组合的持续期与投资期限(即负债的持续期)相匹配。但是，不断调整投资组合的结构会产生巨额交易费用，所以大多数金融机构只是间隔一段时间，比如一个季度，才调整一次投资组合的结构，它们需要在完全防范利率风险与动态地调整投资组合结构的成本之间寻找一个平衡点。

### 3. 较大的利率变动会带来凸性效应

持续期准确描述了当利率以 1 个基点为单位发生较小变动时，固定收入债券价格对利率的敏感性。但是，当利率变动较大时，如变动 2%(即 200 个基点)，持续期关于债券价格变化的预测将变得不那么准确，因而它对利率敏感性的衡量也不太精确了。原因是利率变动较小时，债券价格的变动比率和利率变动比率之间是近似线性关系，而利率变动较大时，债券价格的变动比率和利率变动比率之间是非线性关系，而且是凸向原点的，所以把持续期模型的这个特点称为凸性效应。由于凸性效应，利率上升的幅度越大，持续期模型对于债券价格下降的幅度就高估得越多；利率下降的幅度越大，持续期模型对于债券价格上升的幅度就低估得越多。金融机构可以利用凸性效应更好地防范利率风险。具体来说，较大的凸性意味着当利率出现同等幅度的上升或下降时，利率下跌的资本收益效应大于利率上升的资本损失效应，引起债券价格波动产生误差，金融机构应该考虑这个误差带来的影响是否能够承受。

## 三、风险价值

### (一)风险价值概念界定(VAR)

风险价值(VAR)是指在正常的市场环境下，在给定的持有期间和置信水平下，测度某一投资组合可能发生的最大损失。风险价值的概念体现了市场风险，即由于市场条件，如资产价格、利率、市场波动性与市场流动性的变化而给金融机构交易资产组合的盈利带来的不确定性的风险。因此，利率风险和外汇风险会影响市场风险。但是，利率风险强调的是频繁交易的资产和负债给金融机构带来的风险，而不是长期投资、融资或套期保值交易带来的风险。在特定情形下，利率风险即构成市场风险，此时可以用风险价值度量利率风险的大小。

### (二)计算风险价值的模型

#### 1. 方差—协方差法

对于固定收入债券的每日风险价值 VAR，首先计算该债券潜在的日价格波动性。

日价格波动性=对收益率较小变化的价格敏感性×不利的日收益率变动

=-MD×收益率潜在的不利变动

式中，MD 是债券的修正持续期。

然后计算该债券每日风险价值 VAR。

VAR=头寸的市值×价格波动性

#### 2. 历史模拟法

历史模拟法测量 VAR 的步骤如下。

(1) 测量风险敞口头寸。

(2) 测量利率敏感性。

(3) 测量利率风险。

(4) 重复步骤 3。

(5) 按风险从最坏到最好排列日期。

(6) 根据 VAR 概念可以很容易查找出该利率风险的 VAR 值。

### 3. 蒙特卡罗模拟法

该法测算 VAR 的步骤如下。

(1) 计算利率变动历史上的方差—协方差。

(2) 将得到的矩阵分解为两个对称的矩阵，$A$ 和 $A'$。

(3) 以随机向量 $Z$ 乘以矩阵 $A'$，$A'$ 反映了利率的历史波动性和相关性，针对每一次利率变化抽取若干个随机价值。

(4) 以随机向量 $Z$ 的价值乘以利率的历史波动性和相关性，从而获得当前头寸的 VAR。

### (三)银行内部模型法评价

现在，风险价值已成为计量利率风险的主要指标，也是银行采用内部模型计算利率风险资本要求的主要依据。目前，市场风险内部模型已成为市场风险的主要计量方法。与缺口分析、久期分析等传统的利率风险计量方法相比，银行内部模型的主要优点是可以将不同业务、不同类别的利率风险用一个确切的数值(VAR 值)表示出来，是一种能在不同业务和风险类别之间进行比较和汇总的利率风险计量方法，而且将隐性风险显性化之后，有利于进行风险的监测、管理和控制。同时，由于风险价值具有高度的概括性，简明易懂，也适宜董事会和高级管理层了解本行利率风险的总体水平。但是，银行内部模型法也存在一定的局限性。

(1) 市场风险内部模型计算的风险水平高度概括，不能反映资产组合的构成及其对价格波动的敏感性，因此对具体的风险管理过程作用有限，需要辅之以敏感性分析、情景分析等非统计类方法。

(2) 市场风险内部模型方法未涵盖价格剧烈波动等可能会对银行造成重大损失的突发性小概率事件，因此需要采用压力测试对其进行补充。

(3) 大多数市场风险内部模型只能计量交易业务中的市场风险，不能计量非交易业务中的市场风险。

(4) 使用市场风险内部模型的银行应当充分认识其局限性，恰当理解和运用模型的计算结果。

# 模块三　利率风险控制技术

利率风险管理或者称为利率风险控制技术，既有传统方法，例如从利率风险度量中产生的利率敏感性缺口管理和持续期管理，也有利用金融衍生产品进行对冲的创新方法。事实上，两者有时是结合在一起使用的，比如在调整资产负债表中的持续期缺口时，对于某些资产组合就可能会使用金融衍生产品达到持续期缩短或延长的目的。另外，根据是否利用资产负债表管理利率风险，可以把利率风险控制技术分为表内管理(通过改变资产负债表构成达到控制利率风险目的)和表外管理(利用金融衍生工具对银行利率风险进行控制)。

# 一、利率风险管理传统方法

## 1. 订立借贷合同时选择有利的利率形式

利率风险是无论金融机构作为贷方还是企业或个人作为借方都会面临的金融风险，所以在签订借贷合同时，借贷双方会各自对利率在未来一段时间(借贷期间)的走势作出预测，并在力所能及的范围内通过借贷合同选择对自己有利的利率形式，以便尽量减少可能承受的利率风险。

选择有利的利率形式的具体做法是：对借方而言，如果预测利率在未来的借贷期间内将会上升，就选择固定利率形式；反之，则选择浮动利率。对于贷方而言，如果预测利率在未来的借贷期间将会上升，则选择浮动利率形式；反之，则选择固定利率。采用这样的利率选择策略，借贷双方不仅可以将蒙受经济损失的机会转移给交易对方，而且可以为自己争取到获取经济利益的机会。这种方法属于风险转移，其转移成本几乎为零，但是效果如何，则取决于借贷双方博弈结果以及对利率未来走势判断是否准确。

## 2. 在借贷合同中设立特别条款

(1) 利率上限或利率下限条款。

为了避免利率波动的风险，借款人可以在浮动利率的借款协议中增订特别条款，设定一个利率上限或利率下限，在借款期限内，借款利率的波动范围就被限定在这个范围内。当市场利率高于利率上限时，以上限利率为借款利率；当市场利率低于利率下限时，以下限利率为借款利率。如果在借贷合同中增加了利率上限条款，借款人的利率风险减少，但为此需要向贷款机构支付一定费用；如果是增加了利率下限条款，贷款机构的利率风险减少，借款人通常可以借此获得优惠利率的贷款。由此可以看出，无论是借方还是贷方，通过利率上限或利率下限条款限定利率风险都要付出一定代价，但是如果未来利率波动很大的话，相对于要承受的利率风险，这个代价还是值得的。

(2) 固浮利率互转条款。

除了利率上限和利率下限条款外，借款人可以在浮动利率的贷款协议中增加条款，规定当利率波动达到协议中规定的最高限或最低限时，借款人可以将浮动利率贷款转换成固定利率贷款，从而避免利率进一步波动的风险，这个固定利率可以小于利率最高限或者利率最低限。贷款银行多数情况下也乐意加入这样的条款，将利率波动对借款成本的影响控制在一定范围内，但是这一条款会使贷款银行承受额外超出借贷合同之外的利率风险，必须对其进行套期保值，由此会产生额外费用，这个费用最终会以银行服务价格的形式由借款人承担。所以借款人在签订这种协议之前，应对其收益和成本作慎重权衡。

## 3. 利率敏感性缺口管理

(1) 积极管理策略，即商业银行通过采取恰当行动，利用利率变动获取更大净利息收入。

根据前面对缺口模型的分析，我们知道通过对利率走势的预测，银行可以有意识地留下正缺口或负缺口，以便获取最大利益。具体来说，当预测利率上升时，应保持正缺口，并尽量扩大；当预测利率下降时，应保持负缺口，也可获利。商业银行实行积极的利率敏感性缺口管理策略时，可以参考以下措施，如表5-6所示。

表5-6　商业银行积极利率敏感性缺口管理策略

| 预期利率走势 | 有利的敏感性缺口状态 | 积极管理措施 |
| --- | --- | --- |
| 市场利率上升 | 正缺口 | 增加利率敏感性资产<br>减少利率敏感性负债 |
| 市场利率下降 | 负缺口 | 减少利率敏感性资产<br>增加利率敏感性负债 |

通常，商业银行改变缺口的选择主要有下面几种。

① 改变资产结构：增加短期资产，减少长期资产。

② 改变负债结构：减少短期负债，增加长期负债。

③ 减少长期负债，增加短期资产。

④ 减少长期资产，增加短期负债。

⑤ 以固定利率交换浮动利率的掉期合同或其他表外活动。

有些情况下，准确预测利率走势是一件很困难的事情，这使得利率敏感性缺口的积极管理策略在使用中存在一定局限性。

(2) 被动管理策略，即在无法准确预测利率走势或者积极管理代价过大时，银行只好采用被动策略，尽量使利率敏感性资产等于利率敏感性负债(缺口值为零或很小)。

为了使缺口管理具体化和可操作化，西方商业银行在实践中引入临界点概念。第一临界点——利率临界点。它是由银行根据实际情况对固定利率资产的每一大类规定一个利率标准，当市场利率高于某一类资产的利率标准时，就购入这一类资产，然后等市场利率下降时，将其出售以获得资本收益；当市场利率低于这一利率标准时，就出售这一类资产，等市场利率回升时再重新购入。因此，利率临界点是对固定利率资产进行管理的一种决策性利率。第二临界点——质量临界点。它是指一个加权的平均利率水平，商业银行在进行缺口管理时，往往事先规定一个平均利率水平的最低限度标准，若市场利率低于这一最低限度，商业银行便不增加固定利率资产；反之，则增加固定利率资产。因此，质量临界点是对固定资产整体而言的。第三临界点——期限临界点。它要求银行对资产构成的平均期限规定一个幅度，其中将最长期限和最短期限作为追加资产的期限标准。采用这一临界点，一方面可以在一定程度上防止盲目投资中短期利率波动带来的机会损失；另一方面，也有利于防止通胀对商业银行收益实际下降的直接影响。

### 4. 持续期缺口管理

根据前面对持续期缺口模型的分析，可以得出如下结论：当持续期缺口大于零时，利率与银行净资产价值的变动方向相反，若利率下降，银行资产和负债价值都会上升，但是资产价值上升的幅度将大于负债价值上升的幅度，所以银行市场价值将上升；当持续期缺口小于零时，利率与银行净资产价值的变动方向相同，若利率上升，则银行资产与负债价值都会下降，但是资产价值下降的幅度大于负债价值下降的幅度，所以银行市场价值将下降。

利用持续期缺口管理利率风险，就是要通过消除缺口来减少利率风险，保证银行市场价值的稳定或通过正确使用缺口，获得利率变动带来的好处，并使银行市值得以增加。

(1) 积极管理策略，即银行根据对利率未来变化的预测，保持适当的持续期缺口，以期获得利率变动带来的收益。如果预测市场利率将上升，应减少持续期正缺口或扩大持续期负缺口，从而使银行净资产收入增值。如果预测市场利率将下降，则可以采取扩大正缺口或减少负缺口的方法。

这种积极管理策略的实施效果会受到以下因素影响：①商业银行预测利率未来趋势是否准确，如果出现实际情况和预期走势相反，可能会给银行带来损失；②银行调整资产负债的结构受到很多制约，调整目标不容易全部实现，影响持续期缺口管理的实施效果；③资产负债调整成本较高，有时需要在管理成本和最后收益之间仔细衡量后作出选择。

(2) 被动管理策略，即采用接近持续期零缺口的方式避免利率风险，使银行净资产保持相对稳定。具体来说，就是使银行资产持续期接近或正好等于经过杠杆调整后的负债持续期，此时无论利率怎么变化，持续期缺口都接近或等于零，银行资产负债受到利率变动影响最小，从而有效规避了利率风险。

商业银行也可以采取部分避险的策略。其做法是：从资产负债表中调出部分资产和负债，进行持续期搭配，使其持续期缺口最小，从而保持这部分资产负债价值不受利率波动的影响。

在实际中，由于技术、经济等原因，持续期缺口值无法达到零，只能接近于零。因此，风险规避策略在现实中无法达到完全规避的理想境界，只能根据各种条件和限制因素，考虑成本收益情况，确定一个可以接受的缺口范围，适当调整资产负债结构，使持续期缺口保持在这一范围之内。

## 二、利率风险管理创新工具

利率风险是一种系统性风险，因此很难通过分散化策略加以管理和控制。通过远期协议、利率互换、利率期货和利率期权等金融创新工具有时能够很好地对冲掉资产负债面临的利率波动影响。

### 1. 远期利率协议

远期利率协议是一种远期合约，交易双方在订立协议时确定未来一定时间点(指利息起算日)开始的一定期限的协议利率，并规定以何种利率为参照利率，在将来利息起算日，按规定的协议利率、期限和本金额，由当事人一方向另一方支付协议利率与参照利率利息差的贴现额。在这种远期利率协议下，借贷双方事实上将未来某一时间点开始的一段时间内的利率波动规避掉，无论利率如何变动，实际执行利率都固定在协议利率上。远期利率协议的买方是名义借款人，通过该种协议可以规避未来利率上升的风险；卖方是名义贷款人，通过该种协议可以规避未来利率下降的风险。

早期的远期利率协议是一种由银行提供的在场外交易的利率远期合同，它没有固定的份额标准，可以适用于一切可兑换货币，交易金额和交割日期都不受限制，并且不需要保证金。它具有交易便利、资金流动量小、操作性强、能够不改变资产负债表的流动性而调整到期利率头寸等诸多优点。远期利率协议于 1983 年在欧洲货币市场推出后得到广泛应用，成为金融界避免利率风险的主要工具之一。但由于是场外协议，其流动性差一些。在当前国际金融市场上提供了大多数主要货币的 3 月、6 月、9 月、12 月期限的标准化远期利率协议，弥补了远期利率协议流动性差的缺点，但是这种标准化的远期利率协议可能和银行的风险暴露期限不完全一致，或使用的利率基础存在差异，又存在不能将利率风险完全锁定的缺陷。

### 2．利率互换

利率互换又称为利率掉期，是指两笔货币相同、债务额相同(本金相同)、期限相同的资金作固定利率与浮动利率的调换。这个调换是双方的，如甲方以固定利率换取乙方的浮动利率，乙方则以浮动利率换取甲方的固定利率，故称互换。互换的目的在于降低资金成本和利率风险。

利率互换可以锁定融资成本。假定某家公司目前有一笔以 LIBOR+100 个基点利率计息的银行借款，公司担心在借款剩余时间内利率上升，于是决定作为固定利率的支付方安排一次浮动利率与固定利率的利率互换，其固定利率为 8.75%，浮动利率为 6 个月的 LIBOR，每半年交换一次利息。

运用利率互换还可以调整持续期缺口。通常，利率互换的买方承诺定期支付一系列固定利息给合约的卖方，而卖方同时承诺支付浮动利息给买方。通过互换，买方可以将其浮动利率成本的负债换成固定利率的成本，从而与其固定利息收入的资产相匹配；卖方可以将其固定利率的负债换成浮动利率的成本，从而与其浮动利息收入的资产相匹配。

### 3．利率期货

利率期货是指买卖双方按照事先约定的价格在期货交易所买进或卖出某种有息资产，并在未来的某一时间进行交割的一种金融期货业务。利率期货就是以利率作为期货合约标的的金融期货合约。

利率期货之所以能用来控制利率风险，是因为利率期货的价格走向和利率变动的方向相反，通过在期货市场上买卖利率期货合约，银行能够避免利率波动带来的损失。比如，当市场利率上升时，原有贷款和债券的价格就会下跌，这使得基于这些金融工具的价格也发生下跌。因此，银行如果要避免利率上升的风险，可以卖出利率期货；同样，如果银行要避免利率下跌的风险，可以考虑买入利率期货。银行在利用利率期货控制利率风险时，一般必须要有相应的现货头寸，才能在应该买入或卖出时应对自如。

### 4．利率期权

期权是一种能够在未来时间内以特定价格买进或卖出一定数量的某种特定商品的权利。利率期权是以各种利率相关性商品或利率期货合约为标的的期权交易形式。利率期权为银行提供了另一种控制利率风险的工具，其主要优点是：如果期权所有人认为执行该项交易对自己有利，则可以履行，否则可放弃。当然，由于购买期权需要付费，因此只有存在相当大的有利的利率波动时，银行才能获得利益。如果银行希望在利率风险控制中当利率向不利方向变化时能够进行避险，当利率朝有利方向变化时，能够利用它从中获利，则利率期权这种金融衍生工具正好满足这一要求。

由于利率期权是在未来一定时间内以确定价格买卖某种证券的权利，当利率上升、证券价格下降时，卖出期权的拥有者变得有利可图，而买入期权的拥有者放弃此项权利；如果利率下降、证券价格上升时，则买入期权的拥有者或以确定的价格买入期权规定的金融资产，或者卖掉买入期权获利了结，而卖出期权将不会执行。所以银行可以通过出售买入期权或卖出期权来获取期权费用，以此来弥补可能发生的利率风险损失。

## 三、根据资产负债表管理利率风险

根据是否利用商业银行资产负债表管理利率风险，可以管理利率风险方式分为两类：一类是表内管理策略，即通过改变资产负债表的构成达到控制利率风险的目的；另一类是表外管理策略，即利用金融衍生工具对银行利率风险进行控制。

### 1. 资产负债表内利率风险管理

资产负债表内利率风险管理策略是通过改变资产负债表的各种成分和结构，影响利率风险敞口大小，进而改变资产负债表的利率敏感性。

这种管理策略的基本工具是买卖不同期限的证券。通过买卖不同期限的证券可以在短时间内大幅度改变资产负债结构的利率风险头寸。具体说，如果资产负债表表现为资产敏感性，则可以采用以下几种策略来减少利率敏感度：延长投资组合期限、增加短期存款、增加固定利率贷款、增加短期借款(如同业拆借和证券回购协议)等。如果资本负债表表现为负债敏感性，则可以采用以下几种策略来减少利率敏感度：缩短投资组合期限、增加长期存款、减少固定利率债券、增加固定利率长期债务、增加浮动利率贷款等。

### 2. 资产负债表外利率风险管理

资产负债表外管理策略是利用前面介绍的各种金融衍生工具对利率风险进行管理。前面介绍的 4 种金融衍生工具在管理利率风险方面各有特点。

远期利率协议由于在场外交易，因此比利率期货更为灵活，而且成本较低，适用于一切可兑换的货币，期限一般较短，适合管理短期利率风险。

利率期货合约和利率期权合约反映的是固定收入证券的价格如何随利率变化而发生变动，因此，它比较适合于对某一特定资产价值或银行的资产净值进行风险保值，而不大适合于对净利息收入的变动进行保值。

利率互换的特点是以锁定现有的净利息收入为目标，比较适合于对利率变动所引起的净利息收入的变化进行保值。但是，如果市场利率发生了有利于银行缺口头寸的变动，银行因此而增加的净利息收入将被利率互换产生的亏损所抵消。利率互换期限一般较长，适合于管理那些长期存在的利率风险。

商业银行应在对各种金融衍生工具比较分析的基础上，根据所面临的利率风险的性质和特点选择最合适的管理策略，从而有效地控制利率风险。

# 模块四 利率风险套期保值

利率风险套期保值是针对即期合约面临的利率风险，通过远期合约或期货、期权合约进行数量相等、期限相同但方向相反的交易活动，这样，如果即期合约面临的是利率下降的风险，远期合约或期货、期权合约则会面临利率上升的风险，届时利率风险真实发生时，就可以进行对冲避免利率波动带来的损失。

## 一、远期利率协议应用举例

某金融机构资产组合经理的资产负债表中持有 20 年期、面值为 100 万美元的政府债券，初始状态下，这些债券的市场价值为其面值的 97%，即市场价值总额为 97 万美元。假设该经理得到的预测结果是：利率水平将在 3 个月内上升 2%，即从目前的 8%上升为 10%。如果利率变化的预测准确，那么，利率上升将导致债券价格下降，其债券资产组合将承受资本损失。

通过持续期基本公式，这位经理计算出这种 20 年期债券的持续期恰好为 9 年，然后根据持续期利率弹性公式，预测出资本损失即债券价值的变化 $\Delta P$：

$$\frac{\Delta P}{P} = -D\left[\frac{\Delta R}{1+R}\right]$$

式中：$\Delta P$——债券的资本损失；

$P$——债券的初始价值($\$970\,000$)；

$D$——债券的持续期；

$\Delta R$——收益率变化的预测结果(0.02)；

$1+R$——1 与 20 年期债券当期收益之和(1.08)；

$$\frac{\Delta P}{970\,000} = -9 \times \frac{0.02}{1.08}$$

$$\Delta P = -9 \times (970000) \times (0.02/1.08) = -161\,667.67 (美元)$$

根据上面的计算，该经理可能会因为债券价格的变化遭受 161 667.67 美元的资本损失——损失率($\Delta P/p$)为 16.17%，即债券价格将从面值的 97%降为面值的 80.833%。

为了弥补这种可能的利率风险损失，经理可以利用远期合约套期保值。假设经理找到一位愿意在 3 个月后按债券面值 97%的价格购买 20 年期的债券买主。

如果 3 个月后利率真的上升 2%，经理所持有的债券价值会下降 16.67%，从而造成资本损失 161 667.67 美元。然而利率上升以后，经理可以按面值的 80.833%购买 100 万美元的 20 年期债券(花费 808 333 美元)，然后将这些债券交付给远期合约的买方。而买方承诺按债券面值的 97%购买 100 万美元的债券，即花 970 000 美元购买 100 万美元的债券。那么，资产组合经理能够从远期合约交易中获得收益：

970 000(远期合约买方支付给卖方的合约)–808 333(为了与远期合约的买方交割，3 个月后在即期市场购买债券的成本)=161 667(美元)

这个收益正好可以抵消利率上升带来的资本损失。事实上，无论利率变化幅度有多大，债券贬值带来的资本损失都能被远期合约带来的部分或全部收益所抵消。套期保值的成功并不取决于经理们准确预测利率变化的能力，相反，进行套期保值的原因正是由于不能对利率变化进行准确的预测。即使金融机构的经理们不能准确预测利率的变化，他们也可以利用套期保值来防范利率变化的风险，此时金融机构的净利率风险为零。

以上为非标准化的远期合约，下面以标准化的远期利率协议为例说明套期保值原理。

某投资机构预计 3 个月后将有一笔金额为 500 万元的资金流入,可使用期限为 6 个月,准备存入银行。为避免在接下来的 3 个月中利率下跌,该机构向 A 银行卖出一份 3×9(协议期限 6 个月,自现在起 3 个月内有效)、金额为 500 万元、协议利率为 7.5%的远期利率协议。3 个月内,如果市场利率真的出现下降,降至 6.8%,则该机构将从 A 银行那里获取市场利率与协议利率之间的差额,根据远期利率协议公式计算出这个差额为 16 924.56 元。如果该机构将此差额与收到的 500 万元资金一起按 6.8%的利率存入银行,那么,由于本金的增加会带来利息收入的增加,等到存款到期时,该机构的实际收益仍可达到 7.5%。

　　当然,如果市场利率上升,该机构也需要向 A 银行支付相应的差额。这说明,通过卖出远期利率协议,投资者可以将其投资的实际收益率锁定在协议利率这一水平,无论利率如何变动,都能保持协议利率水平所规定的利率。

## 二、利率互换应用举例

　　假设有两家金融机构,第一家是某货币中心银行,另一家是一家储蓄银行。它们的资产负债结构如表 5-7 所示。

表 5-7　某货币中心银行与储蓄银行的资产负债结构

| | 资　　产 | 负　　债 |
|---|---|---|
| 货币中心银行 | 工商业贷款(利率以 LIBOR 为基础)=1 亿美元 | 中期票据(固定的息票率)=1 亿美元 |
| 储蓄银行 | 固定利率抵押贷款=1 亿美元 | 短期定期存单(期限 1 年)=1 亿美元 |

　　货币中心银行拥有浮动利率贷款和固定利率负债的资产负债结构,储蓄银行的资产负债结构与货币中心银行相反,是固定利率贷款和浮动利率负债。它们各自面临的利率风险也不一样:货币中心银行持续期缺口为负数,面临利率下降资本受损的风险;储蓄银行持续期缺口为正数,面临利率上升资本受损的风险。

　　货币中心银行和储蓄银行的资产负债状况与利率风险正好相反,这为双方的利率互换提供了必要条件。这种互换协议可以由双方直接达成,也可以由第三家金融机构作为代理商完成交易,它从中收取一笔费用,这样可以降低交易双方的违约风险。一种可行的互换协议将规定,储蓄银行按 1 亿美元的互换名义值向货币中心银行每年支付 10%的固定利息,从而使其能够完全弥补发行中期票据的利息支出。反过来,货币中心银行每年要以 1 年期的 LIBOR 为基础向储蓄银行支付利息,用于弥补其再融资(再次发行 1 年期的定期存单)的成本。假设目前的 1 年期 LIBOR 为 8%,且货币中心银行同意在每年年底向储蓄银行支付的利息为 1 年期的 LIBOR 加上 2%。

　　互换后,货币中心银行将自己的 4 年期固定利率付款转变成了浮动利率付款,从而与自己资产的浮动收益相匹配。与此同时,储蓄银行将自己的浮动利率付款转变成了固定利率付款,外加一笔小额的浮动利率(定期存单利率 LIBOR),从而与自己资产的收益类似。这种互换比两家金融机构进入债务市场融资支付的利息要节省一些。

## 三、利率期货应用举例

假设某金融机构的初始资产负债表如表5-8所示。

表5-8　某金融机构的初始资产负债表

单位：百万美元

| 资　产 | | 负　债 | |
|---|---|---|---|
| $A$=100 | | $L$=90 | |
| | | $E$=10 | |
| 合计 100 | | 合计 100 | |

经过计算得知资产和负债的持续期分别为

$$D_A=5\ 年$$
$$D_L=3\ 年$$

假设金融机构经理从经济预测部门得到的信息是，下一年利率预计将从 10%上升到 11%，即

$$\Delta R=1\%=0.01$$
$$1+R=1.10$$

这样，$k=L/A=90/100=0.9$。

通过持续期缺口公式，这位经理可以计算出如果利率上升的预测是准确的，金融机构的净市值($E$)有可能遭受的损失为

$$\Delta E=-\left[D_A-kD_L\right]\times A\times\frac{\Delta R}{1+R}=-(5-0.9\times3)\times100\times\frac{0.01}{1.1}=-2.091(百万美元)$$

也就是说，如果利率预测正确，金融机构将有 209.1 万美元的净值损失，几乎占其初始净值(100 百万美元)的 2.1%。

为了套取保值，金融机构经理做了一笔 20 年国债期货合约。当利率上升时，期货合约空头交易将会带来一笔利润(作为标的物的 20 年期国债价值会下降)；当利率下降时，期货合约多头交易将会带来一笔利润(作为标的物的 20 年期国债价值会上升)。在本案例中预测利率未来一年上升，所以该经理应该进行期货市场的空头交易，也就是通过出售适量的期货合约对自己的净值进行套期保值，经过计算期货合约数为 249 份。如果利率上升 1%，期货头寸价值变化为下降 208.6 万美元。对于卖方而言，买方会在期货价格下降时向卖方提供补偿，就会有一笔现金从买方的保证金账户流入卖方的保证金账户，金融机构作为卖方会有一笔 208.6 万美元的收益。用这笔收益弥补利率上升带来的净值损失 209.1 万美元，净值还会亏损 5000 美元，这表明用标准化的期货合约是很难获得完全的套期保值的。

## 四、利率期权应用举例

期权有两种：①买入期权，即期权买方可以按确定的价格在一定时期内从卖方购进一定数额的某种资产；②卖出期权，即卖出期权的买方有权按确定的价格在一定时期内向期权卖方出售一定数额的资产。期权又分为看涨期权和看跌期权：看涨期权的买方有权(但没

有义务)按事先确定的执行价或履约价购买某种标的证券(债券),为此,看涨期权的买方必须向卖方先期支付一笔看涨期权费,如果标的债券执行价的上涨幅度超过期权费,买方就有可能获得利润;看跌期权的买方有权(但没有义务)按事先确定的执行价将标的债券卖给期权的卖方,为此,看跌期权的买方要支付给卖方一笔期权费,如果标的债券价格下跌到一定价格水平,看跌期权的买方就可以按照此价格购买债券,然后按较高的执行价格出售给看跌期权的卖方,扣除期权费后还可以获利。

在前面利率期货的案例中,金融机构还可以购买债券期货看跌期权进行套期保值,如果利率上升且债券价格下跌,那么,金融机构可以行使看跌期权:将债券期货合约按执行价交付给卖方,此时的执行价高于期货交易所当前的债券期货交易成本。经过计算,如果利率从10%上升为11%,金融机构看跌期权的价值变化为209万美元,正好弥补其因为利率上升造成的净值亏损209万美元。金融机构购买这些看跌期权的期权费总成本经过计算为1 342 500美元,相对于1亿美元的资产,这个风险成本还是可以接受的。如果未来1年内利率下降、债券价格上升,金融机构净市值没有因为利率波动受损反而获益,净市值增加远大于期权费,那么,金融机构可以不执行这个看跌期权,从而获得利率波动带来的收益,损失的是130万美元出头的期权费。

# 案 例 讨 论

## QE缩减引发利率上涨预期:美银行业难言绝对乐观

"股神"巴菲特曾经给伯南克一句忠告,"买入比抛售简单得多了"。就在美联储频频吹风要缩减债券资产购买计划之后,受预期推动,美国基准10年期国债价格不断下探,收益率连续上行超过2%,对其敏感度最高的美国银行业,在利率上涨的预期中,非但没有受到成本增加的负面解读,而且股价仍然表现坚挺。

通常情况下,利率大幅快速地上涨,对银行业都不是好消息。1994年由于美联储上调利率引发的"债券大屠杀"阴霾犹在眼前。

当时美联储在1994年2月到1995年2月期间,上调基准利率3个百分点,从当时的3%上调至6%,美国30年国债收益率在1994年年底由不到6%攀升至8%。美联储升息带来债券价格和股市暴跌,造成华尔街银行交易部门和投资者大失血,当时仍然是私人合伙制的高盛也面临严重的资本流失。

然而,很多分析师认为,忽视利率风险的悲剧并不会轻易重演。相比20年前,美国金融市场当前的利率水平在相当一段时间内几乎为零,有观点认为,对已经修补好资产负债表的银行业来说,长期极低利率会对盈利能力造成负面影响。

事实上,评级机构穆迪表示,在持续的低利率环境下,美国银行系统已经得到修复和提振,资产质量的提升得到支撑,坏账冲销也达到了危机前的水平。美国银行业资本逐渐累积加上不良信贷相关成本减少,日益稳健的资产负债表使银行业具备更好的能力应对未来可能出现的经济下滑,穆迪五年来首次将美国银行体系评级展望从"负面"调升为"稳定"。

然而,市场也并非单边的乐观,结束当前极低利率对银行业始终是一场考试。

野村的资深银行分析师 Glenn Schorr 近期表示，表面看全美 25 家大银行中，有 20 家银行都很自信地保证，即便利率上涨也有能力盈利。但监管机构方面依然忧虑颇多，毕竟在大银行情况好转的同时，还要顾及全美近千家的小银行是否能够承受利率上涨。

美联储在近几年的确通过量化宽松计划购入超过 2 万亿美元的等值债券，目的是为了打压利率，促进信贷和投资。利率上涨，可能会导致银行承受上亿美元的成本压力，也可能点燃另一场金融危机。

华尔街大银行的高管们也早从 2012 年就"未雨绸缪"，不少机构已经把债券投资转为短期债务，因为债券到期时间越短，利率上涨的时候面临的亏损就越少。

被视作最疯狂的莫属摩根大通的首席执行官杰米·戴蒙。在 2013 年 4 月致股东的信中，戴蒙大胆预测称，如果在未来 12 个月内利率猛涨 3%，摩根大通会狂赚 50 亿美元。

事实上这是很难实现的，摩根大通的发言人拒绝就此作出评价，分析师们也普遍认为，这仅仅是戴蒙自己随口说说。但可以确定的是，摩根大通或许已经放了很大的筹码押注利率上涨，包括购买大量的利率掉期。

(资料来源：嵇晨. 第一财经日报，2013 年 6 月 5 日)

**问题：**

1. 为什么利率下降对银行业不是个好消息？

2. 为什么利率上升，债券价格下降？

3. 为了应对利率下降的风险，摩根大通做了哪些应对措施？

## 资金荒搅动利率风险 机构有了特别痛的领悟

由货币同业拆借、人民币债券交易及外汇市场等共同构成的中国银行间市场，近期遭遇了罕见的资金寒潮，缺乏抵抗力的机构被迫"违约"，负面影响殃及 A 股市场。

成交最活跃的隔夜利率，由上月末的 3.40%一路上涨至 6 月 8 日的 9.81%，涨了近两倍；最具指标意义的 7 天回购利率最高攀至 7.84%，是年初以来均值的两倍多。

这一过程中，银行、券商、基金等主要市场成员叫苦不迭，但央行一直保持淡定。

引起这场疯狂资金大战的，除了节假日因素或技术性因素外，还有诸如外汇占款回落、债市整顿，甚至新股发行等预期的变化。

不过，从此次突发事件中央行的淡定表现来看，这更像是一场有意为之的风险测试。有关部门意欲加快推进利率、汇率市场化改革以及存款保险制度"择机出台"的暗示，正是其背后隐含的真意。

央行 6 月 7 日发布的《2013 年中国金融稳定报告》提出，当前建立存款保险制度的条件已经具备，各方面已达成共识，可择机出台并组织实施。报告强调，此举可"促进商业银行经营机制的市场化"和"加强系统性风险防范和处置制度建设"。

去年 6 月及 7 月央行两次非对称降息，掀开了我国利率市场化改革的序幕。这一年来，包括央行在内的各监管部门陆续出台了对商业银行理财业务、与债券市场创新规范有关的严厉政策措施。短暂的市场低潮，正是各金融主体梳理现状、反思和整顿的良机，这对市场将有长远裨益。

未来或远或近的金融变革，必定会首先带来资金利率的大幅震荡，而如果缺乏足够的风险意识，那些习惯于在行政定价中"吃老本"的商业银行，习惯于在宽松流动性氛围下依赖加杠杆而生存的券商或基金，将会在"起跑线"上输得很惨，亦可能干扰金融稳定的大局。

由此看来，这突如其来的"资金荒"，可以看作是央行对市场进行的一次成功的利率风险测试。测试下来，机构已有了"特别痛的领悟"。

（资料来源：朱凯. 证券时报网，2013 年 6 月 13 日）

**问题：**

1. 研究表明市场流动性是充足的，为什么银行会发生"资金荒"？
2. 利率市场化可能给银行带来何种利率风险？
3. 央行这场利率风险测试是否属于压力测试？
4. 银行在这次"资金荒"中应吸取的教训是什么？

# 扩 展 阅 读

### 1. LIBOR

LIBOR(London Inter Bank Offered Rate)，即伦敦银行同业拆放利率。按照《路透金融词典》的解释，LIBOR 指伦敦银行业市场拆借短期资金(隔夜至一年)的利率，代表国际货币市场的拆借利率，可作为贷款或浮动利率票据的利率基准。

### 2. 上市公司市场价值

上市公司市场价值是指上市公司全部资产的市场价值，即股票与负债市场价值之和。

### 3. 市场利率、银行利率、基准利率

市场利率：市场利率是指由资金市场上供求关系决定的利率。市场利率因受到资金市场上的供求变化而经常变化。在市场机制发挥作用的情况下，由于自由竞争，信贷资金的供求会逐渐趋于平衡，经济学家将这种状态的市场利率称为"均衡利率"。市场利率一般参考 LIBOR(伦敦同业拆借利率)，美国的联邦基金利率(Federal Funds Rate)。我国也有银行间同业拆借市场，其利率(CHIBOR)也是市场利率。

银行利率：在银行存款的方式有多种，如活期、整存整取、零存整取等。存入银行的钱叫作本金；取款时银行多支付的钱叫作利息；利息与本钱的比值叫作利率。银行利率分为存款利率和贷款利率。

基准利率：是金融市场上具有普遍参照作用的利率，其他利率水平或金融资产价格均可根据这一基准利率水平来确定。基准利率是利率市场化的重要前提之一，在利率市场化条件下，融资者衡量融资成本、投资者计算投资收益，以及管理层对宏观经济的调控，客观上都要求有一个普遍公认的基准利率水平作参考。所以，从某种意义上讲，基准利率是利率市场化机制形成的核心。

市场经济国家一般以中央银行的再贴现率为基准利率；计划经济国家，基准由中央银行制定。在中国，中国人民银行对国有商业银行和其他金融机构规定的存贷款利率为基准利率。

### 4. 利率市场化

利率市场化是指利率的决定权交给市场，由市场主体自行决定利率的过程。在利率市场化的条件下，如果市场竞争充分，则任何单一的市场主体都不能成为利率的单方面决定者。

利率市场化的实践应该说在我国已经进行了一些尝试，并取得了一定的经验。1996年全国统一银行间同业拆借市场联网运行，全国统一的银行间同业拆借市场利率形成；1998年9月放开了政策性金融债券市场化发行利率；1998年和1999年两次扩大贷款利率浮动幅度；2000年9月实行外汇利率管理体制改革，放开了外汇贷款的利率；2002年年初，在8个县农村信用社进行了利率市场化改革试点，贷款利率浮动幅度由50%扩大到100%，存款利率最高可上浮50%；2002年9月，农村信用社利率浮动试点范围进一步扩大。

我国利率市场化改革的总体思路是"先外币、后本币；先贷款，后存款；先长期、大额，后短期、小额"，显示了央行加大利率市场化改革力度的决心。

我国利率市场化改革的目标是，建立由市场供求关系决定金融机构存、贷款水平的利率形成机制，中央银行通过运用货币政策工具调控和引导市场利率，使市场机制在金融资源配置中发挥主导作用。

# 项 目 总 结

存贷款业务产生的利息收入是国内银行业最主要的盈利来源，是存贷款利息差产生的净利息收入，它受到利率波动的影响，进而影响银行机构市场价值，形成利率风险。可能引起利率波动的原因主要有宏观经济环境、央行货币政策、物价水平、证券市场和国际经济形势。按照利率风险来源的不同，将利率风险分为重新定价风险、收益率曲线风险、基准风险和期权性风险。目前最常见的利率风险量化方法有缺口模型、持续期分析模型和风险价值(VAR)模型。利率风险控制技术分为传统方法和创新工具，传统方法包括订立借贷合同时选择有利的利率形式、在借贷合同中设立特别条款、利率敏感性缺口管理和持续期缺口管理；创新工具有远期利率协议、利率互换、利率期货和利率期权。两者有时是结合使用的，通过传统方法调整资产负债表期限结构，通过创新工具进行资产负债表外利率风险套期保值，共同降低金融机构的利率风险。

# 单 元 练 习

## 一、选择题

1. (    )也称期限错配风险，是最主要和最常见的利率风险形式。

    A. 重新定价风险        B. 收益率曲线风险

    C. 基准风险        D. 期权性风险

2. 由于存款和贷款的各自基准利率发生变化产生的利率风险是(    )。

    A. 重新定价风险        B. 收益率曲线风险

　　C. 基准风险　　　　　　　　　　　　D. 期权性风险

　　3. RSA 与 RSL 的利率变化相同时，累计缺口为正数，利率上升，则净利息收入的变化是(　　)。

　　　　A. 上升　　　　　　　　　　　　　B. 下降

　　　　C. 可能上升也可能下降　　　　　　D. 无法预测

　　4. RSA 与 RSL 的利率变化不同时，累计缺口为负数，利率与利差收入均上升，则净利息收入的变化是(　　)。

　　　　A. 上升　　　　　　　　　　　　　B. 下降

　　　　C. 可能上升也可能下降　　　　　　D. 无法预测

　　5. 能够衡量利率变动对银行市场价值影响的利率风险度量模型是(　　)。

　　　　A. 缺口模型　　　　　　　　　　　B. 持续期分析模型

　　　　C. 风险价值　　　　　　　　　　　D. 历史模拟法

　　6. 下列不属于风险价值计算方法的是(　　)。

　　　　A. 久期分析模型　　　　　　　　　B. 方差—协方差法

　　　　C. 历史模拟法　　　　　　　　　　D. 蒙特卡罗模拟法

　　7. 风险价值是指在正常的市场环境下，在给定的持有期间和置信水平下，测度某一投资组合可能发生的(　　)。

　　　　A. 最小损失　　B. 最大损失　　　C. 损失　　　　D. 损失范围

　　8. 利率期货和利率期权的区别在于(　　)。

　　　　A. 利率期权可以为利率风险进行套期保值

　　　　B. 利率期货运用时与即期合约反方向操作

　　　　C. 利率期权比利率期货有优势，可以让投资者在避免利率风险的同时获得利率波动带来的好处

　　　　D. 利率期权属于金融衍生产品

　　9. 某 2 年期债券持续期为 1.6 年，债券目前的价格为 101.00 元，市场利率为 8%，假设市场利率突然上升 2%，则按照持续期公式计算，该债券价格(　　)。

　　　　A. 上涨 2.96%　　B. 下跌 2.96%　　C. 上涨 3.20%　　D. 下跌 3.20%

　　10. 某 10 年期债券当前的市场价格为 102 元，债券持续期为 9.5 年，当前市场利率为 3%。如果市场利率提高 0.25%，则该债券的价格变化为(　　)。

　　　　A. 降低 2.352 元　　　　　　　　　B. 提高 2.352 元

　　　　C. 降低 1.136 元　　　　　　　　　D. 提高 1.136 元

## 二、判断题

　　1. 商业银行存在利率敏感性负缺口，当市场利率上升时，银行的净利息收入将下降。
　　　　　　　　　　　　　　　　　　　　　　　　　　　　　　　　　(　　)

　　2. 在置信水平为 95% 的条件下，某银行的某日 VAR 为 1 亿元，这意味着该银行资产组合的市场价格为 9 500 万元。　　　　　　　　　　　　　　　　　　(　　)

　　3. 买方期权对于期权买方来说是一个卖出交易标的物的权利。　　　　(　　)

　　4. 一般来说，风险价值随置信水平和持有期的增大而增加。　　　　　(　　)

5. 持续期是对固定收益产品的利率敏感程度或利率弹性的衡量。　　　　（　　）

6. 利率大幅度变动时，用持续期估计固定收益产品的价格变化并不准确。　（　　）

7. 利率互换是两个交易对手相互交换一组资金流量，不涉及本金的交换，涉及利息支付的交换。　　　　　　　　　　　　　　　　　　　　　　　　（　　）

8. 债务人通过购买远期利率协议合约，锁定了未来的债务成本，规避了利率可能上升带来的风险。　　　　　　　　　　　　　　　　　　　　　　　　（　　）

9. 债权人通过卖出远期利率协议合约，保证了未来的投资收入，规避了利率可能下降带来的风险。　　　　　　　　　　　　　　　　　　　　　　　　（　　）

10. 金融衍生产品的杠杆作用可以完全消灭利率风险。　　　　　　　　（　　）

### 三、问答题

1. 简述利率风险形成的原因。

2. 常用的利率风险管理工具有哪些？各自的特点是什么？

3. 简述表内与表外利率风险管理策略的内容。

4. 利率风险的主要类型有哪些？

5. 利率风险创新工具有哪些？各自的特点是什么？

6. 利率期货与利率期权各自的优缺点是什么？

7. 远期利率协议是标准化协议还是非标准的远期合约？

8. 运用金融衍生工具对利率风险套期保值都需要付出代价，事实是否是这样？

# 课 外 活 动

了解中国目前为止进行的利率市场化进程，总结利率市场化给金融机构带来的机遇和挑战。

# 项目六　汇率风险管理

案例导入：

由于极度失衡的外币存贷款比导致我国银行外币流动性紧张和外汇风险敞口加大。分析人士认为，外汇存贷比居高不下，以及外汇资金来源日益受限，其中隐含着较大的汇率风险，一旦汇率出现波动，银行很有可能遭到损失。

"存贷比"通常指贷款额与存款额的比率，按照监管机构提出的标准，商业银行应该将外币存贷比控制在85%以下，但是央行的历史数据显示，一直以来，银行业的外币存贷比指标很难"达标"。

早在2004年年底，外币存贷比就超过85%这一"警戒线"水平，之后一直维持在较高水平。截至2010年6月底，四大行的外币存贷比均超过100%。其中，中国银行的该项数据高达163.88%，工商银行、农业银行、建设银行分别为132.10%、136.13%和104.92%。在国有大型银行外币存贷比超标的情况下，中小股份制商业银行控制相对较好。截至上半年，多数股份制银行外币存贷比达到监管要求，但渤海银行、浙商银行、华夏银行的存贷比超过100%，其中渤海银行更是高达399.94%。截至2010年8月末，我国金融机构外币贷款余额为4 093亿美元，同比增长25.7%；外币存款余额为2 201亿美元，同比增长6.6%，外币存款增长非常缓慢。

外币存贷比居高不下的背后是人民币升值预期的显著增强，把外币资产结汇成人民币是客户理性的选择。外币存款急速下降，而贷款有所增加，令银行外币存贷比明显上升，资本项下购汇还贷快速增长。

业内人士称，由于外汇资金来源主要包括外汇存款、同业拆借、海外拆借，以及对金融机构海外短期外债指标进行控制，银行面临的外币流动性风险正逐渐加大。

上述人士指出，根据经验，国有型银行在银行间市场一般是外币资金净融出方，中小商业银行是外币资金净流入方。但现在看，像中行等拥有广泛海外业务的国有银行都在银行间市场融入外币，外汇头寸紧张可想而知，外币拆借利率水平也在水涨船高。目前，银行间货币市场的一年期美元拆借利率大致在LIBOR(伦敦银行同业拆放利率)上加300基点。另外，银行内部人士告诉中国证券报记者，在外币存贷比高的情况下，如果银行不能尽量压缩外汇风险敞口的话，银行将承担波动带来的汇兑损失。按照目前一年期美元贷款利率3%计算，如果人民币未来一年对美元升值3%，那么商业银行从这笔贷款中获得的收益就是0，考虑到人工成本，银行甚至是亏损的。而目前商业银行狭窄的外汇资金融入渠道正在将这种汇兑风险放大。

(资料来源：朱淑珍. 金融风险管理. 北京：北京大学出版社，2011.)

问题：

1. 什么是"存贷比"？
2. 为何会形成外币流动性紧张和外汇风险敞口加大的问题？
3. 什么是汇率风险？汇率风险的原因有哪些？

知识目标：

1. 掌握汇率风险的概念、成因和类型。
2. 了解汇率风险的度量方法。
3. 了解汇率风险管理的方法。

能力目标：

1. 掌握汇率风险的类型。
2. 熟悉汇率风险的度量方法和管理方法。

关键词：汇率风险、汇率风险管理、风险管理、净外汇风险头寸

# 模块一  汇率风险的形成与类型

## 一、汇率风险的概念

汇率风险又称汇率暴露(Exchange Rate Exposure)，与外汇风险的概念并不完全相同。外汇风险有狭义和广义之分，前者是指汇率风险；而后者除了汇率风险以外，还包括国家政策风险、外汇信用风险以及外汇交易风险等。通常所说的是狭义的外汇风险，即汇率风险，是指商业银行因汇率变动而蒙受损失以及预期收益难以实现的可能性。具体而言，汇率风险是资产或负债变化的不确定性，这种不确定性是由汇率的频繁变化引起的，是风险损失(Loss)与收益(Gain)的统一。风险承担者包括直接和间接从事国际经济交易的企业、银行、个人和政府及其他部门。并非所有而只是其中一部分外币资产负债面临汇率风险，面临汇率风险的这部分外币资产负债通常称为风险头寸、敞口或受险部分。

汇率敞口(Foreign Exchange Exposure)，又称受险部分，是指金融机构在外汇买卖中买卖未能抵消的那部分面临汇率变动风险的外币金额。具体来讲包括：在外汇交易中，风险头寸表现为外汇超买(即多头)或超卖(空头)部分；在企业经营中，风险头寸表现为外币资产负债不相匹配的部分，如外币资产大于或小于负债，或者外币资产与负债在数量上相同，但期限上不一致。

自1973年西方国家普遍实施浮动汇率制度以来，国际外汇市场动荡不定，汇率波动频繁剧烈，汇率风险问题引起高度重视。对外开放使得我国对外和涉外经济活动不断增加，特别是人民币实行有管理的浮动汇率制度以来，我国汇率风险日渐突出，成为不容忽视的问题。

## 二、汇率风险的成因分析

### (一)影响外汇供求变化的因素

从表面上看，外汇风险生于汇率变动，但汇率变动又受到外汇供求变化规律的支配。所以影响外汇供求变化的因素也就成为外汇风险产生的内在因素。这些因素包括以下几项。

(1) 经济发展状况。在纸币流通条件下，纸币只是充当价值符号，并无实际价值。纸币稳定与否取决于一国的经济发展状况。当一国经济发展稳定、国民收入稳步增长、财政收支平衡、货币供给适度时，其对内价值就稳定，其对外价值——汇率也会趋于稳定甚至坚挺；反之，当一国经济状况不佳时，汇率的对内价值与对外价值就难以确定。

(2) 物价水平变化。物价表现为一国货币的对内价值。在纸币流通条件下，流通中的货币量常与货币的实际需求量发生背离。如果一国货币流通量远大于实际需求量，必然会导致物价上涨、纸币贬值的结果，这就意味着货币的对内贬值，即本国货币汇率下跌。

(3) 国际收支变化。国际收支是一国在一定时期内对外经济贸易的系统记录与反映，其变化直接影响着汇率变动。一般来讲，国际收支逆差意味着外汇需求增加、供给减少，会导致外汇汇率的下跌和本币汇率的上升。当国家对本国汇率的管制较少时，这种变化的影响十分明显。

(4) 利率变化。利率是资金的使用价值，也是一国货币的时间价值，其升跌变化直接关系到资金供给者和使用者的收益与成本。较高的利率会加大信贷与投资的成本，从而起到缩小贷款与投资规模的作用，导致经济发展速度变慢，货币供给量减少，物价下跌，从而有利于出口，也会吸引大批套利资金涌入；较低的利率会缩小信贷与投资成本，从而使信贷与投资的规模扩大，货币供给量增加，经济发展速度加快和物价上涨，不利于出口，也会导致短期资金外逃。从长期的动态作用上看，利率变动会导致物价变动，物价变动会影响商品进出口贸易和国际资本的流入、流出，从而最终引起汇率的变动。

(5) 中央银行的干预。自从凯恩斯主义占据西方经济学主导地位后，政府在经济生活中扮演着很重要的角色，各国政府对经济的直接干预从来没有中断过。由于汇率变动对一国的国际收支、进出口贸易、资本流动等有着直接的影响，这种影响又会进一步波及国内的生产价格、投资收益与生产成本，所以各国政府为了避免汇率变动对本国经济造成不良影响，往往对汇率进行干预。即央行或运用外汇平准基金对汇率进行单独干预，或联合其他国家央行进行联合干预，使汇率达到预定的指标或可接受的水平。近些年来，由于外汇交易量的急剧扩大(全球范围内日交易量已超过 1 万亿美元)，外汇投机日益猖獗(占了外汇交易总量的 90%以上)，一国央行单独干预汇率往往力不从心，故多采取联合干预汇率的办法。如在 1994 年、1995 年，西方 7 国就多次联合干预美元与日元的汇率。

(6) 各国政府宏观经济政策的影响。各国宏观经济政策目标多表现为以下 4 个方面：增加就业、稳定物价、促进经济增长和保持国际收支平衡。汇率作为一国经济状况的一面"镜子"，它反映出一国宏观经济政策对经济增长率、物价上涨率、利息率和对外收支状况的影响。如 1975 年夏季的美元汇率下跌，西德马克汇率上涨，主要是由于西德的货币和财政"双紧"政策造成的。1980 年以后美元持续上升，则又与美国财政政策和货币政策的一"松"一"紧"有关。1981 年上半年美元汇率的反弹也与美国"紧"的货币政策有关。

### (二)经济主体的原因

(1) 以外币计价的资产或负债存在敞口。汇率风险是由经济主体中以外币表示的资产与负债不能相抵部分，即敞口部分造成的。

(2) 经济主体的跨货币交易行为。跨货币交易行为，即以外币进行交易，但却以本币核算效益的行为。经济主体可能发生各种以外币表示的收付，如应付外币款项，外币资金的借入、借出，以外币资金表示的对外投资等，这些交易除需用外币进行交易和完成结算外，还需要通过本币进行成本和收益核算。由于外币与本币之间的兑换率(即汇率)不断发生变化，于是就产生了汇率风险。

(3) 时间的影响。汇率风险的大小还与另一个因素——时间有密切联系。汇率变动总是与一定的时间相联系：在同一时间，汇率不可能发生变动；时间延续越长，则汇率变动的可能性越大，其可能发生的变动幅度也越大，相应的汇率风险也就越大。从经济主体外币交易的达成到结算的实际发生，均有一个时间期限问题。例如进出口交易的达成到外汇的实际收付、借贷协议的达成到贷款的提用以及本息的实际偿付、投资决策的产生到实际投入资金等。时间成为汇率风险构成中的另一个重要因素。

### (三)汇率风险的影响

汇率风险是汇率波动造成的一国未来收益变动的可能性，对国民经济的影响主要表现在宏观和微观两个层次。从宏观上看，汇率风险对一国国际贸易、国际收支、物价水平、外汇储备和就业等总量因素发生影响；从微观上看，汇率风险主要对企业的营运资金、收益、成本和经营战略产生影响。

前面已经提到，涉外经济部门及涉外企业由于在日常经济活动中涉及两种或两种以上的货币，因而不可避免地处于交易风险、折算风险、经济风险即汇率风险之中。实际上，纯国内企业也要受汇率风险的间接影响，原因在于纯国内企业的原料供应会受汇率变化的影响而发生价格变动，或者纯国内企业的产品要与进口的商品竞争，进口商品的数量与价格的变化就会影响到国内企业，而且纯国内企业往往不如涉外企业那样容易转嫁汇率风险，所承担的间接风险影响更大。

涉外企业主要指那些从事商品和劳务进出口业务的企业，从事国际生产许可证转让、国际特权转让及国际技术转让活动的企业，国际合资企业，从事外汇交易及国际投资和筹资活动的商业银行及其他金融机构。汇率风险对涉外企业的影响集中表现在以下三个方面：企业经营战略、业务安排和企业信用。

#### 1. 企业经营战略

企业经营战略是指企业人力、财力、物力的合理配置即产供销的总体安排。企业经营战略决定着企业的筹资与投资安排、生产布局、生产规模、销售渠道及利润分配。汇率风险给企业的产供销活动带来成本核算的不确定性，企业正常经营活动的预期收益因汇率波动而面临预料之外的损益，同时带来企业现金流量的增减变化，这些都会影响企业管理者的经营决策。如果汇率变动有利于企业的资金营运，企业就会采取大胆的、开拓的、冒险的经营战略，如扩大海外投资，扩大生产规模，开辟新产品、新市场等。汇率风险对企业经营战略的影响实际上关系到企业的兴衰成败。

#### 2. 业务安排

汇率波动对企业业务活动的正常运营有较大影响。对进出口企业来讲，汇率波动剧烈时，由于难以确定成本核算，企业或者观望，或者争取有利于自己的计价货币，造成谈判时间拖延、签约成交额下降；甚至在签约后，如果汇率变动超过预期的成本而导致企业可能亏损时，进出口企业往往寻找各种借口毁约，使外贸业务受损。对于商业银行、国际信托投资公司等金融机构，汇率波动出现一面倒趋势时，外汇买卖将减少，银行业务量将下降。汇率波动还会造成银行的债务人因无力偿还额外增加的债务负担而破产，银行呆账、坏账可能增加；汇率波动会引起大量投机和套期保值，要求银行具有更高超的风险头寸管理技巧，否则，银行就会面临灭顶之灾。因此，汇率风险促使银行不断完善自身的风险管理技巧，不断进行金融工具的创新。

### 3. 企业信用

信用是企业的无形资产，它取决于企业的规模、经营能力、盈利能力和经营环境等因素。企业信用等级越高，与之来往的客户对其信任程度就越高。信用等级高的企业能够以较低的成本筹集所需资金，能够获得较高的投资收益，还能够在商品买卖中赢得有利的交易条件。因此，企业信用如同企业生命，十分宝贵。汇率风险对企业资产负债表和损益表影响很大，因为涉外企业的业务一般涉及多种货币，而会计报表却只能用一种货币记账，故需要将其货币折算成记账货币，这种折算完全依赖于汇率变动。例如，1979 年上半年日本索尼公司在美国发行股票，需用美元报告资产负债和损益状况，尽管其实际经营利润比上一年同期增加了 98%，但实际报表却减少了 36%。因为 1979 年受汇率剧烈波动影响，其折算损失为 5 940 万美元，而一年前，索尼公司则有折算利润 2 640 万美元，前后相差 8 580 万美元。因此，如果按公司账面盈利能力来评定其信用等级，索尼公司的信用就会下降，进而影响到该公司的筹资及交易业务。

## 三、汇率风险的类型

根据汇率风险对经济主体、会计主体和经济单位的长期发展产生的不同影响，可分为不同的种类。

### (一)交易风险

交易风险是指以外币计价的未来应收款、应付款在以本币结算时由于汇率波动而使价值发生变化导致损失的可能性。交易风险是一种流量风险，是涉外计价活动中经常面临的风险，其本质是由于交易合同中的计价货币与本币不一致所带来的风险。当经济主体的外汇债券、债务已产生，而在汇率发生变动后才实际收付，交易风险就产生了。交易风险又可以进一步划分外汇买卖风险和交易结算风险。

### 1. 外汇买卖风险

外汇买卖风险又称金融性风险，是指由于进行外币买卖产生的外汇风险。银行在外汇买卖过程中会出现外汇空头头寸或多头头寸，空头外汇头寸的汇率在外汇头寸轧平日内上涨，使银行在轧平空头时蒙受多付本币的经济损失；多头外汇头寸的汇率在外汇头寸轧平日内下跌，使银行在轧平多头时蒙受少收本币的经济损失。

例 1：一家日本银行在买进 1000 万美元后，卖出 800 万美元，还剩下 200 万美元。通常将这 200 万美元称为多头，这种多头将来卖出时会因汇率水平变化而发生盈亏。如果当日收盘价为 1 美元和 150 日元，该银行卖出 200 万美元应收回 3 亿日元。如果第二天外汇市场美元兑日元比价跌至 1 美元和 120 日元，那么该行业只能收回 2.4 亿日元，损失 6000 万日元。

例 2：中国某金融机构在日本筹集一笔总额为 100 亿日元的资金，以此向国内某企业发放 10 年期美元固定利率贷款。按当时日元对美元汇率(1 美元合 200 日元)，该机构将 100 亿日元折合成 5000 万美元。10 年后，日元对美元汇率变成 1 美元合 110 日元，仅 100 亿日元的本金，就需要 9090.9 万美元。而该金融机构到期收回本金 5000 万美元与利息(按 17% 计)700 万美元，总计 5700 万美元，连借款的本金都难以弥补，这就是该金融机构因所借外币汇率上浮所蒙受的风险。

### 2. 交易结算风险

交易结算风险又称商业性汇率风险，是指以外币计价进行贸易及非贸易业务的一般企业所承担的汇率风险，是伴随商品及劳务买卖的外汇交易而发生的，主要由进出口商承担。交易结算风险是基于将来进行外汇交易而将本国货币与外国货币进行兑换，由于将来进行交易时所适用的汇率没有确定，因而存在风险。进出口商从签订合同到债券债务的清偿，通常要经历一段时间，而这段时间内汇率可能发生变动，于是，未结算的金额就成为承担风险的受险部分。

例 1：德国出口商输出价值 10 万美元的商品，在签订出口合同时，美元与欧元的汇价为 1 美元：0.9524 欧元，出口 10 万美元的商品，可换回 9.524 万欧元。但当货物装船时，美元汇价下跌，欧元上升，汇价变为 1 美元：0.9500 欧元，这样，德国出口商结汇时 10 万美元只能兑换成 9.5 万欧元，于是由于汇率波动使出口商损失了 240 欧元，结果他不能获得预期利润或只能获得较少的利润。在这里，签订合同时的 10 万美元金额便是该德国出口商的受险部分。

同样，进口商从签订合同到结算为止也要承担汇率风险，原理与出口商相同，只是汇率变动与出口商刚好相反。

如果进出口商在签订合同时不采用交易双方国的货币结算，而是采用第三国货币进行结算，第三国汇率的变动也同样使进出口商承担交易结算风险。

例 2：英国某进口商从德国进口机器零件，双方商定以美元计价结算。每个零件价格 1000 美元，签订合同时的汇价为 1 英镑：2 美元，英国进口商应支付 500 英镑方能兑换到 1000 美元。如果进口商将零件的国内售价定为 550 英镑，那么每个零件可获得 50 英镑的利润。但是合同到期结算时，英镑的汇价下跌，变为 1 英镑兑 1.9 美元，则 1000 美元的零件就要支付 526.3 英镑，如果按原定售价在国内销售，英国进口商只能获得 23.7 英镑的利润，结果其预期利润由于汇率变动而减少。这里，1000 美元一个零件便是英国进口商承担汇率风险的受险部分。

## (二)会计风险

会计风险也称为换算风险，是指跨国企业为了编制统一的财务报表，将以外币表示的财务报表用母公司的货币进行折算或合并时，由于汇率变动而产生的账面上的损益差异。虽然会计风险与交易风险不同，它仅仅是一种账面上的损益，但它却会影响到企业向股东和公众公布的财务报表数值，可能会招致股价和利润率的下跌，从而给企业带来融资能力等方面的障碍。外汇会计风险来源于会计制度的规定，并受不同国家会计制度的制约。公司在计算报表时，为了把原来用外币计量的资产、负债、收入和费用合并到本国货币账户内，必须把这些用外币计量的项目发生额用本国货币重新表述。这种称作折算的重新表述要按照公司所在国政府、会计协会和公司确定的有关规定进行。

### (三)经济风险

经济风险又称经营风险，是指由于外汇汇率变动使企业在将来特定时期的收益发生变化的可能性，即企业未来现金流量现值的损失程度。收益变动幅度的大小主要取决于汇率变动对企业产品数量及价格成本可能产生影响的程度。例如，当一国货币贬值时，出口商一方面因出口货物的外币价格下降有可能刺激出口，使其出口额增加而获益；另一方面，如果出口商在生产中所使用的主要原材料为进口品，因本国货币贬值会提高本币表示的进口品的价格，出口品的生产成本就会增加，结果该出口商将来的纯收入可能增加，也可能减少，该出口商的市场竞争能力及市场份额也将发生相应变化，进而影响到其生存与发展能力，此种风险就属于经济风险。

经济风险的避免很大程度上取决于企业的预测能力，预测的准确程度将直接影响该企业在生产、销售和融资等方面的战略决策。因此，它对企业的影响比交易风险和会计风险大，不但影响公司在国内的经济行为与效益，还直接影响到公司的涉外经营效益或投资效益。在各种汇率风险中，交易风险和经济风险是企业最主要的汇率风险。

# 模块二  汇率风险的度量

## 一、净外汇风险敞口

一家银行承受的某一币种的汇率风险可以由净外汇风险敞口来表示，即

净外汇风险敞口 i=(外币资产 i-外币负债 i)+(外币购入 i-外汇售出 i)

=净外币资产 i+净外汇购入 i

式中，i 为任何一种外币。

如果净外汇风险敞口为正数，意味着当外币对本币的币值下降时银行将面临外汇亏损；反之，如果净外汇风险敞口为负数，则当外币对本币的币值上升时，银行将面临外汇亏损。

许多商业银行作为外汇的交易商和自营商在外汇市场上扮演着十分重要的角色，它们以外币形式持有大量的资产和负债。显然，银行为了避免外汇风险，可以把它持有的某一币种的外币资产总额同该币种负债总额完全匹配，同时，把它购入和售出这种外币的数额完全匹配。或者，银行可以将它在某种外币买卖上存在的不匹配同它在该种外币资产和负债之间存在的不匹配相互抵消，从而使以该币种表示的净外汇风险敞口等于零。

## 二、汇率风险衡量

### (一)一般方法

为了度量一家银行因其外币资产和负债组合的不相匹配以及外汇买卖的不相匹配而可

能产生的外汇亏损或盈利，首先需要计算净外汇风险敞口，然后，将其折算成本币，再将它与汇率的预期变动联系起来，具体表示为

以本币计价的某种外币 i 的亏损或盈利=以本币计价的净风险敞口 i
×外币 i 的汇率变动值

该等式表明，银行在某一种外币上存在的净风险敞口越大，或者该种外币的汇率变动幅度越大，它潜在的以本币计价的亏损或盈余也越大。

### (二)不同汇率风险的度量方法

#### 1. 交易风险的度量

原则上，银行应当每天轧平所有的缺口头寸，避免不必要的外汇风险，保证赚取无风险的买卖差价收入。但是银行每天的外汇交易非常频繁，买卖的货币种类和期限非常多，轧平头寸不但要承担大量的交易成本，在现实中也是不可能的。因此，在银行的经营管理实务中，通常的做法是限定风险的大小，把风险控制在可承受的范围内。

(1) 缺口限额管理。

为了管理外汇缺口头寸，银行建立了外汇交易记录表，按照每种货币合约到期日记录每笔交易的外汇流量，这些头寸按币种和期限列示。如果在每一个到期日，所有货币外汇交易记录表上的买卖金额正好相等，则不管汇率发生什么变化，银行都没有任何资金损失，不存在汇率风险。如果某一种货币的交易记录中存在着金额或期限的不匹配，银行就存在外汇风险。

外汇交易记录是评估和管理外汇风险的重要工具。但是，外汇交易记录只有一个交易记录，它没有告诉我们目前外汇头寸的盈亏状况，难以体现汇率风险的总体状况。为了控制汇率波动造成外汇头寸的盈亏，银行应该用市场汇率重新估价外汇头寸，分析外汇头寸的盈亏情况。

(2) 风险价值(VAR)。

VAR 代表在一定置信水平和一定持有期内银行资产组合头寸所面临的最大潜在损失额。该方法 1993 年曾由 G-30 成员国推荐，现在被银行界广泛接受。VAR 方法实际上是在一定时间内，在一定概率分布情况下，给出风险的损失最多可能为多少。它充分考虑了金融资产对某种风险来源(如汇率、利率和股票价格指数等基础性金融变量)的敞口和市场逆向变化的可能性，以最简单的形式将不同市场因子、不同市场风险集成为一个值，较为准确地度量了由不同风险来源及其相互作用而产生的潜在损失，较好适应了金融市场发展的动态性、复杂性和全球整合型趋势。

利用 VAR 方法确定汇率风险，必须首先选择两个定量因素：持有期与置信水平。持有期是计算 VAR 的时间范围，选择持有期时，往往需要考虑四种因素：流动性、正态性、头寸调整和数据约束。

巴塞尔委员会规定的持有期标准是 10 天，置信水平为 99%，银行内部模型在此基础上计算的结果再乘以安全因子 3 就可得到监管意义上的最低资本要求。这样的决定是基于寻求监管成本与及早发现潜在问题所获收益之间的平衡作出的。根据不同的目的，不同银行机构选择不同的置信水平与持有期长度，比如，花旗银行使用 95.4%的置信区间与 30 天持有期长度，美洲银行与摩根大通都采用 95%的置信水平。

（3）极端测试法。

由于 VAR 对商业银行市场风险度量的有效性是建立在市场正常运行前提下，如果市场出现异常变化或极端情况，比如股票市场价格暴跌、金融危机造成外汇汇率暴跌等，极端测试将是有效弥补 VAR 缺陷的重要工具。所谓极端测试是指将商业银行置于某一特定的极端市场情况下，如利率骤升 150 个点、汇率贬值 10% 等异常的市场变化，然后测试该银行在这些关键市场变量情况下的表现情况。

相对于其他市场风险测量方法而言，极端测试具有自己的优点。由于极端测试对象建立在主管基础上，测试者自行决定市场变量及其测试幅度，因而可以模拟市场因素任何幅度的变动。同时，极端测试不需要明确得出发生某一类事件的可能性大小，因而没有必要对每一种变化确定一个概率，相对较少涉及复杂的数学知识，非常适合交流。另外，作为商业银行高级风险管理工具，极端测试可以为高层明确地指出导致资产组合价值发生变化的本质原因和风险因素。当困扰风险管理人的问题来自于一个或几个关键市场因素的波动时，极限测试往往是最佳选择。

（4）情景分析法。

风险价值反映了商业银行发生一定数量损失的可能性大小，极端测试则从不同风险要素角度提供商业银行可能发生的损失数额，但这两种方法都有可能忽略一个经济组织所面临的最大风险，即有潜在灾难性后果事件的发生。情景分析恰恰弥补了这一缺陷，不仅着眼于特定市场因素的波动所造成的影响，而且还从战略角度分析在特定背景下、特定时间内发生一系列偶然事件对商业银行的直接和间接影响，从而帮助银行对其长期的关键性薄弱层面作出评估。

具体而言，极端测试是通过一个或一组市场变量在短期内的特定波动进行假设分析，研究和衡量这组市场变量的异常变化给商业银行资产组合带来的风险，这是一个由下而上的过程，而且是一维的战术性风险管理办法；而情景分析假设的是更为广泛的情况，包括政治、经济、军事和自然灾害在内的投资环境，一旦环境变化，首先分析市场主要变量的可能变化，进而分析对商业银行资产组合的影响。可以看出，这是一个由上而下的过程，比较注意全面和长远的环境变化，属于多维战略性风险管理方法。

### 2. 经济风险度量

经济风险对企业的影响是长期的，而且是复杂且多层面的。对汇率变动引起的收益和成本的敏感性分析和回归分析是度量经济风险的常用方法。

（1）收益和成本的敏感性分析。

收益和成本的敏感性分析把现金流量按利润表的不同项目分类，并根据汇率预测情况对利润表的各个项目作出估计。企业的盈余能力和现金流量取决于原材料和产品的价格、销售以及各种费用，这些因素综合起来代表了企业的竞争力，汇率的变动正是通过改变各种价格对企业的竞争力产生影响的。

价格与销量的变动取决于决定价格的币种与需求弹性。如果企业产品的价格是由本币决定的，那么在本币与外币的汇率发生变动时，产品的本币价格将保持不变，在国内市场的销售不会受到直接影响，但是以外币表示的出口价格会由此而发生变动。如果外币价格降低了，将扩大产品出口销售，可能增加企业的本币收入；反之，可能减少企业的收入。产品价格也可能是由某种外币决定的，例如石油的美元价格变动通常是以其他货币标价的石油价格变动的依据。对于这种产品而言，其本币价格会因本币与该种货币的汇率变化而发生变化，而以该种外币表示的价格并不因此而改变。对于决定价格币种不同的产品而言，汇率变动对其国内外售价和销量的影响是不同的。

(2) 回归分析法。

企业较常用的另一种敏感性分析方法是回归分析法。这种方法利用已有的公司绩效变量(通常为现金流量和股票价格)和汇率的历史数据进行回归分析，测定企业的经济风险。这种方法的特点是具有客观性，只用历史数据来估计企业现金流量对于汇率变动的敏感性。相对来说，收益和成本敏感性分析要求企业管理人员作出许多主观的估计，这种估计有可能过度依赖于管理人员的个人看法。然而回归分析也有自身的缺陷，其不足之处在于，历史数据未必可以反映未来。这种测定的有效性虽然有限，但是为企业提供了分析问题的另一个角度。

### 3. 会计风险度量

由于企业的外币资产、负债、收益和支出等，都需要按照一定的会计准则将其折算为本国货币来表示，在折算过程中必然会暴露出货币汇率变动带来的风险。下面主要以编制合并会计报表时对子公司外币会计报表的折算来说明会计风险的评估。

外币会计报表折算方法可以分为单一汇率法和多种汇率法两种。前者主要以现行汇率对会计报表各项目进行折算，所以又称现行汇率法；后者指以不同汇率分别对会计报表有关项目进行折算，具体又进一步分为流动与非流动项目法、货币性与非货币性项目法以及时态法。

(1) 单一汇率法(现行汇率法)。

在单一汇率法下，除所有者权益项目以历史汇率进行折算外，外币会计报表中的资产、负债、费用等各项目均以现行汇率进行折算，现行汇率法也称期末汇率法。在现行汇率法下，收入、费用项目也可以采用会计期间的平均汇率进行折算。外币会计报表中产生的差额计入当期损益，或者在所有者权益项目下单列"外币会计报表折算差额"项目反映，并逐年累积下来。

用现行汇率法对外币会计报表进行折算实际上是将外币会计报表所有项目都乘以一个常数，只是改变外币会计报表的表现形式，并没有改变其中各项目之间的比例关系。现行汇率法实际上是以子公司的净资产为基准来衡量汇率变动影响的，因此，现行汇率法能够保持外币会计报表的内部结构和各项目之间的经济联系。不足之处在于，现行汇率法意味着被折算的表中各项目都承受着相同程度的汇率风险，但实际上企业资产、负债各项目承受的汇率风险是不一样的，对这些项目均以现行汇率进行折算并没有体现其差别。

(2) 多种汇率法。

① 流动与非流动项目法。流动与非流动项目法是将资产负债项目划分为流动项目和非流动项目两大类，并对之分别采用不同的汇率进行折算。对于流动资产和流动负债项目，按照资产负债表日的汇率计算；对于非流动的资产和负债，以及所有者权益中的实收资本、资本公积等项目，按照历史汇率进行折算；对于利润表各项目，除固定资产折旧费用和摊

销费用等按照相关资产入账时的历史汇率折算外，其他收入和费用各项目均按照当前的平均汇率折算。

② 货币性与非货币性项目法。货币性项目是指持有的货币以及将以固定金额或可确定金额收回的资产和负债。除此之外，则属于非货币性项目。该方法对货币性项目采用现行汇率折算，对非货币项目和所有者权益则采用历史汇率折算；对于利润表项目，除折旧费及摊销费按照有关资产的历史汇率折算外，所有收入和费用均以当期的平均汇率折算；销售成本项目则是在对期初存货、期末存货和当期购货分别进行折算的基础上，按照"期初存货＋当期购货－期末存货＝当期销货"等式计算确定的。其中，期初存货和期末存货按各自的历史汇率折算，当期购货按当期平均汇率折算。利率表项目的折算和流动与非流动项目下的折算方法基本相同。

③ 时态法。时态法是指对现金、应收及应付账款项目按现行汇率计算，对其他资产和负债项目则根据其性质分别按历史汇率或现行汇率折算。时态法也称为时间度量法，是针对货币性与非货币性项目法的不足提出来的。其理论依据是，外币会计报表的折算不应当改变会计报表所反映的经济事实，因此，在选择汇率时，只能改变计量单位，而不应该改变原有计量属性。按照时态法，外币会计报表的现金、应收应付项目采用现行汇率折算；对于按照历史成本反映的非货币性资产，采用历史汇率折算；对于现行成本反映的非货币性资产，采用现行汇率折算；对于所有者权益的项目，除未分配利润外，实收资本等均采用历史汇率折算，未分配利润则为轧算的平衡数；对于收入、费用项目，采用交易发生时的实际汇率折算；对于折旧费用、摊销费用以及销售成本，其折算方法和货币性与非货币性项目相同。

# 模块三　汇率风险控制技术

商业银行汇率风险管理，即对商业银行汇率风险的特征及成因进行识别与测定，并设计和选择防止或减少损失发生的处理方案，以最小成本达到风险处理的最佳效能。商业银行在进行汇率风险管理时必须遵循一定的原则，而且有着一般风险管理程序。

## 一、汇率风险管理的原则

在现代金融市场竞争中，商业银行为了充分利用有效信息，力争减少汇率波动带来的不利影响，在汇率风险管理中应该遵循以下原则。

### 1. 全面重视原则

全面重视原则要求商业银行树立风险管理意识，从管理战略上给予汇率风险管理高度重视，因为汇率风险有着不同的种类，有的企业只有交易风险，有的还有经济风险和折算风险。不同的汇率风险对企业的影响有差异，有的是有利的影响，有的是不利的影响，所以商业银行需要对外汇买卖、国际结算、会计折算、企业未来资金运营、国际筹资成本及跨国投资收益等项目下的汇率风险保持清醒的头脑，避免造成重大损失。

### 2. 收益最大化原则

这条原则是商业银行进行汇率风险管理的基石和出发点，也是商业银行具体的风险管理战术、选择汇率风险管理方法的准绳。汇率风险管理的本质是一种风险的转移或分摊。例如采用远期外汇交易、期权、互换、期货等金融工具进行套期保值，都可能支付一定的成本，以此为代价来固定未来的收益或支出。

### 3. 管理多样化原则

由于经营特点、经营范围、管理风险各不相同，涉及外币的波动性、外币净头寸、外币之间的相关性、汇率风险的大小都不一样，商业银行都应该具体情况具体分析，寻找最适合自身风险状况和管理需要的汇率风险战术及具体的管理方法。

## 二、汇率风险管理程序

汇率风险管理的基本程序包括四个方面：一是进行风险预测；二是进行风险识别、衡量、测定；三是设计、比较、选择风险管理措施；四是实施风险防范措施。

为汇率风险管理而进行的风险预测中，最重要的就是汇率预测，它是风险测定的基础，也为设计、比较、选择风险方法提供了必要的条件。汇率预测主要是预测不利的汇率波动发生的可能性。其预测范围决定于风险标的及风险延续的时间，其预测额度、预测形式及其精度，则依风险管理目标而定。汇率预测方法可以分为基础因素分析法、非基础因素分析法。基础因素分析法突出分析影响汇率的各种因素，如经济增长率、失业率、通货膨胀率、利率、货币供给量、国际收支情况、按购买力计算的基础汇率、各国货币政策和财政政策的变化、政治、心理等，并依据各种因素发生作用的方向和强度估计汇率的走势。非基础因素分析强调、突出过去汇率资料的作用，它不靠其他任何信息，只凭借汇率过去的变动趋势判断以后的汇率走向。

风险识别、衡量及风险测定即识别风险的种类，度量风险大小。它是风险管理的基础和前提条件。原则上，在直接标价法下，以本币表示的风险量等于汇率变动幅度与受险金额之积。汇率变动幅度实为风险终止日汇率(即结算日汇率)与受险起始日汇率(即签订合同日汇率或合同所定汇率)之差。然而，风险测定的先期性使人们或以同期的远期汇率，或以预测的同期汇率代替风险终止日汇率。为此，风险测定和汇率预测有着相似的命运，即作出阐述更难。

风险防范措施不仅是风险管理的主要标志，而且是必要标志。银行的汇率风险防范措施主要是对汇率风险敞口进行管理及运用金融衍生工具对汇率波动进行套取保值。

## 三、商业银行汇率风险的管理方法

汇率风险的损益仅是商业银行风险的一种可能性，并非必然发生。如果商业银行在可能性转化为现实之前采取相应的防范措施，就可以使相应的经济损失尽可能地控制在自身所承受的范围之内。从根本上讲，商业银行对汇率风险的规避可以从两个方面展开：其一是对汇率风险敞口进行管理的表内策略。通过外汇资产负债或外汇交易相互配置，使净受险头寸接近或等于零，从而规避汇率风险。其二是运用金融衍生工具进行套期保值。通过在表外建立外汇衍生交易头寸，使其方向与表内风险因素相反，规模相等，从而在汇价变动时，利用表外项目的盈利抵补表内项目的损失。

## (一)商业银行汇率风险管理的表内策略

商业银行汇率风险的表内管理是指在汇率风险形成之前采取相应的措施对汇率风险敞口或外汇头寸进行控制。其主要的控制方法包括交易货币选择以及敞口限额管理。

### 1. 交易货币选择

从理论上讲，交易货币由软硬之分。软货币是指该货币汇率不稳定而且有下浮的趋势，硬货币则是指该货币汇率较稳定，而且有上浮的趋势。一般来讲，商业银行在国际业务中的交易货币可以选择本国货币、交易对方货币和第三国货币。为了单位结算方便，交易货币一般要求是可以自由兑换的币种。交易货币的选择双方大多采取折中的方法，如选择一揽子货币、软硬货币搭配或双方都能接受的交易最频繁的货币。到目前为止，我国的人民币还不能完全自由兑换，因此，我国的商业银行只能选择交易对方国货币或第三国可自由兑换货币。

商业银行在选择交易货币时，应尽可能选择与原有债权债务相同的货币，这样可使自身资产负债在货币上相互匹配。即便货币不能完全相匹配，也应尽可能地选择交易最频繁的货币，最终减少资产、负债货币不匹配的汇率风险。除了考虑资产负债表外，商业银行在选择交易货币时，也应尽可能地选择优势货币即商业银行最擅长的交易货币。如无法选择最擅长货币，也尽可能地要求在合同中加列货币保值条款，作为货币保值的参照物。

### 2. 外汇风险头寸管理

对于银行持有的以外币的资产和负债而言，先按即期汇率折算为本币价值，然后计算出其净资产。

$$外汇净资产＝外汇资产－外汇负债$$

对于外汇交易头寸而言，假定即期汇率与远期汇率的价格易变性相等，将即期多头与远期多头加总，得到外币买入头寸；将即期空头和远期空头加总，得到外汇卖出头寸。将买入卖出头寸按交易成本折算为本币值，相减得出净外汇买入头寸。

$$净外汇买入头寸＝买入头寸－卖出头寸$$
$$外汇受险头寸＝外币净资产＋净外汇买入头寸$$
$$＝外币资产－外币负债＋外汇买入－外汇卖出$$
$$外汇风险损益＝外汇受险头寸×汇价易变性$$

可见，如果银行使其外币资产和外币负债相匹配，并能使交易账户上买入和卖出数量相匹配，就可以使净受险头寸为零，从而规避汇率风险，所以可以调整外币资产、外币负债、外币买入、外币卖出中的任何一项和任何几项来使净受险头寸等于零或接近于零。这种调整涉及两个问题：一是成本问题。一般而言，调整资产负债结构的成本较为高昂，耗时较长，调整外汇买卖数量的成本较为低廉。二是外币资产负债规模与银行总资产负债规模的关系较大，包括两个方面：数量比和结构比。显然，若外汇资产负债在总资产负债中所占的比重较大，其结构与总资产负债结构差异越大，则外汇资产负债的调整对银行的影响越大。换言之，外币资产负债结构调整可能规避了汇率风险，但同时使总资产负债的风险因素增大，如使持续期缺口变大。所以，表内管理不仅要比较各种调节手段的交易成本，还应考虑对整个机构运作的影响。此外，若即期交易与远期交易的汇价易变性不同，则依据观察可得出一个经验数字，对远期交易进行偏差调节，并纳入即期交易进行估算。

### (二)商业银行汇率风险管理的表外策略

商业银行汇率风险表外管理是在表外建立外汇衍生交易头寸，使其方向与表内风险因素相反，规模相等，从而在汇价变动时，利用表外项目的盈利抵补表外项目损失。具体操作是商业银行通过外汇市场上的金融衍生工具来对外汇风险敞口进行套期保值。

#### 1. 远期外汇合约

远期外汇合约是合约双方约定将来某一天或某一期限内，以事先约定的汇率买入或卖出一定数量外汇的协议。一般而言，银行进行远期外汇交易的目的是为了对即期外汇风险敞口进行保值，通过签订远期合约，将外汇风险转移出去。商业银行在进行现汇与期汇交易中，常常出现期汇与现汇的持有额在银行总的外汇持有额中出现风险敞口的现象，为避免汇率风险，商业银行进行远期外汇交易。如果商业银行即期外汇头寸为多头，便可在市场上卖出与多头金额相等的远期外汇；若为空头，则可买进与空头金额相等的远期外汇。通过远期外汇交易，商业银行在受险时间开始时就将远期汇率作为不同货币进行相互兑换的依据，使未来实际收益或实际成本由不确定因素转化为可通过远期汇率把握的确定因素，最终达到控制汇率风险的目的。银行进行远期外汇交易必须付出相应的成本，主要包括向外汇经纪商支付的佣金以及在交易过程中形成的外汇的升(贴)水。在买进(卖出)远期外汇时，如果所买进(卖出)的外币在远期汇率中对本币或其他外币升(贴)水，则升(贴)水即为交易的主要成本。

#### 2. 货币期货合约

货币期货合约是买卖双方达成的一项合约，依据此合约，在将来的某一天或之前，由卖方向买方按预定价格提供一定数量的货币。货币期货合约与远期外汇合约最大的区别在于货币期货合约是在交易所内交易的标准化合约。利用货币期货合约规避汇率风险的原理与远期合约基本类似，银行通过运用同时存在的现汇市场和外币期货市场，在外币期货市场上随时方便地进行"对冲"交易，即在期货市场上持有一个与将来在现汇市场上准备交易现汇相同数量和交易价格的期货合约，以避免汇率波动可能带来的损失。具体而言，有多头套期保值和空头套期保值两种策略。同样，商业银行在借助外币期货交易控制汇率风险时必须支出一定的成本。

#### 3. 货币期权

货币期权是指合同的买方具有在期满日或到期前某日，按约定汇价买入或卖出一定数量的某种外汇，但也可不履行合同的权利。货币期权分为两种：看涨货币期权和看跌货币期权。看涨货币期权是指期权的买方有权在合约到期日或之前，按约定汇价卖出一定数量的货币。相对于远期合约和货币期货合约而言，货币期权具有更大的灵活性，它为期权的买方提供了双保险。期权的买方可以在实际汇率变动对其有利时才履行合约，而当实际汇率变动对其不利时，则可不履行合约，止损是期权费。这样，期权的买方就将汇率风险限制在一定范围内，同时又能无限地获取收益。商业银行采取外币期权交易控制汇率风险时，须付出一定的成本。成本的构成随商业银行作为期权买方或卖方而有所不同。作为买方付出的成本主要包括向卖方支付的保险费、经纪商佣金、交易缴纳的保证金等，在受险时间内闲置的机会成本，选择不履行合约时，还必须考虑交易过程中外币的升(贴)水等。作为卖方付出的成本主要包括支付的经纪商佣金及保证金等，在受险时间内闲置的机会成本，买方履行合约时还必须考虑交易过程中外币的升(贴)水等。

### 4. 货币互换

货币互换是指在一定时期内，互换双方按某一不变汇率，直接或间接地交换不同币种货币的债务或债权。实际上，这是一种在期初双方按固定汇率交换不同货币资产的本金，然后分别为对方分期偿付利息的交易。货币互换包括四种组合：一种货币的固定利息互换另一种货币的固定利息；一种货币的固定利息互换另一种货币的浮动利息；一种货币的浮动利息互换另一种货币的固定利息；一种货币的浮动利息互换另一种货币的浮动利息。利用货币互换冲销汇率风险的基本原理在于：货币互换合约使银行的外币资产或负债全部或部分转化为本币资产或负债，从而减少外汇头寸的规模。商业银行借助货币互换，可将对自己不利的货币互换出去，再按照事先约定的汇率将有利的货币互换回来，使自身的实际收益或实际成本通过约定的汇率固定下来，从而控制汇率风险。货币互换业务的主要成本包括向中间商支付的启动费、外币升(贴)水，以及用本币或其他外币的利息去投资与用所借外币的利息去投资之间的利息差等。

### 5. 掉期外汇交易

掉期外汇交易是指商业银行在买入或卖出即期外汇或远期外汇的同时，卖出或买入币种相同、金额相同而交割日不同的即期外汇或远期外汇的交易。掉期交易的主要特点是：买进或卖出的货币数量相同，同时进行，但交易的期限结构不同。掉期交易有三种形式：即期对远期的交易、即期对即期的交易、远期对远期的交易。商业银行业务中常涉及外币收支，并且收支的日期大多不相匹配，在这种情况下可运用掉期外汇业务对汇率风险进行控制，通过运用远期汇率预先固定实际收益或实际成本。掉期交易可以改变银行的外汇交易头寸的期限结构，因而可规避因时间不同造成的汇率变动的风险。当汇率波动较为频繁，波幅变换较小时，运用掉期交易避险的灵敏性和可调性都相当突出。但是，同时，商业银行必须根据不同的组合来考察其成本，主要包括其交易成本、向外汇经纪商支付的佣金、外币升(贴)水，以及首先时间内本币投资与外币投资的利息差等。

# 案 例 讨 论

几年前，你还要用 800 多元人民币去兑换 100 美元，而今天，不到 700 元人民币就可以兑换到 100 美元。然而对于有些人来说，人民币对美元升值带来的却是压力。这些人中有外贸出口企业的老板及员工，有手中有美元还未结汇的市民。企业如何规避汇率风险，而手中尚有美元的市民又该如何理财以跑赢人民币的升值幅度呢？

"你说，到今年年底，人民币兑美元中间价有没有突破7.3？"昨日上午，李先生和同事讨论了人民币升值的问题。李先生是浦东区一家经营百货出口的外贸公司的业务主任，他和同事们养成了习惯，到办公室后要先打开财经网页看看汇率新闻和消息。

李先生告诉记者，现在外贸竞争非常激烈，美元贬值使得企业的毛利润又下降了好几个点，收益缩水，"人民币升值让我们外贸出口企业感受到了前所未有的压力"。

记者了解到，李先生所在的外贸出口企业年销售量在3 000万美元左右。以3 000万美元计算，在2005年7月汇改刚开始时，以1∶8.11的比率，3 000万美元能兑换人民币24 330万元；而按11月5日的1美元对人民币7.456 2元这个比例来计算，3 000万美元能兑换22 368.6万元。用两种比率计算，所兑换到的人民币相差1 961.4万元。

上海现有外贸进出口企业近千家，年进出口总额300多亿元，这个地方的企业尤其需要一些技巧来化解汇率变化造成的风险。那么，企业该用什么方法来规避汇率风险呢？

应对方法一：采用金融工具，如远期结售汇、货币掉期等。

目前，国内银行对出口企业提供的主要贸易融资品种有授信开证、出口押汇、外汇票据贴现、进口押汇和国际保理融资等。此外，从货币、外汇、股票、债券等传统金融产品中衍生出来的金融衍生产品，如远期、期货、掉期和期权等可以用于市场风险的规避。

"规避汇率风险的金融工具有不少，现阶段出口企业比较常用的是远期结售汇业务和货币掉期业务。"中行上海分行资金业务部高级经理告诉记者。

远期结售汇业务，简单说就是企业可以对未来将要发生的外汇收支提前敲定汇价，远期结售汇业务主要就是锁定汇率，操作相对简单。那具体该如何操作呢？举一个例子：如果一家出口企业在今年3月中旬办了4个月的远期结汇业务，到期是7月中旬，当时报4个月远期结汇价是764.78元(即100美元兑换746.78元人民币)。随后人民币对美元持续升值，结果到了今年7月中旬，这家出口企业发现当日的结汇价格是755.10元。

"这么说吧，这家企业若在3月份没有办法办理远期结汇业务，那么7月结汇日那天最多只能按照755.10元的价格来结汇，100万美元只能兑换755.10万元人民币。"

再来说说货币掉期业务，让我们同样以举例的方式来了解这个业务。假设宁波市的一家贸易公司向美国进口产品，支付货款100万美元；略作加工后，加工费赚5%，准备做加工贸易，6个月后，该公司可以通过出口收到105万美元。若当时的美元兑人民币为7.8，公司需以780万元人民币购买100万美元。6个月后收到美元时，如果人民币升值至7.3，公司就只能收回766万元人民币。加工贸易的利润5%全被升值吃光了，加工贸易不赚钱。

应对方法二：采用非金融手段，如早收迟付、换结算货币。

记者在采访中看到，有些企业出于费用的考虑没有使用银行提供的金融避险工具，但它们另外找到了一些规避汇率风险的手段。

慈溪一家电器企业负责人于先生认为，企业要学会向外商转移汇率成本。"我就跟客户说，人民币对美元升值这个问题双方要一起面对，我们签合同时约定价格按实时汇率进行结算，否则我们辛辛苦苦赚来的钱可能就被人民币升值给消耗掉了"。这位负责人表示，只要企业的产品有竞争力，出口企业通过重新谈判，向外商或生产厂家转移成本是行得通的。

记者了解到，宁波的一些外贸出口型企业已经开始在合同中附加相关汇率条款，若遇到老客户、大客户，公司就会考虑在合同中与对方约定汇率变化范围，明确人民币升值风险的分担，或者明确在供货期内人民币升值到某个幅度时，价格进行重新调整。

　　"既然美元是弱势货币，以美元结算的企业要遭受损失，那么何不换一种结算货币呢？"这一想法得到了部分人士的认可。记者了解到，目前已经有一些企业的负责人通过调整结算币种的方式来规避结汇风险了，随着人民币对美元不断升值，欧元、英镑等货币也成为外贸企业的结算币种。

（资料来源：《人民币汇率"破7"：考验中国百姓理财眼界》

新华网上海 2008 年 4 月 10 日　　记者：潘清　岳瑞芳)

**问题：**

1. 结合案例内容总结出口企业降低汇率风险的方法。

2. 总结汇率波动会对企业造成哪些金融风险。

# 项 目 总 结

　　本章通过汇率风险管理详细地介绍了汇率的概念、类型，阐述了汇率风险形成的具体原因，并针对汇率风险的度量做了系统的介绍，最后结合汇率风险的类型提出了合理规避汇率风险的方法。

# 单 元 练 习

## 一、名词解释

汇率风险　　交易风险　　会计风险　　经济风险　　套期保值

## 二、填空题

　　1. 外汇风险有狭义和广义之分，前者是指＿＿＿＿＿＿＿＿＿；而后者除了汇率风险以外，还包括＿＿＿＿＿＿、＿＿＿＿＿＿＿以及外汇交易风险等。

　　2. 根据汇率风险对经济主体、会计主体和经济主体的长期发展产生的不同影响，可分为不同的种类：＿＿＿＿＿＿、＿＿＿＿＿＿＿和＿＿＿＿＿＿＿。

　　3. 如果净外汇风险敞口为＿＿＿＿，意味着当外币对本币的币值下降时银行将面临外汇亏损；反之，如果净外汇风险敞口为＿＿＿＿＿，则当外币对本币的币值上升时，银行将面临外汇亏损。

　　4. 持有期是计算 VAR 的时间范围，选择持有期时，往往需要考虑四种因素：＿＿＿＿＿＿、＿＿＿＿＿＿＿＿、＿＿＿＿＿＿和＿＿＿＿＿＿＿。

　　5、汇率预测方法可以分为＿＿＿＿＿＿＿＿和＿＿＿＿＿＿＿＿。

## 三、选择题

　　1.　影响外汇供求变化的因素有：经济发展状况、物价水平变化和(　　　)。

　　　　A. 国际收支变化　　　　　　　　　　B. 利率变化

C. 中央银行的干预　　　　　　　　　D. 各国政府宏观经济政策的影响

2. 为汇率风险管理进行的风险预测中，最重要的就是(　　)预测，它是风险测定的基础，也为设计、比较、选择风险方法提供了必要的条件

A. 利率　　　　　B. 利率变化　　　　C. 汇率　　　　　D. 宏观政策

3. 出口收汇的计价货币要尽量选择(　　)。

A. 软币　　　　　B. 硬币　　　　　C. 黄金　　　　　D. 篮子货币

4. 掉期交易有三种形式，即(　　)。

A. 即期对远期的交易　　　　　　　　B. 即期对即期的交易

C. 远期对远期的交易　　　　　　　　D. 远期对即期的交易

## 四、判断题

1. 信用是企业的有形资产，它取决于企业的规模、经营能力、盈利能力和经理形象等因素。　　　　　　　　　　　　　　　　　　　　　　　　　　　　(　　)

2. 交易风险是指以本币计价的未来应收款、应付款在以外币结算时由于汇率波动而使价值发生变化导致损失的可能性。　　　　　　　　　　　　　　　　　　(　　)

3. 外汇买卖的风险又称金融性风险，是指由于进行外币买卖产生的外汇风险。(　　)

4. 会计风险也称为换算风险，是指跨国企业为了编制统一的财务报表，将以本币表示的财务报表用母公司的货币进行折算或合并时，由于利率变动而产生的账面上的损益差异。
　　　　　　　　　　　　　　　　　　　　　　　　　　　　　　　　　(　　)

5. 经济风险又称经营风险，是指由于外汇汇率变动使企业在将来特定时期的收益发生变化的可能性，即企业未来现金流量的现值的损失程度。　　　　　　　　(　　)

## 五、问答题

1. 汇率风险产生的原因是什么？

2. 汇率风险可分为哪几种类别？

3. 采用哪几种方法对汇率风险进行衡量？

4. 如何对汇率风险进行控制？

# 课 外 活 动

请结合已学习的汇率风险分析对我国外贸行业现存的风险进行讨论、分析，阐明风险种类，并提出解决方案。

# 项目七　信用风险管理

**案例导入：**

### 标普：中国贷款飙升意味着银行信用风险上升

中国不得不为经济刺激政策付出代价，目前的问题是何时与怎样付出代价。标准普尔评级机构在近期发布的一份题为"我们是否知道中国将何时为其经济刺激政策承担成本？"的报告中如此认为。

该报告认为，2009—2010年期间中国银行业贷款规模增长近60%，从而免于陷入经济衰退。但贷款的飙升意味着银行贷款的信用风险上升，从而可能推动不良贷款上升。如果这一假设成真，则中国政府债务负担将增加，因为它要消化这些坏账的部分成本。

标准普尔信用分析师陈锦荣表示："但上述情况尚未出现。截至2012年年末中资商业银行公布的不良贷款率仍低于1%。中国决策者承认杠杆性最近几年的上升带来风险，但他们认为这种风险完全处于可控水平。"

陈锦荣指出，政府通过财政转移和专门措施来帮助那些财务状况疲弱的国有企业。这些措施可能防止地方政府融资平台出现大规模违约，这些平台公司通过借款支持地方政府主导的项目建设。

陈锦荣表示："即使这样，我们相信部分此类地方政府融资平台仍将出现违约。但具有系统重要性的商业银行不会受这种不良贷款的影响出现不稳定。"

即使最好情景中不良贷款没有出现飙升，这也不意味着2009年的经济刺激政策是没有成本的。这只不过意味着，经济体内的其他组成部分，而非银行，支付这种成本。这也意味着市场扭曲成为必然。

陈锦荣表示："如果中国不良贷款保持在较低水平，原因可能不是外部人士低估了2009—2010年期间发放贷款的信用质量，而是他们低估了中国主管机构重新分配资源来防止政府相关借款人出现大规模违约的意愿。"

（资料来源：网易财经，2013-04-22）

**问题：**

1. 简单分析一下为什么贷款飙升可能带来银行信用风险的上升。
2. 为什么地方融资平台的违约给大银行带来的影响会较小？
3. 本文是否暗示了政府行政力量可以减少银行的信用风险，为什么？

**知识目标：**

1. 掌握信用风险管理的主要措施。
2. 了解信用风险的形成原因。
3. 了解信用风险内部评级法。

**能力目标：**

1. 熟悉信用风险控制技术。

2. 熟悉信用风险资产证券化过程。

**关键词：** 信用风险、信用悖论、信息不对称、内部评级法、信用风险资本、审贷分离、分级审批、资产证券化、贷款五级分类

# 模块一　信用风险的形成原因与类型

## 一、信用风险概念界定

信用风险是金融市场中最古老也是最重要的金融风险之一。它随着信贷的发生而产生，直到这笔贷款的本金和利息完全归还或者发生违约冲销坏账准备而结束。信用风险有狭义和广义之分，狭义上的信用风险是指信贷风险，广义上的信用风险指所有因客户违约(不守信)所引起的风险。如贷款业务中的借款人不按时付息引起的资产质量恶化；储蓄业务中的存款人大量提前取款形成挤兑、造成支付困难；表外业务中交易对手违约引致或由负债转化为表内负债等。

### (一)信用风险的现代概念

从金融机构组合投资角度出发，信用资产组合不仅仅因为交易对手(包括贷款借款人、债券发行人等)的直接违约而发生损失，而且交易对手履约可能性的变动也会给组合带来风险。如在西方信用衍生品市场上，信用产品的市场价格是随着借款人的还款能力的变化而不断变动的，这样借款人信用状况的变动也会随时影响银行资产的市场价值，而不仅仅在违约时出现。因此，现代意义上的金融机构信用风险不仅包括违约风险，还包括由于交易对手(债务人)信用状况的变化和履约能力的变化导致金融机构资产价值发生变动引起损失的风险。

### (二)信用风险区别于信贷风险

信贷风险是指在信贷过程中，由于宏观经济和个体经营的诸多不确定性因素，使得借款人不能按时偿还贷款，造成银行贷款本金、利息损失的可能性。信贷风险是狭义的信用风险。对于商业银行来说，信贷风险和信用风险的主体一致，即均是由于债务人信用状况发生变动给银行经营带来风险。两者的区别在于其所包含的金融资产范围不一样，信用风险不仅包括贷款风险，还包括存在于其他表内、表外业务(如贷款承诺、证券投资、金融衍生工具)中的风险。由于贷款业务是我国商业银行的主要盈利业务，所以信贷风险是银行信用风险管理的最主要对象。

### (三)信用风险的特点

#### 1. 非系统性特征

信用风险的非系统性风险特征非常明显，尽管借款人的还款能力受到宏观经济形势如经济周期、经济危机等系统性风险的影响，但它更是取决于与借款人相关的非系统性风险

因素，如借款人的财务状况、经营能力、还款意愿等。基于资产组合理论的资本资产定价模型(CAPM)和基于组合套利原理的套利定价模型都只对系统性风险因素定价，信用风险作为一种非系统性风险无法在这些模型中体现出来，而且这些理论认为非系统风险可以通过充分多样化的投资被完全分散，信用风险也可以通过多样化投资完全分散掉。

### 2. 信用风险概率分布的有偏性

由于市场价格(如利率、汇率、股票价格和商品价格)的不利变动而使银行表内业务和表外业务发生损失的可能性称为市场风险，市场价格的波动是以价格期望值为中心进行的，因此市场风险的概率分布相对来说是对称的，可以用正态分布曲线来描述。相比较而言，信用风险的分布则是不对称，是有偏的。原因在于信贷风险，即一方面银行在贷款合约期限内有极大可能收回贷款并获得事先约定的利息收入；另一方面贷款一旦违约，银行就会面临较大损失，这个损失远比利息收入要高。也就是说，企业小概率违约产生的巨大损失与较大可能的约定收益间的不对称性，形成了信用风险概率分布曲线向左倾斜，并在左侧出现厚尾现象，如图 7-1 所示。

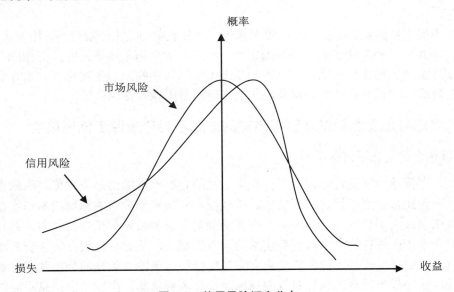

图 7-1　信用风险概率分布

### 3. 信用悖论现象

理论上规避信用风险的一个好方法是投资分散化。适当分散投资有利于减少非系统性风险，从而降低投资组合的整体风险。但是对于大多数没有信用评级的中小企业而言，银行对于其信用状况的了解完全是通过长期的业务关系形成的，这种信息获取方式注定了银行发放贷款时会倾向于老客户，难以分散贷款分布。银行会将其授信对象集中于自己比较了解和擅长的某些领域和行业，这也不利于分散投资。另外，分散化原则使银行难以获取规模效益，银行需要在降低信用风险和获得规模效应压缩成本之间作出适当调整。这些都最终导致银行明知在信贷投放和其他投资活动中应遵循分散化投资的原则，但是又很难做到分散化的"信用悖论"现象。

### 4. 信用风险数据获取困难

首先，在我国贷款等信用资产的流动性差，缺乏公开的二级交易市场，没有较明显的信用资产市场价格来反映信用风险的变化。其次，银行的信贷资产一般采用账面价值记账法，当贷款违约时这个账面价值是难以全面反映信用风险大小的。再次，由于银行和客户之间存在信息不对称，银行要直接观察贷款客户的信用风险变化也是困难的。最后，贷款持有期一般较长，到期出现违约的频率也比市场价格波动带来的市场风险观察数据要少很多，历史数据量积累少，一些风险计量模型无法应用。

## 二、信用风险形成原因

### (一)信用活动中存在很多不确定性因素

外在不确定性因素：金融机构之外经济运行中出现的随机性、偶然性变化或不可预测的趋势，如宏观经济走势、市场资金供求状况、政治局势、技术和资源条件、国外金融市场冲击等。

内在不确定性因素：借贷企业的管理水平、产品竞争力、生产规模、信用等级变化等。

无论是外在不确定性还是内在不确定性，都是金融机构很难掌控的，但相应产生的信用风险却要金融机构完全承受，在某种程度上形成风险和收益的不对称性。银行必须在信用风险管理成本和相应收益之间权衡，作出正确的信用风险管理决策。

### (二)银行与企业之间以及银行内部的信息不对称加深了信用风险

#### 1. 银企之间信息不对称

首先，在贷款合同签订之前，银行和企业之间存在严重的信息不对称。借款企业作为借款人，一定比银行更了解自己真实的财务状况，包括投资项目的预期成本和收益以及投资风险等信息。为了贷款成功，企业有掩盖扮靓自身财务报表和报告的动力，并且财务状况越差的企业，向银行提供虚假财务信息的可能性越高，从而导致银行贷款资产承担巨大的信用风险。银行只有通过提高贷款利率来补偿这种高风险。较高的贷款利率将逼退那些低风险低回报的投资项目，银行贷款向高风险投资项目聚集，出现由于信息不对称带来的"逆向选择"现象，银行贷款整体风险水平提高，银行呆坏账概率增大。

其次，在贷款合同签订后，企业作为借贷资金的使用者，对资金实际用途拥有完备信息，而银行对贷出资金的使用监控存在信息不对称，只能间接通过其他财务信息了解资金使用情况，这就为企业对贷出资金非正常使用提供了机会。当企业遇到更高收益的投资项目时，倾向于违反贷款合同规定用途，将贷款资金转向这样的项目，形成由于企业利用借贷关系信息不对称产生的"道德风险"。高收益往往伴随着高风险，一方面收益由企业独自获得；另一方面银行在利息收入不变的情况下承担了额外的风险，使银行贷款的信用风险增加。

#### 2. 银行内部存在信息不对称

商业银行内部的上级行和下级行、行长和信贷员之间的委托代理关系中存在信息不对称。我国商业银行信贷业务一般实行分级审批制度，下级行达到一定额度的信贷合同需要上级行批准。由于地区经济发展差异，本地的优质客户，若以上级行标准考察，则可能成为劣质客户不予授信。这可能会影响下级行的业务发展，降低其同业竞争力。为避免这种情况出现，下级行会倾向于隐瞒不利于上级行审批贷款的信息，形成上下级行之间信息不对称，影响分级审批制度的实行效果，造成信贷投放的不可控。

在资金短缺的资本市场，借款人寻租、贷款发放人接受寻租是经常发生的现象，银行对此存在信息不对称，也会造成信贷资金较高的信用风险。

## 三、信用风险的类型

按照业务特点和风险特性不同，商业银行信用风险可以作以下分类。对不同类型信用风险，可以采取相应的风险识别和分析方法，在这里作一简单说明。

### (一)单一法人客户信用风险

商业银行对单一法人客户进行信用风险识别和分析时，必须对客户的基本情况和与银行业务相关的信息进行全面了解，以判断客户类型、经营情况、信用状况等。银行会从法人客户的财务状况、非财务因素和担保情况三个方面考查其信用水平。

财务状况分析是通过对企业的经营成果、财务状况，以及现金流量进行分析，达到评价企业经营管理者的管理业绩、经营效率，进而识别企业信用风险的目的。对法人客户的财务状况分析主要采取财务报表分析、财务比率分析及现金流量分析三种方法。

非财务因素分析是信用风险分析过程中的重要组成部分，与财务分析相互印证、互为补充。考察和分析企业的非财务因素，主要从管理层风险、行业风险、生产和经营风险，宏观经济、社会及自然环境等方面进行分析和判断。

担保是指为维护债权人和其他当事人的合法权益，提高贷款偿还的可能性，降低商业银行资金损失的风险，由借款人或第三方对贷款本息的偿还或其他授信产品提供的一种附加保障，为商业银行提供一个可以影响或控制的潜在还款来源。商业银行与借款人及第三方签订担保协议后，当借款人财务状况恶化、违反借款合同或无法偿还贷款本息时，商业银行可以通过执行担保来争取贷款本息的最终偿还或减少损失。担保方式主要有：保证、抵押、质押、留置和定金。

### (二)集团法人客户信用风险

集团法人客户是指具有以下特征的商业银行的企事业法人授信对象。

(1) 在股权上或者经营决策上直接或间接控制其他企事业法人或被其他企事业法人控制的。

(2) 共同被第三方企事业法人所控制的。

(3) 主要投资者个人、关键管理人员或与其近亲属(包括三代以内直系亲属关系和两代以内旁系亲属关系)共同直接控制或间接控制的。

(4) 存在其他关联关系，可能不按公允价格原则转移资产和利润，商业银行认为应视同集团客户进行授信管理的。

上述所指企事业法人包括除商业银行以外的其他金融机构。商业银行首先应当参照单一法人客户信用风险识别和分析方法，对集团法人客户的基本信息、经营状况、财务状况、非财务因素及担保状况等进行逐项分析，以识别其潜在的信用风险。其次，集团法人客户通常更为复杂，因此需要更加全面、深入地分析和了解，特别是对集团内各关联方之间的关联交易进行正确的分析和判断至关重要。

关联交易是指发生在集团内关联方之间的有关转移权利或义务的事项安排。关联方是指在财务和经营决策中，与他方之间存在直接或间接控制关系或重大影响关系的企事业法人。国家控制的企业间不应当仅仅因为彼此同受国家控制而成为关联方。分析企业集团内的关联交易时，首先应全面了解集团的股权结构，找到企业集团的最终控制人和所有关联方，然后对关联方之间的交易是否属于正常交易进行判断。

与单一法人客户相比，集团法人客户的信用风险具有以下明显特征。

### 1. 内部关联交易频繁

集团法人客户内部进行关联交易的基本动机之一是实现整个集团公司的统一管理和控制，动机之二是通过关联交易来规避政策障碍和粉饰财务报表。关联交易的复杂性和频繁性使得商业银行很难及时发现风险隐患并采取有效措施进行控制。

### 2. 连环担保十分普遍

关联方通常采用连环担保的形式申请银行贷款，虽然符合相关法律规定，但一方面企业集团频繁的关联交易孕育着经营风险；另一方面，信用风险通过贷款担保链条在企业集团内部循环传递、放大，贷款实质上处于担保不足或无担保状态。

### 3. 真实财务状况难以掌握

现实中，企业集团往往根据需要随意调节合并报表的关键数据。例如，合并报表与承贷主体报表不分；制作合并报表未剔除集团关联企业之间的投资款项、应收或应付款项；人为夸大承贷主体的资产、销售收入和利润；母公司财务报告未披露关联方之间的关联交易、相互担保情况等，导致商业银行很难准确掌握客户的真实财务状况。

### 4. 系统性风险较高

为追求规模效应，一些企业集团往往利用其控股地位调动关联方资金，并利用集团规模优势取得大量银行贷款，过度负债，盲目投资，涉足自己不熟悉的行业和区域。随着业务扩张，巨额资本形成很长的资金链条在各关联方之间不断流转。一旦资金链条中的某一环节发生问题或断裂，就可能引发关联方多米诺骨牌式的崩溃，引发系统性风险并造成严重的信用风险损失。

### 5. 风险识别和贷后管理难度大

由于集团法人客户经营规模大、结构复杂，商业银行很难在短时间内对其经营状况作出准确的评价。一方面，跨行业经营是集团法人客户的普遍现象，在客观上增加了银行信贷资产所承担的行业风险；另一方面，大部分企业集团从事跨区域甚至跨国经营，对内融资和对外融资通盘运筹，常常使得银行贷款的承贷主体与实际用贷主体相分离，进一步增加了商业银行贷后管理的难度。

## (三)个人客户信用风险

个人贷款业务所面对的客户主要是自然人,其特点是单笔业务资金规模小但数量巨大。商业银行在对个人客户的信用风险进行识别和分析时,需要个人客户提供各种能够证明个人年龄、职业、收入、财产、信用记录、教育背景等的相关资料。

(1) 借款人的资信情况调查。

(2) 借款人的资产和负债情况调查。

(3) 贷款用途及还款来源的调查。

(4) 对担保方式的调查。

目前很多商业银行已经开始使用个人客户贷款申请/受理信息系统,直接将客户的相关信息输入个人信用评分系统,由系统自动进行分析处理和评分,根据评分结果即可基本作出是否贷款的决定。

目前我国个人信贷产品可以分为个人住房按揭贷款和个人零售贷款两类。

(1) 个人住房按揭贷款的风险分析。

① 经销商风险:

经销商不具备销售资格或违反法律规定,导致销售行为、销售合同无效;

经销商在商品房合同下出现违约,导致购买者(借款人)违约;

经销商在进行高度负债经营时,存在卷款外逃风险。

② "假按揭"风险:

在后文案例中将介绍"假按揭"的表现形式,采取这种方式,购房人实际上未向开发商支付一分钱的首付款,而商业银行要向购房人提供售房总价100%的借款。

③ 由于房产价值下跌而导致超额抵押值不足的风险。

④ 借款人的经济状况变动风险。

(2) 个人零售贷款的风险分析。

个人零售贷款包括汽车消费贷款、信用卡消费贷款、助学贷款、留学贷款、助业贷款等多种方式,其风险主要表现在以下方面。

① 借款人的真实收入状况难以掌握,尤其是无固定职业者和自由职业者。

② 借款人的偿债能力有可能不稳定。

③ 贷款购买的商品质量有问题或价格下跌导致消费者不愿履约。

④ 抵押权益实现困难。

由于个人贷款的抵押权实现困难,商业银行应当高度重视借款人的第一还款来源,要求借款人以不影响其正常生活的、可变现的财产作抵押,并且要求借款人购买财产保险。

## (四)贷款组合信用风险

贷款组合内的各单笔贷款之间通常存在一定程度的相关性。例如,如果两笔贷款的信用风险随着风险因素的变化同时上升或下降,则两笔贷款是正相关的,即同时发生风险损失的可能性比较大;如果一个风险下降而另一个风险上升,则两笔贷款就是负相关的,即同时发生风险损失的可能性比较小。因为存在这种相关性,贷款组合的整体风险小于单笔贷款信用风险的简单加总。通过将贷款资产分散于相关性较小或负相关的不同行业、地区、贷款种类的借款人，有助于降低商业银行贷款组合的整体风险。

与单笔贷款业务的信用风险识别不同，商业银行在识别和分析贷款组合的信用风险时，应当更多地关注以下几种系统性风险可能造成的影响。

(1) 宏观经济因素。

(2) 行业风险。

(3) 区域风险。

# 模块二　信用风险的度量

信用风险的度量分为定性分析和定量分析两种。传统的专家判断法属于定性分析，现代度量方法属于定量分析。用传统定性分析方法度量信用风险的历史悠久，方法很多，不同的评级机构有自己的一套信用风险度量标准。由于标准不明确也不统一，容易造成对同一家企业，不同的评级机构给出的信用等级可能会不一致，这是传统信用风险度量的一个缺陷。一些大型银行和金融机构依据自身掌握的大量信用风险历史数据和现代计算机信息技术，开发出了现代信用风险度量模型，这里我们将介绍最有影响力的四种模型：J.P.摩根的 Credit Metrics 模型、瑞士银行的 Credit Risk + 模型、麦肯锡公司的 Credit Portfolio View 模型和 KMV 公司的 KMV 模型。

## 一、信用风险传统度量方法

### (一)专家判断法

商业银行的信贷人员经过长期的信贷审查活动，会积累很多的信用风险经验，结合银行制定的信贷审查程序，可以一定程度判断出某笔信贷合同的信贷风险水平并决定是否发放贷款，这就是专家判断法。这种方法的准确程度依赖于信贷人员的专业知识、主观判断以及某些关键要素的权重是否精确。

西方商业银行在多年的信贷审查实践中逐渐形成一整套衡量标准，即通常所称的贷款审查"5C"原则。

(1) 品德(Character)：主要考查借款人的偿债意愿及诚意。信贷人员需要确定借款人对贷款资金使用是否有明确的、符合银行贷款政策的目的。如果借款人是个体自然人，需要考察此人的工作作风、个人交往、在企业和社会中的声望、生活方式和诚信记录等内容；如果借款人是企业法人，需要考查其负责人的品德、企业管理水平、经营方针和资金运用等方面是否健全。

(2) 能力(Capacity)：主要考查借款人偿还贷款的能力，信贷人员需要根据借款人的企业实力、经营状况、财务状况等方面来评定。

(3) 资本(Capital)：主要考查借款人是否具有足够的资本实力以及变现能力如何。信贷人员分析借款人资本实力时，注重其在还本付息期间，是否有足够现金流量来偿还贷款。另外，信贷人员还要分析借款人股东股权分布状况以及财务杠杆状况，因为借款人拥有自有资本的多少在某种程度上是衡量其经济实力的重要方面。

(4) 担保(Collateral)：主要是指借款人的担保品或保证人。对于担保品，信贷人员需要注意考查该担保品的价值、已使用年限、专业化程度、市场流动性和是否投保等；对于保证人，信贷人员需要考查保证人的资金实力和诚信记录等。

(5) 经营环境(Condition)：主要指借款人的自身经营条件和所处的商业环境。前者包括企业的经营特点、经营方式、技术情况、竞争地位、市场份额、劳资关系等；后者涉及范围更广，大至政局变动、社会环境、商业周期、通货膨胀、国民收入水平、产业结构调整等，小至本行业发展趋势、同业竞争状况、原材料价格变动、市场需求转换等。

对比上述主观性很强的"5C"标准，信贷人员在信用分析中常用的财务指标则显得比较客观。根据财务指标的综合分析，可以对借款人的信用状况有一个全面的了解。常用的财务指标有经营业绩(净收入/销售收入、实际有效税率、净收入/总资产价值)、偿债保障程度[(活动现金流量−资本支出−股息)/利息支付]、财务杠杆情况(长期债务/资本总额、总负债额/有形净值、流动负债/有形净值)、流动性(流动比率、速动比率、存货占净流动资本比率、流动负债占存货比率)、应收账款状况(应收款的平均回收期限)。

信用风险评级作为常用的信用风险评估方法，其评估结果要取决于很多因素，通常都不是利用正规模型计算的结果。本质上，评级体系依靠的是对所有因素的全面考虑以及分析人员的经验，很显然，评级结果在一定程度上依赖于评级人员的主观判断。当前银行界常用的 OCC 评级方法把贷款信用风险等级分为 1～10 个级别，分别为 AAA、AA、A、BBB、BB、B、CCC、CC、C、D。其中 3A 级别最高，表示风险最小；D 级别最低，风险最大；前六个级别为合格级别；后四个级别为代表低质量贷款。这种评级方法也应用于债券评级中。目前国际上公认的最具权威性的专业信用评级机构只有三家，分别是美国标准·普尔公司和穆迪投资服务公司和惠誉国际信用评级有限公司。

## (二)评分模型

信用评分模型属于定量模型。它可以根据所了解的借款者特征，计算出一个代表借款申请者违约概率的分数，或者将借款人归入不同的违约风险等级中。信用评分的主要好处在于，贷款人不必使用更多的资源就可以比较准确地预测借款人的业绩。这种企业贷款信用评分模型考虑到了所有必要的监管变量，其平均准确率达到了 85%，这些模型的使用意味着商业贷款人将面临更少的违约和资产冲销。

为了使用信用评分模型，金融机构的经理必须确定反映特定种类借款人风险的各种客观经济指标和财务指标。对消费贷款而言，这些客观特征可能要包括收入、资产、年龄、职业和居住地；对于商业贷款而言，关键因素通常包括现金流量信息和财务比率。数据确定之后，就可以利用统计学方法计算出违约风险的概率或违约风险的级别。

信用评分模型可以分为三个类别：①线性回归模型；②Logit 模型；③线性判别分析。下面分别作一简单介绍。

### 1. 线性回归模型

模型公式为

$$\mathrm{PD}_i = \sum_{j=1}^{n} \beta_j X_{ij} + \mu_i \tag{7-1}$$

模型思路：把过去的贷款($i$)分成两组进行观察，违约贷款($PD_i=1$)和非违约贷款($PD_i=0$)。然后，通过线性回归来建立这些观察结果与一组因变量($X_{ij}$)之间的联系——这些变量反映了第 $i$ 个借款人的数量信息，比如杠杆比或盈利等。模型公式中 $\beta_j$ 是对说明过去还款经历的第 $j$ 项变量(杠杆比)重要性的估计。这样，如果以某个潜在借款人的观察变量 $X_{ij}$ 乘以估算出的一些 $\beta_j$，我们就能得出这位潜在借款人预期的 $PD_i$，这个值可以理解成借款人的违约概率，$E(PD_i)=(1-p_i)=$ 预期违约概率，其中 $p_i$ 代表还款概率。

本模型的主要缺陷是估算出的违约概率常常会超出 0～1 这一区间。通过把线性回归模型估算出的违约概率限定在 0～1 的范围内，Logit 模型克服了这一缺陷。

### 2. Logit 模型

模型公式为

$$\ln\left(\frac{p_i}{1-p_i}\right)=\sum_{j=1}^{n}\beta_j x_i \tag{7-2}$$

模型思路：本模型中所有字母的含义和线性回归模型的字母含义相同，通过公式，可以看出本模型利用自然对数解决了实际现象中的非线性问题。指数曲线的形状可以解释为：当借款人的评分越低(即当沿横轴向坐标原点移动)，其违约概率越高(违约概率沿纵轴不断升高)；反之，则相反。

在本模型中，因变量和自变量之间是非线性的，因变量的观察值服从二项分布，在使用统计软件运行的情况下，计算的复杂性已不重要了。相比线性回归模型，本模型更容易处理，且模型中的系数也更容易解释。

### 3. 线性判别分析

模型公式为

$$Z=1.2\times X_1+1.4\times X_2+3.3\times X_3+0.6\times X_4+1.0\times X_5 \tag{7-3}$$

模型思路：本模型是由阿特曼(Altman)发展起来的一种信用风险测定模型。它通过使用借款者的各种财务比率和这些比率的权重来对违约风险进行总体的计算，其中各种财务比率的权重是基于违约和非违约借款者过去的情况得到的经验数据。公式中 $X_1$ 表示营运资本与总资本的比率；$X_2$ 表示保留盈余与总资本的比率；$X_3$ 表示税前收入与总资产的比率；$X_4$ 表示股票的市场价值与长期债务账面价值的比率；$X_5$ 表示销售额与总资产的比率。$Z$ 的值越高，借款者违约风险越低。这样，低的或负的 $Z$ 值表明借款者属于相对较高的违约风险类别。

本模型将借款者简单地划分为违约和不违约两类，但是在现实中有多种违约情况，从不支付利息或延迟支付利息到完全不支付所有承诺支付的利息和本金，这种模型难以准确地反映各种情况；另外，公式中的各自变量权重固定不变，也是不符合真实市场规律的。

## 二、信用风险现代度量方法

### 1. 信用计量模型(Credit Metrics 模型)

1997 年 J.P.摩根及其合作者(美洲银行和瑞士联合银行等)引入信用计量模型，其目的是在风险价值框架下，对贷款和私募债券等不可交易资产的风险进行估价。这个模型要回答的问题是：如果下一年对我不利，那么我的贷款和贷款资产组合将遭受多大损失。

模型步骤如下。

(1) 考察信用等级的变动。

根据贷款的信用级别信息，考察该信用级别下一年变化的概率，用信用级别转换矩阵表示。

(2) 估算贷款发生一年后的实际市场价值。

单笔贷款信用等级的市场价值等于该资产未来全部现金流的现值，公式如下：

$$P_j = \sum_{k=1}^{n} \frac{M_{jk}}{(1+y_{jk})^k} \tag{7-4}$$

式中：$P_j$——在出现 $j$ 信用等级时贷款的现值；

$\quad\quad M_{jk}$——信用等级为 $j$ 时第 $k$ 年的净现金流量；

$\quad\quad y_{jk}$——信用等级为 $j$ 的债务第 $k$ 年的零利率收益率。

(3) 估算贷款的信用风险价值。

根据历史信用等级迁移概率得出该信用等级的迁移概率 $c_j$，计算贷款在第 1 年年末的期望值和方差，公式如下：

$$E(P) = \sum_{j=1}^{m} P_j c_j \tag{7-5}$$

$$\sigma_P^2 = \sum_{j=1}^{m} c_j (P_j - E(P))^2 \tag{7-6}$$

由于该贷款在第一年年底的价值分布，高于均值的贷款价值相对固定，而低于均值的贷款价值比较分散(即呈左偏)，显然贷款价值的分布是不对称的(即不是正态分布)。因此，信用计量模型可以计算出两种信用风险价值(VAR)，计算 VAR 的第一步是要计算出第一年贷款价值的平均数或预期价值——它等于第一年年底各种可能的贷款价值乘以转换概率的总和。如果下一年情况不佳，金融机构有可能因为信用风险亏损多少？我们可以将不好的年份定义为每 20 年发生一次(5%的 VAR)或每 100 年发生一次(1%的 VAR)。

(1) 以贷款价值的正态分布为基础

$$5\%的\ VAR = P \times 1.65 \times \sigma_P$$

$$1\%的\ VAR = P \times 2.33 \times \sigma_P$$

(2) 以贷款价值的实际分布(左偏)为基础

$$5\%的实际\ VAR = E(P) - Pa = 5\%$$

$$1\%的实际\ VAR = E(P) - Pa = 1\%$$

### 2. 信用风险量化模型(Credit Risk＋模型)

本模型是瑞士银行金融产品开发部于 1996 年开发的信用风险管理系统，它试图通过估算贷款的预期损失以及损失的分布，来计算出金融机构为弥补某一亏损所需的准备金。该模型的主要思想来自于保险学(尤其是火灾保险)。火灾保险中，保险人承担的损失反映了：①住房失火的概率(事故频率)；②住房失火后的价值损失(损失程度)。将这一想法应用于本模型中：贷款组合资产的损失分布反映了贷款违约的频率及其损失程度的综合结果，如图 7-2 所示。

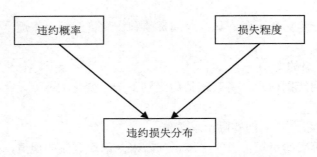

图 7-2　Credit Risk＋模型中的贷款损失决定因素

最简单的 Credit Risk+模型假设：①贷款组合中每一项贷款的违约概率是随机的；②任何两项贷款违约的相关性均为 0(每项贷款的违约概率是独立的)。因此，这种分析框架更适合于对众多小额贷款所形成的贷款组合的违约分析，而不适合于对几笔大额贷款所形成的贷款组合的分析。当贷款组合中每一项贷款的违约概率很小且相互独立时，违约率的频率分布符合泊松分布。下面以一个例子说明模型如何应用。

假设：

① 金融机构发放了 100 项贷款，每项贷款的金额为 10 万美元。

② 历史数据表明，贷款的平均违约率为 3%(即 100 项贷款中有 3 项违约)。

③ 每项贷款违约时损失的程度都是一样的，即一美元要损失 20 美分(10 万美元的贷款要损失 2 万美元)。

根据泊松分布，可以得到这组贷款的各种违约概率：

$$n项违约概率 = \frac{e^{-m}m^{n}}{n!}$$

式中：e——常数 2.71828；

　　　$m$——此类贷款的历史平均违约次数(100 项中有 3 项即为 3%)；

　　　$n$——违约贷款的项数。

下一年 100 项贷款中出现 3 项违约的概率为

$$\frac{2.718\ 28^{-3} \times 3^{3}}{1 \times 2 \times 3} = 0.224$$

100 项贷款中 4 项贷款违约的概率为

$$\frac{2.718\ 28^{-3} \times 3^{4}}{1 \times 2 \times 3 \times 4} = 0.168$$

通过违约项数乘以损失程度求出贷款损失分布：

3 项贷款违约的损失=3×0.20×100 000=60 000(美元)

4 项贷款违约的损失=4×0.20×100 000=80 000(美元)

照此计算，100 项贷款中 8 项违约的概率为 1%，损失分布为 16 万美元，此时，金融机构需要持有资本准备来弥补非预期损失率 1%与平均预期损失率 3%之间的差额，资本准备为 160 000-60 000=100 000(美元)，即大约为贷款组合价值的 1%。

### 3. 信用风险组合管理模型(Credit Portfolio View 模型)

本模型是由麦肯锡公司于 1998 年应用计量经济学和蒙特卡罗模拟法，从宏观经济环境的角度分析债务人的信用等级迁移，开发出的一个多因素信用风险度量模型。

设 $P_t$ 为条件迁移概率，考虑宏观经济变量的影响，则有

$$P_t = f(y_t) \tag{7-7}$$

这里，$f<0$，即在宏观经济变量与违约率之间存在反向联系。$y_t$ 是受一组 $t$ 时刻的宏观经济变量 $X_{it}$ 和随机变量 $V_t$ 的影响。因此，$y_t$ 可以表达成

$$y_t = g(X_{it}, V_t) \tag{7-8}$$

式中：$i=1$，$\cdots$，$n$；$V_t \sim N(0, \sigma)$。

宏观经济变量 $X_{it}$ 可以由其过去的历史数据 $X_{it-2}$、$X_{it-3}$ 和随机变量 $\varepsilon_{it}$ 决定，因而

$$X_{it} = h(X_{it-2}, X_{it-3}, \varepsilon_{it}) \tag{7-9}$$

将式(7-9)代入式(7-8)，再将式(7-8)代入式(7-7)，就可以采用式(7-10)确定迁移概率。

$$P_t = f\{g[h(x_{it-2}, x_{it-3})], V_t, \varepsilon_{it}\} \tag{7-10}$$

上式中的 $V_t$ 和 $\varepsilon_{it}$，可以通过结构性蒙特卡罗模拟法产生。

对于下一个时期 $t+1$，迁移矩阵必须进行调整，将不考虑宏观因素的值 $P_t$ 乘以 $r_{t+1}$，对于未来的每一年($t$，$t+1$，$\cdots$，$t+n$)，会有不同的迁移矩阵。

这样，就可以得到任何信用等级在任何时刻的向任何信用等级迁移的瞬间概率和累计迁移概率。

### 4. 信用监控模型(KMV 模型)

KMV 模型是由美国 KMV 公司(2002 年被穆迪公司收购)开发的一种度量信用风险的方法。该模型起源于诺贝尔经济学奖获得者默顿、布莱克和斯科尔斯等人有关期权定价模式的研究。这项研究使我们认识到一个事实：当一个企业通过发行债券或增加银行贷款来筹集资金时，它就获得了一种非常有价值的期权——是违约还是还款？如果借款人因为投资项目失败而无力还款，那么，他可以选择对自己的债务违约，并将所有剩余资产交付给债权人。由于股东负有限责任，因此借款人的损失仅限于他在企业的股本。另外，如果一切顺利，那么借款人在偿还承诺的债务本息之后，将拥有大部分资产投资的收益。KMV 公司将这种比较简单的思想转变成了一种信用监控模型。本模型的运用步骤如下。

第一步，公司资产价值($V$)和资产收益率波动性($\sigma$)的估计。

第二步，违约距离(DD)的计算。

第三步，利用违约距离推导出预期违约率(EDF)。

KMV 模型将契约的股权价值看成是持有企业资产的看涨期权(所借债务则类似于看涨期权的执行价)。根据这种方法以及企业股权市场价值的波动性和企业资产波动性之间的联系，可以推导出某一企业资产的波动性风险($\sigma$)以及资产市场价值($V$)。根据 $V$ 和 $\sigma$，就能计算出下一年企业资产价值相对于其当期债务的可能分布。预期违约率(EDF)反映了一年后企业资产的市场价值低于其短期债务承诺还款额的概率。当企业资产价值低于其债务时，就可以被看成丧失了债务清偿力。

KMV 模型结果表明，在预测企业的倒闭和危机方面，EDF 模型优于各种财务比率模型和标准普尔信用评级的变化结果，这一点可以从安然公司 2001 年 6 月 1 日申请破产保护时的例子看到。在调低该公司债务的信用等级时，KMV 评分(EDF)上升的速度要快于标准普尔的评级结果，标准普尔的评级结果对安然公司风险上升的反应是十分缓慢的，而 KMV

模型计算出的 EDF 在安然公司倒闭前一年就开始上升了。因此，KMV 模型计算出的 EDF，能够对即将发生的违约给出一个较早的预警信号。

# 模块三　信用风险控制技术

在本节中，我们将从信用风险防范、信用风险内部评级和资本要求等角度总结金融机构在信用风险控制方面的一些经验。

## 一、信用风险防范措施

商业银行在防范信用风险时主要从以下四个方面进行。

### (一)商业银行贷款管理责任制

#### 1. 建立以"三查"分离为核心的审贷分离制度

贷款发放包括三个环节：贷款调查评估、贷款风险审查和贷款发放与清收。这三个环节实行专人负责专项环节，不得兼任。这项制度，可以在贷款发放中形成相互制约的机制，明确贷款"三查"部门的职能、权力和责任，做到各司其职、各负其责、相互监督。

#### 2. 建立分级审批制

商业银行根据业务量大小、管理水平和贷款风险度确定各级分支机构的审批权限，超过审批权限的贷款，应当报上级行审批。

#### 3. 健全信贷工作岗位责任制

商业银行各级贷款管理部门应将贷款管理的每一个环节的管理责任落实到部门、岗位、个人，严格划分信贷"三查"人员、信贷部门负责人、行长的贷款审批权限、职责，真正做到责权清晰、目标明确，从而有效提高防范风险的效率。

#### 4. 实行行长负责制

贷款实行分级经营管理，各级行长应当在授权范围内对贷款的发放和回收负全部责任，行长可以授权副行长或贷款管理部门负责审批贷款，副行长或贷款管理部门负责人应当对行长负责。

#### 5. 健全贷款审查委员会

商业银行各级机构应当建立有行长或副行长和有关部门负责人参加的贷款审查委员会，负责贷款审查。贷款审查委员会由主任和委员若干人组成，主要包括信贷、计划、会计、稽核、法律事务等有关部门的负责人，主任原则上由行长兼任或授权他人担任。贷款审查委员会一般定期召开会议，由有关部门提出，经主任同意也可以临时召开。表决时，采用投票制度，原则上实行少数服从多数原则，但主任有最终决定权。

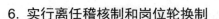

### 6. 实行离任稽核制和岗位轮换制

对于与贷款有关的人员，特别是负责人，调离信贷岗位前必须进行离任稽核，以分清责任，堵住浑水摸鱼、捞一把走人的可能。对信贷岗位要定期轮换，防止一手遮天，长期隐藏、掩盖问题，甚至贷款经营自己的"自留地"的情况出现。

## (二)审慎、有效授信

授信是商业银行向客户直接提供资金支持，或对客户在有关经济活动中的信用向第三方作出保证的行为。授信管理人员应该根据可能产生或存在的信用风险，对客户选择不同的授信方式和额度。

(1) 信用贷款：借款人资信可靠，偿债能力强，现金净流量和现金流量比率充足。

(2) 担保贷款：借款人资信和偿债能力均一般，现金净流量和现金流量比率不很充足。

(3) 拒绝贷款：借款人资信很差，偿债能力不乐观，现金净流量和现金流量比率也不充足。

授信管理人员必须密切关注一些相关的预警信号提示。这些预警信号风险提示包括：与客户品质有关的信号、客户在银行账户变化的信号、客户管理层变化的信号、业务运营环境变化的信号、财务状况变化的信号和其他预警信号等。如果出现这些预警信号，则必须对客户进行谨慎授信。

如果出现以下四种情况，商业银行不得对客户业务进行授信。

(1) 国家明令禁止的产品或项目。

(2) 违反国家有关规定从事股本权益性投资，以授信作为注册资本金、注册验资和增资扩股。

(3) 违反国家有关规定从事股票、期货、金融衍生产品等投资。

(4) 其他违反国家法律、法规和政策的项目。

客户未按国家规定取得以下有效批准文件之一的，或虽然取得，但属于化整为零、越权或变相越权和超授权批准的，商业银行同样不得提供授信：项目批准文件；环保批准文件；土地批准文件；其他按国家规定需具备的批准文件。

## (三)贷款定价中考虑风险因素

随着我国利率市场化改革的推进，商业银行贷款定价的自主权逐渐扩大。目前，我国商业银行存在三种贷款定价方式：成本加成模式、基准利率加点模式、客户盈利分析模式。每种定价模式都会把信用风险因素考虑在内，在贷款定价实践中，这三种模式经常混合使用。

### 1. 成本加成模式

一笔贷款的利率应包括以下四个部分，对银行来说才算有利可图。

(1) 银行为贷款资金付出的筹集成本。

(2) 与贷款有关的各项费用成本，如信贷人员的工资、发放和管理贷款时使用的用具和设备成本等。

(3) 贷款的风险溢价，即对贷款可能发生的违约风险作出的必要补偿。

(4) 目标利润,即银行资本从每笔贷款中应获得的最低收益。

由此可得:

$$贷款利率 = 贷款的资金成本率 + 贷款的管理费用率$$
$$+贷款的风险溢价率 + 目标利润率$$

该模式未将客户需求、同业竞争、市场利率水平的变化等因素考虑进去,容易影响贷款定价的竞争力,而导致客户流失和贷款市场份额的萎缩。此外,这种模式的精确性依赖于商业银行能否精确归集和分配成本,准确估计和计算贷款违约风险、期限风险及其他相关风险,并在此基础上确定合理的风险溢价。这就要求商业银行建立完善的成本管理系统和贷款风险管理系统。

### 2. 基准利率加点模式

首先选择某种基准利率作为"基价",然后针对客户贷款风险程度不同确定风险溢价(可选择"加点数"或"乘数"),根据基准利率和风险溢价确定该笔贷款的实际利率,即贷款利率 = 基准利率 + 风险溢价点数或贷款利率 = 基准利率 ×风险溢价乘数。其中,比较通行的基础利率有国库券利率、定期大额存单(CD)利率或伦敦同业拆借利率。

这种定价模式以一般利率水平为出发点,结合贷款的风险程度制定贷款价格,既考虑了市场利率风险,又考虑了贷款本身的违约风险,具有较高的合理性,制定出来的价格更具有竞争力。但在采用这种模式时,除了要考虑贷款本身的风险,还要考虑市场利率风险,加大了风险管理的难度。此外,这一模式表现出较强的市场导向,由于对资金成本重视不够,有可能导致占有市场而失去利润的结果。

### 3 客户盈利分析模式

它不是仅仅从某一项贷款本身来确定其价格,而是将贷款定价纳入客户与银行的整体业务关系中去考虑。即应全面考虑客户与银行各种业务往来的成本和收益,以及银行利润目标。

其计算公式为

$$贷款利率=(银行的目标利润+为该客户提供所有服务的总成本$$
$$-为客户提供所有服务中除贷款利息以外的其他收入)/贷款额$$

这种模式体现了银行"以客户为中心"的经营理念,更加贴近市场,因而可以得到更富竞争力的贷款价格。但它对商业银行的成本计算与分配提出了更高的要求,要求银行不仅要采用"分产品核算"的方式,还要做到"分客户核算",以便准确地测算银行为客户提供服务的总成本,加大了成本管理的难度。

## (四)贷款分散化

银行可以通过贷款的分散化来降低信用风险。贷款分散化的基本原理是信用风险的相互抵消。例如:如果某一个停车场开的两个小卖部向银行申请贷款,银行了解到其中一家在卖冰淇淋,另一家则卖雨具。在晴天卖冰淇淋的生意好,卖雨具的生意不好;而在雨天则情况相反。因为两家小卖部的收入的负相关性,其总收入波动性就会较小。银行也可利用这样的原理来构造自己的贷款组合和投资组合。银行在不同行业间、不同地区间、不同类客户间开展贷款业务,可以减少一定的信用风险。

除此之外，商业银行还可以通过购买保险的方式，将贷款等的信用风险转嫁给保险公司，现在开展得较多的是住房按揭贷款保险。

# 二、商业银行信用风险内部评级体系

根据《商业银行信用风险内部评级体系监管指引》的要求，我国商业银行采用内部评级法计量信用风险资本要求，应按照本指引要求建立内部评级体系。内部评级体系应能够有效识别信用风险，具备稳健的风险区分和排序能力，并准确量化风险。内部评级体系包括以下基本要素。

(1) 内部评级体系的治理结构，保证内部评级结果客观性和可靠性。

(2) 非零售风险暴露内部评级和零售风险暴露风险分池的技术标准，确保非零售风险暴露每个债务人和债项划入相应的风险级别，确保每笔零售风险暴露划入相应的资产池。

(3) 内部评级的流程，保证内部评级的独立性和公正性。

(4) 风险参数的量化，将债务人和债项的风险特征转化为违约概率、违约损失率、违约风险暴露和期限等风险参数。

(5) IT 和数据管理系统，收集和处理内部评级相关信息，为风险评估和风险参数量化提供支持。

下面从信用风险暴露分类、内部评级体系的治理结构和内部评级流程方面简单介绍我国商业银行开展信用风险内部评级体系的特点。

## (一)银行账户信用风险暴露分类

根据信用风险特征，银行账户信用风险暴露分为主权风险暴露、金融机构风险暴露、零售风险暴露、公司风险暴露、股权风险暴露和其他风险暴露。

### 1. 主权风险暴露

它是指对主权国家或经济实体区域及其中央银行、非中央政府公共部门实体，以及多边开发银行、国际清算银行和国际货币基金组织等的债权。

### 2. 金融机构风险暴露

它是指商业银行对金融机构的债权，可以分为银行类金融机构风险暴露和非银行类金融机构风险暴露。银行类金融机构包括在中华人民共和国境内设立的商业银行、城市信用合作社等吸收公众存款的金融机构，以及在中华人民共和国境外注册并经所在国家或地区金融监管当局批准的存款类金融机构。非银行类金融机构包括批准设立的证券公司、保险公司、信托公司、财务公司、金融租赁公司、汽车金融公司、货币经纪公司、资产管理公司、基金公司以及其他受金融监管当局监管的机构。

### 3. 零售风险暴露

它具有如下特征：债务人是一个或几个自然人；笔数多，单笔金额小；按照组合方式进行管理。

零售风险暴露分为个人住房抵押贷款、合格循环零售风险暴露、其他零售风险暴露三大类。它的内部评级采用"风险分池"方法,根据债务人风险特征、债项风险特征和逾期信息等将每笔零售风险暴露划入相应的资产池。

### 4. 公司风险暴露

它是指商业银行对公司、合伙制企业和独资企业及其他非自然人的债权,但不包括本指引界定的对主权、金融机构和纳入零售风险暴露的企业客户的债权。根据债务人类型及其风险特征,公司风险暴露分为中小企业风险暴露、专业贷款和一般公司风险暴露。

### 5. 股权风险暴露

它是指商业银行直接或间接持有的股东权益。纳入股权风险暴露的金融工具满足如下条件:持有该项金融工具获取收益的主要来源是未来资本利得,而不是随时间所滋生的收益;该项金融工具不可赎回、不属于发行方的债务;对发行方资产或收入具有剩余索取权。

### 6. 其他风险暴露

购入应收账款是指销售方将其现在或将来的基于其与买入方订立的商品、产品或劳务销售合同所产生的应收账款,根据契约关系以有追索权或无追索权方式转让给商业银行所形成的资产。资产证券化风险暴露是指商业银行在参与资产证券化过程中形成的信用风险暴露。

## (二)内部评级体系的治理结构

### 1. 董事会

商业银行董事会承担内部评级体系管理的最终责任,并履行以下职责:审批本行内部评级体系重大政策,确保其满足监管要求;批准内部评级体系实施规划,确保其开发建设需要的内部资源得到配备;监督并确保内部评级政策和流程的制定与实施;对内部评级体系有效性进行检查;审批或授权审批其他涉及内部评级体系的重大事项。

### 2. 高级管理层

高级管理层具体履行的职责有:根据实施规划配备资源确立本行的内部评级体系;制定内部评级体系的配套政策流程并根据实施情况进行修改;监测内部评级体系的表现及风险预测能力。

### 3. 信用风险内部报告体系

商业银行应建立一整套基于内部评级的信用风险内部报告体系,确保董事会、高级管理层、信用风险主管部门能够监控资产组合信用风险变化情况,并有助于验证和审计部门评估内部评级体系的有效性。报告包括的信息在《商业银行信用风险内部评级体系监管指引》中有明确具体的要求,需要时可以查阅使用。

### 4. 信用风险主管部门

信用风险主管部门的职责应包括:设计和实施内部评级体系;定期向高级管理层报送有关内部评级体系运行表现的专门报告;组织开展压力测试,参与内部评级体系的验证。

### 5. 内部审计部门

审计部门的职责应包括：评估内部评价体系的适用性和有效性；审计信用风险管理部门的工作范围和质量；检查配套的信息系统是否完善；检查计量模型的数据输入过程；定期向董事会报告审计结果。

### (三)内部评级流程

#### 1. 总体要求

内部评级流程包括评级发起、评级认定、评级推翻和评级更新。商业银行应建立确保内部评级流程可靠运行的管理信息系统，详细记录评级全过程。商业银行应建立完整的文档，以保证内部评级过程的规范化和持续优化，并证明内部评级体系操作达到要求。

#### 2. 具体构成

1) 评级发起

评级发起是指评级人员对客户与债项进行一次新的评级过程。商业银行应制定评级发起政策。评级发起人员应审查资料的真实性，完整无误地输入信用评级系统。评级发起应在充分进行信用分析的基础上，遵循既定的标准和程序，保证信用评级的质量。

2) 评级认定

评级认定是指评级认定人员对评级发起人员评级建议进行最终审核认定的过程。商业银行应设置评级认定岗位或部门，审核评级建议，认定最终信用等级。

评级认定人员不能从贷款发放中直接获益，不应受相关利益部门的影响，不能由评级发起人员兼任。

3) 评级推翻

评级推翻包括评级人员对计量模型评级结果的推翻和评级认定人员对评级发起人员评级建议的否决。对基于专家判断的内部评级体系，商业银行应明确评级人员推翻评级结果的情况，包括推翻程序、由谁推翻、推翻程度。

4) 评级更新

商业银行应建立书面的评级更新政策，包括评级更新的条件、频率、程序和评级有效期。商业银行应持续监测每笔零售风险暴露风险特征的变化情况，并根据最新信息及时地将零售风险暴露迁徙到相应资产池中。

## 三、信用风险控制

商业银行通过对贷款风险分类、信用风险资本要求、限额管理和信用风险缓释等措施进行信用风险控制。

### (一)贷款风险分类

根据中国银监会《贷款风险分类指引》的规定，依据以风险为基础的分类方法，商业银行至少可以将贷款分为正常、关注、次级、可疑和损失五类，后三类合称为不良贷款。

### 1. 正常类贷款

正常类贷款是指那些借款人能够履行合同，没有足够理由怀疑贷款本息不能按时足额偿还的贷款。

### 2. 关注类贷款

关注类贷款是指尽管借款人目前有能力偿还贷款本息，但存在一些可能对偿还产生不利影响因素的贷款。下列情况即属于关注类贷款：本金和利息虽未逾期，但借款人有利用兼并、重组、分立等形式恶意逃废银行债务的嫌疑；借新还旧；改变贷款用途；本金或者利息逾期；同一借款人对本行或其他银行的部分债务记录已经不良。

### 3. 次级类贷款

次级类贷款是指借款人的还款能力出现明显问题，完全依靠其正常营业收入无法足额偿还贷款本息，即使执行担保，也可能会造成一定损失。出现下列征兆之一，就应当归为次级类贷款：逾期(含展期后)超过一定期限，其应收利息不再计入当期损益；借款人利用合并、分立等形式恶意逃废银行债务，本金或利息已经逾期；需要重组的贷款(由于借款人账务状况恶化，或无力还款而对借款合同还款条款作出调整的贷款)。重组后的贷款如果仍然逾期，或者借款人仍然无力归还贷款，应至少归为可疑类。

### 4. 可疑类贷款

如果借款人无法足额偿还贷款本息，即使执行担保，也肯定要造成较大损失，那么这样的贷款就是可疑贷款。这类贷款的特征是：借款人处于停产、半停产状态；贷款项目如基建项目处于停建；借款人已经资不抵债；企业借改制之机逃废银行债务；银行已经诉诸法律来收回贷款；贷款经过重组，仍然逾期或仍然不能正常归还，没有得到明显改善。

### 5. 损失类贷款

如果在采取所有可能的措施或一切必要的法律程序之后，本息仍然无法收回，或只能收回极少部分，那么这样的贷款就是损失贷款。

在上述五类贷款中，前两类属于正常贷款，一般不会出现或只会出现较小的信用风险；而后三类贷款则已经出现明显的风险或是风险征兆，属于不良贷款，应是风险控制的重点。

对贷款以外的各类资产，也应根据资产的净值、债务人的偿还能力、债务人的信用评级情况和担保情况划分为正常、关注、次级、可疑、损失五类，其中后三类合称为不良资产。

## (二)信用风险资本要求

《巴塞尔新资本协议》提出了两种计量信用风险资本的方法：标准法和内部评级法。

### 1. 标准法

标准法以1988年《巴塞尔新资本协议》为基础，采用外部评级机构确定风险权重，使用对象是复杂程度不高的中小银行。

标准法的信用风险计量框架如下。

(1) 商业银行的信贷资产分为对主权国家的债权、对一般商业银行的债权、对公司的债权、包括在监管零售资产中的债权、以居民房产抵押的债权、表外债权等 13 类。

(2) 对主权国家、商业银行、公司的债权等非零售类信贷资产，根据债务人的外部评级结果分别确定权重；零售类资产根据是否有居民房产抵押分别给予 75%、35% 的权重；表外信贷资产采用信用风险转换系数转换为信用风险暴露。

(3) 允许商业银行通过抵押、担保、信用衍生工具等手段进行信用风险缓释，降低单笔债项的信用风险暴露额。

将上述风险加权资产合计之后乘以 8% 即可计算出商业银行根据监管要求应当持有的最低信用风险资本。

### 2. 内部评级法

根据对商业银行内部评级体系依赖程度的不同，内部评级法可以分为初级法和高级法两种。初级法要求商业银行运用自身客户评级估计每一等级客户违约概率，其他风险要素采用监管当局的估计值；高级法要求商业银行运用自身二维评级体系自行估计违约概率 (PD)、违约损失率 (LGD)、违约风险暴露 (EAD) 和期限 (M)。

初级法和高级法的区分只适用于非零售暴露，对于零售暴露，只要商业银行决定实施内部评级法，就必须自行估计 PD 和 LGD。

违约概率是特定时间段内借款人违约的可能性，其评估必须以历史经验和经验证据为基础。

违约损失率是违约发生时风险暴露的损失程度。在初级法下，违约损失率使用监管当局规定的标准值；在高级法下，由银行自身来确定风险暴露对应的违约损失，但所用数据和分析方法必须经得起银行内部和监管当局的检验。

违约风险暴露是指对某项贷款承诺而言，发生违约时可能被提取的贷款额。在初级法下，违约风险暴露根据监管当局的标准监管规则来估计；在高级法下，合理的违约风险暴露由银行自己确定，但所用数据和分析方法必须经得起银行内部和监管当局的检验。

期限是指某一风险暴露的剩余经济到期日。期限是影响债券或贷款信用风险的关键因素，在其他条件相同的情况下，贷款期限越短，信用风险就越小，银行的灵活性就越大。

在内部评级法下，商业银行的风险加权资产 (RWA)：

$$RWA = RW \times EAD$$

式中：RW——风险权重，反映该风险资产的信用风险水平；

EAD——该项资产的违约风险暴露。

风险权重 (RW) 由巴塞尔委员会在《巴塞尔新资本协议》中给定的函数公式计算出来。风险权重函数是根据银行不同业务的性质而确定的，因此不同的风险暴露类别有不同的风险权重函数，其中的风险变量就包括违约概率 (PD)、违约损失率 (LGD)、期限 (M) 等信用风险因素。

风险加权资产的 8% 就是《巴塞尔新资本协议》规定的银行对风险资产所应持有的资本金，即该项资产的监管资本要求。

内部评级法 (IRB) 与内部评级体系 (IRS) 的区别如下。

首先，内部评级法是《巴塞尔新资本协议》提出的用于外部监管的计算资本充足率的方法，各国商业银行可根据实际情况决定是否实施。

其次，内部评级体系是商业银行进行风险管理的基础平台，它包括作为硬件的内部评级系统和作为软件的配套管理制度，其中，内部评级系统是风险计量/分析的核心工具，由评级模型和评级数据两部分构成。

银行采用内部评级法计量信用风险资本要求，应建立能够有效识别信用风险，具备稳健的风险区分和排序能力，并准确量化风险的内部评级体系。

### (三)限额管理

(1) 从银行管理的层面，限额制定过程体现了商业银行董事会对损失的容忍程度，反映了商业银行在信用风险管理上的政策要求和风险资本抵御以及消化损失的能力。商业银行消化信用风险损失的方法首先是提取损失准备金或冲减利润，在准备金不足以消化损失的情况下，商业银行只有使用资本来弥补损失。如果商业银行的资本不足以弥补损失，则将导致银行破产倒闭。因此，商业银行必须就资本所能抵御和消化损失的能力加以判断和量化，利用风险资本限额来制约信贷业务的规模，将信用风险控制在合理水平。

限额管理对控制商业银行业务活动的风险非常重要，目的是确保所发生的风险总能被事先设定的风险资本加以覆盖。

(2) 从信贷业务的层面，商业银行分散信用风险、降低信贷集中度的通常做法就是对客户、行业、地域和资产组合实行授信限额管理。具体到每一个客户，授信限额是商业银行在客户的债务承受能力和银行自身的损失承受能力范围内所愿意并允许提供的最高授信额。只有当客户给商业银行带来的预期收益大于预期损失时，商业银行才有可能接受客户申请，向客户提供授信。商业银行信贷业务层面的授信限额是银行管理层面的资本限额的具体落实。

### (四)信用风险缓释

信用风险缓释是指商业银行运用合格的抵(质)押品、净额结算、保证和信用衍生工具等方式转移或降低信用风险。采用内部评级法计量信用风险监管资本时，信用风险缓释功能体现为违约概率、违约损失率或违约风险暴露的下降。

#### 1. 合格抵(质)押品

合格抵(质)押品包括金融质押品、实物抵押品(应收账款、商用房地产和居住用房地产)及其他抵(质)押品。

#### 2. 合格净额结算

净额结算对于降低信用风险的作用在于，交易主体只需承担净额支付的风险。若没有净额结算条款，那么在交易双方间存在多个交易时，守约方可能被要求在交易终止时向违约方支付交易项下的全额款项，但守约方收取违约方欠款的希望很小。

#### 3. 合格保证和信用衍生工具

内部评级法初级法下，合格保证的范围包括以下几方面。
(1) 主权、公共企业、多边开发银行和其他银行。
(2) 外部评级在 A 级及以上的法人、其他组织或自然人。

(3) 虽然没有相应的外部评级，但内部评级的违约概率相当于外部评级 A 级及以上水平的法人、其他组织或自然人。

采用内部评级法高级法的银行，可以按照要求自行认定合格保证，但应有历史数据证明保证的风险缓释作用。

信用衍生工具的范围包括信用违约互换、总收益互换等。当信用违约互换和总收益互换提供的信用保护和保证相同时，可以作为合格信用衍生工具。

# 模块四　资产证券化和贷款出售

资产证券化和贷款出售都属于金融创新，进行证券化的银行信贷资产的信用风险不能全部转移，这部分信贷资产的信用风险可以减少但不能消除。贷款出售可以有效消除被出售部分信贷资产的信用风险，但是如何对这部分信贷资产进行出售需要很多技术问题。

## 一、资产证券化

广义的资产证券化是指某一资产或资产组合采取证券资产这一价值形态的资产运营方式，包括以下四类：信贷资产证券化、实体资产证券化、证券资产证券化、现金资产证券化。

狭义的资产证券化即指信贷资产的证券化，也是我们本节所讲的资产证券化。其含义是指原始权益人将缺乏流动性但是有预期未来稳定现金收入的资产集中起来，形成一个资产池，交由特设目的机构将其转换为可以在金融市场出售和流通的证券，据此融通资金的过程。其实质是将原资产中的风险与收益通过结构性分离与重组，其未来现金收益权由融资者转让给投资者，并使其定价和重新配置更为有效，使参与融资各方均有收益。

商业银行利用资产证券化，有助于：

(1) 通过证券化的真实出售和破产隔离功能，可以将不具有流动性的中长期贷款置于资产负债表之外，及时获取高流动性的资产，有效缓解商业银行的流动性压力。

(2) 通过对贷款进行证券化而非持有到期，可以改善资本状况，以最小的成本增强流动性和提高资本充足率，有利于商业银行资本管理。

(3) 通过资产证券化将不良资产成批量、快速转换为可流通的金融产品，将银行资产潜在的风险转移、分散，有利于化解不良资产，降低不良资产率。

(4) 增强盈利能力，改善商业银行收入结构，贷款银行在出售基础资产的同时可以获得手续费、管理费等收入。此外，还可以为其他银行资产证券化提供担保及发行服务，并赚取收益。

## 二、贷款出售

银行贷款出售是指金融机构在提供贷款之后，再将贷款以有追索权或无追索权的方式卖给某一外部购买者。如果贷款以无追索权的方式出售，那么，金融机构不但可以将贷款从自己的资产负债表中清除，而且当贷款最终无法收回时，它也不承担任何付款责任。如果贷款的出售是有追索权的，某些情况下，买方可能会将贷款退还给出售贷款的金融机构，因此，金融机构面临着一项或有信用风险负债。在实践中，大多数的贷款出售都是无追索权的，因为严格来讲，只有当贷款的买方对金融机构不享有未来的信用风险求偿权时，贷款才能从资产负债表中清除。

虽然贷款出售已经存在许多年了，但其使用(通过从资产负债表中清除已有的贷款)正在被更多的人看作另一种有价值的工具——金融机构的经理可以通过它来对资产组合的信用风险进行管理。组合贷款出售的难点在于资产组合的风险与价值评估缺乏透明度，买卖双方很难就评估事项达成一致意见，因为买方通常很难核实所有信息，特别是有关借款人信用状况的信息。单笔贷款的出售则相对容易，因为与资产组合相比，其风险和价值一般更容易被评估，但转让过程的复杂性使得单笔贷款出售的费用相对较高，意味着只有转让足够高金额的贷款才具有经济意义。因此，选择以资产组合的方式还是单笔贷款的方式出售，应根据收益与成本的综合分析确定。

# 案 例 讨 论

## 商业银行房地产贷款要防范虚假按揭

假按揭是指开发商为资金套现，将暂时没有卖出的房子以内部职工或开发商亲属的名字购下，从银行套取购房贷款。

办理假按揭的程序一般如下：开发商通过给身份证持有人一定数额的报酬，有偿使用对方身份证，并由身份证持有人在按揭贷款合同上签字，签字完成，银行即根据合同向开发商放款。开发商和身份证持有人之间还会有一个协议，包含开发商承诺不需要身份证持有人承担任何债务以及保密条款等内容。

通常是开发商联合一些没有提供首付款的关联人向银行提交已付首付款的收据，进而银行向其关联人提供按揭贷款。"假按揭"存在一定的隐蔽性，在出现违约或购房人迟迟办理不了"产权证"以后才被发现。

对于商业银行来说，"假按揭"存在很多危害，从恶意诈骗银行资金的角度看，会带来银行信贷资金的损失，因为一旦骗取银行资金的诈骗发生，银行是最终的受害者；从套取利差收入、获取银行信贷资金，但还款有保障等弄虚作假的角度看，实际也存在干扰商业银行信贷资产分类和准确的风险评估，干扰银行的正常经营秩序。一旦出现楼市逆转，实际上风险就由商业银行承担了，极易形成不良资产。从整个社会经济秩序角度看，"假按揭"扰乱了社会信用体系，还容易制造房地产虚假繁荣的假象，抬高房地产价格，制造房地产泡沫。对于"假按揭"，除了依法予以严惩以外，商业银行实际上是有能力进行事先防范的。主要措施有：审查要严、要细。如项目资本金比例是否达到30%、"四证"是否齐全、开发商市场口碑和资质如何，对开发商的材料要辨认真伪、对按揭人的经济能力进行认真审查；项目贷款后要跟踪管理，对失职或故意合谋的银行工作人员要严肃追究行政、经济甚至法律责任。

(资料来源：虚假按揭贷款：房贷潜在风险不容忽视. 北京房产律师网，2011-03-29.)

**问题：**

1. 虚假按揭使商业银行受到的是哪种金融风险？

2. 银行可以采取哪些措施对此类金融风险进行防范？

## 商业银行信用风险总体可控

2012年，银行业不良贷款余额逐季攀升，但在总体贷款增速较快的情况下，不良贷款比率仍保持下降。今年，沿海地区外向型小企业不良贷款仍可能惯性走高，钢贸、光伏、航运等行业贷款仍有隐忧，应重点控制特定领域贷款风险。

2012年，银行业不良贷款呈现总体反弹态势，不良贷款余额逐季攀升。这主要是因为在我国经济增速放缓、出口不振的背景下，企业效益出现下滑。2012年全国规模以上工业企业利润仅同比增长5.3%，增幅较上年大幅下滑，中小企业的经营状况则更加困难。企业效益下降带来的是偿债能力减弱，进而对商业银行资产质量产生向下拉动的作用。

然而银行业金融机构不良贷款余额增幅并不大，全年仅增加234亿元，远远低于去年新增贷款量。而且，当前中国银行业相对较快的贷款增速对不良贷款有一定的稀释作用，在总体贷款增速较快的情况下，不良贷款比率仍保持下降。

综合来看，2012年，商业银行的不良贷款呈现反弹态势，关注类贷款也出现了明显的增长，但行业拨备水平有所提高，不良贷款率也继续处于相对低位，因此商业银行整体风险可控。

从主要领域来看，曾经受到外界普遍质疑的融资平台和房地产贷款资产质量保持稳定，而受到宏观经济波动影响较大的一些出口行业和产能过剩行业如钢贸、光伏、航运，则成为不良资产发生的重点领域，尤其是部分沿海地区小微企业的不良贷款快速上升。

下一阶段，考虑到商业银行关注类贷款仍在上升，不良贷款余额仍可能继续增加，因此今年一季度可能还不是底。未来在经济增长温和回升、出口改善、投资加快和消费平稳的情况下，企业效益有望逐步改善，偿债能力增强，不良资产可能在二季度见底，之后将趋于稳定。

鉴于2013年贷款增速持续平稳较快，加之银行加大处置力度，不良率还将维持低位。同时商业银行资本充足率和拨备覆盖率继续提高，也会进一步增强其抗风险能力，因此今年商业银行的信用风险总体可控。但考虑到沿海地区外向型小企业不良贷款仍可能惯性走高，以及钢贸、光伏、航运等行业的贷款问题仍有隐忧，控制特定领域贷款风险仍是短期内商业银行风险管理的重中之重。

(资料来源：人民日报，2013-04-25.)

**问题：**

1. 商业银行不良贷款比率下降的原因是什么？

2. 如果没有政府力量的影响，在经济下行时，银行贷款发放是什么发展趋势？在本文中总结为何种趋势？思考一下哪种趋势对银行控制信用风险是有利的。

3. 思考一下，我国商业银行减少信用风险可以采取哪些措施。

# 扩 展 阅 读

## 1. 信用评级机构

信用评级机构是依法设立的从事信用评级业务的社会中介机构，即金融市场上一个重要的服务性中介机构，它是由专门的经济、法律、财务专家组成的对证券发行人和证券信用进行等级评定的组织。国际上公认的最具权威性的专业信用评级机构只有三家，分别是美国标准·普尔公司、穆迪投资服务公司和惠誉国际信用评级有限公司。中国信用评级行业诞生于 20 世纪 80 年代末，是改革开放的产物。最初的评级机构由中国人民银行组建，隶属于各省市的分行系统。2005 年，中国人民银行推动短期融资融券市场建设，形成了中诚信、大公、联合、上海新世纪和远东五家具有全国性债券市场评级资质的评级机构。2006年后，上海远东因"福禧短融"事件逐渐淡出市场。经过二十多年的发展和市场洗礼，目前规模较大的全国性评级机构只有大公、中诚信、联合、上海新世纪四家。

2006 年，美国评级机构开始了对中国信用评级机构的全面渗控。2006 年，穆迪收购中诚信 49%的股权并接管了经营权，同时约定七年后持股 51%，实现绝对控股。同年，新华财经(美国控制)公司收购上海远东 62%的股权，实现了对该机构的直接控制。2007 年，惠誉收购了联合资信 49%的股权并接管经营权；标准普尔也与上海新世纪开始了战略合作，双方亦在商谈合资事宜。穆迪、标准普尔、惠誉三大评级公司也都曾与大公洽谈合资，提出对大公控股或控制经营权，穆迪愿意出价 3000 万美元购买大公控股权，但都遭到拒绝。这样，目前中国四家全国性的信用评级机构除大公始终坚持民族品牌国际化发展外，其余已经或正在被美国控制。

## 2. 信用衍生产品

信用衍生产品是以贷款或债券的信用作为基础资产的金融衍生工具，其实质是一种双边金融合约安排。在这一合约下，交易双方对约定金额的支付取决于贷款或债券支付的信用状况，通常有两种方式对其进行交易，即期权或互换。而所指的信用状况一般与违约、破产、信用等级下降等情况相联系，一定是要可以观察到的。信用衍生产品的出现导致银行业的革命。自从信用衍生产品于 1992 年首次出现以来，它的市场增长非常迅速，而且它将不会结束。

信用衍生产品的功能在于分散信用风险、提高投资回报率、提高基础市场流动性和提高金融市场效率。

## 3. 次贷危机与资产证券化的关系

次贷是次级按揭贷款的简称，通俗地讲，就是给信用状况较差的自然人发放的住房按揭贷款。放贷机构将这些次级抵押债权出售给投资银行，用获得的收益进行再贷款，而投资银行则将债权重新包装成债券在资本市场发行，这就是今天人们所熟悉的次级债。一批次级抵押贷款打包第一次证券化后，成为次级住房抵押贷款证券(次贷 MBS)，由投资银行将不同的 MBS 打包或者由债券保险公司担保后再证券化成为债务抵押债券(CDO)，再将CDO 嵌入金融衍生产品后，创新出了结构十分复杂的信用违约掉期(CDS)。

导致美国次级抵押贷款危机产生的主要原因是其深刻的经济背景和以资产证券化为代表的金融创新工具错误使用及相应的市场约束机制失灵。各个利益主体是由资产证券化这个纽带连在一起，最终正是资产证券化这个纽带的断裂导致了次贷危机的发生。

# 项 目 总 结

现代意义上的金融机构信用风险不仅包括违约风险，还包括由于交易对手(债务人)信用状况的变化和履约能力的变化导致金融机构资产价值发生变动引起损失的风险。信用风险形成原因在于信用活动中存在很多不确定性因素和银行与企业之间以及银行内部的信息不对称。信用风险类型包括单一法人客户、集团法人客户、个人客户和贷款组合共四种。传统信用风险度量方法由于标准不统一，不同金融机构对同一客户给出的信用评级可能有较大差异，所以大型银行机构都使用内部评级系统，利用现代信用风险度量模型(J.P.摩根的 Credit Metrics 模型、瑞士银行的 Credit Risk+模型、麦肯锡公司的 Credit Portfolio View 模型和 KMV 公司的 KMV 模型)进行信用风险度量。商业银行信用风险防范主要从贷款管理责任制、审慎有效授信、贷款定价中考虑风险因素和贷款分散化等方面进行。商业银行内部评级体系包括信用风险暴露分类、内部评级体系的治理结构和内部评级流程等方面的内容。商业银行通过对贷款风险分类、满足信用风险资本要求、限额管理和信用风险缓释等措施进行信用风险控制。资产证券化和贷款出售可以在特定情况下用于信用风险管理之中。

# 单 元 练 习

## 一、选择题

1. 虚假按揭使商业银行受到的金融风险是(　　)。
   A. 信用风险　　　B.利率风险　　　C. 流动性风险　　　D. 操作风险
2. 下列信用风险特征错误的是(　　)。
   A. 系统性风险　　　　　　　　　B. 信用风险分布不对称
   C. 信用悖论　　　　　　　　　　D. 信用风险数据获取困难
3. 下列不属于信用风险形成原因的是(　　)。
   A. 国外金融市场冲击　　　　　　B. 商业银行管理不善
   C. 银行与企业之间信息不对称　　D. 银行内部部门之间信息不对称
4. 系统性风险较高的银行客户是(　　)。
   A. 单一法人客户　　　　　　　　B. 集团法人客户
   C. 个人客户　　　　　　　　　　D. 贷款组合
5. 利用期权定价模式的思想开发的现代信用风险度量模型是(　　)。
   A. J.P.摩根的 Credit Metrics 模型
   B. 瑞士银行的 Credit Risk + 模型

C. 麦肯锡公司的 Credit Portfolio View 模型

    D. KMV 公司的 KMV 模型

6. 下列不属于商业银行信用风险防范内容的是(　　)。

    A. 贷款责任制　　　　　　　　　　B. 审慎、有效授信

    C. 内部评级体系　　　　　　　　　　D. 贷款分散化

7. 借款人的还款能力出现明显问题，完全依靠其正常营业收入无法足额偿还贷款本息，即使执行担保，也可能会造成一定损失。这类贷款属于(　　)。

    A. 关注类贷款　　　　　　　　　　B. 次级类贷款

    C. 可疑类贷款　　　　　　　　　　D. 损失类贷款

8. 商业银行在识别和分析贷款组合的信用风险时，应当更多地关注(　　)可能造成的影响。

    A. 个体风险　　　　　　　　　　　B. 系统性风险

    C. 生产风险　　　　　　　　　　　D. 管理层风险

9. 下列情形不能引发债务人之间的违约相关性的是(　　)。

    A. 债务人所处行业颁布新的要求更高的环保标准

    B. 银行贷款利率提高

    C. 债务人所在地区经济下滑

    D. 债务人投资项目发生重大损失

10. 在信用风险资本计量的内部评级法初级法下，合格保证的范围不包括(　　)。

    A. 主权

    B. 公共企业

    C. 外部评级为 B 级的法人

    D. 没有外部评级，但内部评级的违约概率相当于外部评级 A 级的自然人

## 二、判断题

1. 信用风险就是违约风险。　　　　　　　　　　　　　　　　　　　　　(　　)

2. 由于信用风险是非系统性风险，因此理论上可以通过多样化投资完全分散掉。(　　)

3. 传统的信用风险度量都属于定性分析。　　　　　　　　　　　　　　　(　　)

4. 商业银行内部评级体系的治理结构包括董事会、高级管理层、信用风险内部报告体系、信用风险主管部门、内部审计部门等。　　　　　　　　　　　　　　(　　)

5. 商业银行可以将贷款分为正常、关注、次级、可疑和损失五类，后三类合称为不良贷款。　　　　　　　　　　　　　　　　　　　　　　　　　　　　　(　　)

6. 我国商业银行存在三种贷款定价方式：成本加成模式、基准利率加点模式、客户盈利分析模式。　　　　　　　　　　　　　　　　　　　　　　　　　　(　　)

7. 根据信用风险特征，银行账户信用风险暴露分为主权风险暴露、金融机构风险暴露、零售风险暴露、公司风险暴露、股权风险暴露和其他风险暴露。　　　　　　(　　)

8. 批准本银行内部评级体系实施规划，并充分了解内部评级体系的政策和流程，确保商业银行有足够的资源用于内部评级体系的开发建设。这是由信用风险主管部门履行的职责。　　　　　　　　　　　　　　　　　　　　　　　　　　　　(　　)

9. 内部评级法和内部评级体系是一个意思的两个层面。　　　　（　　）
10. 信用风险资本计量的标准法就是内部评级法的初级法。　　　（　　）

## 三、问答题

1. 信用风险悖论现象反映了银行信用风险管理的哪种困难？
2. 集团法人客户信用风险的特征有哪些？
3. 哪种贷款定价模式在加入风险因素方面做得比较好？
4. 信用风险资本计量的标准法和内部评级法有何区别？
5. 信用风险缓释工具都有哪些？

# 课 外 活 动

总结四种现代信用风险度量模型的开发思路。

# 项目八　操作风险管理

案例导入：

## 管控操作风险是银行业永恒的主题

一段时期以来，银行内部案件频发，对金融业稳定和社会安定构成威胁，使商业银行自诞生之日起就存在的古老风险——操作风险再次受到人们的高度关注。

我国商业银行普遍存在这样的误区，认为在风险管理架构的搭建中，应先完善信用风险管理，这是因为信用风险关系着信贷资产质量。但实际上，信贷资产质量背后，并不仅仅涉及信用风险，还存在操作风险。国际银行业界普遍对操作风险高度重视。其主要原因是，银行机构越来越庞大，产品越来越多样化和复杂化，还有金融业和金融市场全球化的趋势，使得一些"操作"上的失误，可能带来极其严重的后果。对于我国商业银行来说，操作风险造成的巨额损失屡见不鲜，近期银行业发生的重大舞弊案更是警醒着人们，操作风险不容小视。

操作风险的发生，虽然与宏观环境有关，但从更深层次上看，也反映出商业银行增长模式的问题。在规模和利润的压力下，管理者倾向于以粗放经营来获取短期利益，各商业银行业务的差异性不大，市场与产品的类型不够丰富，技术含量较低，反过来又加剧了同业竞争。一些拓展新市场的银行急于做大规模，于是对员工的一些违规行为或"擦边球"睁一只眼闭一只眼。

"操作人员的道德风险、行为特征是相当难以量化控制的。根据国际上的成功经验，大的商业银行一般都对业务线垂直管理，实行事业部制。但目前国内银行一致的决策机制和组织结构的金字塔构架导致了决策高度官僚化和一致性，真正的决策者并不承担责任。因此，再造新的管理架构体制、重塑新的权利与责任对等的激励机制，将是降低目前银行操作风险、遏制金融系统大要案频发的有效之策。"某股份制银行基层网点负责人坦言。

实现对操作风险的有效防控是银行的一项长期任务。记者在采访中了解到，一些银行的操作风险事故为整个银行业敲响了警钟，各家银行都在采取行动，完善内部风险管理。"浦发银行将内控工作，特别是案件防范工作制度化、常态化，并融入总、分、支行各级经营机构的日常经营管理中。一是把案件防控的责任以及激励、问责纳入制度管理；二是总行每年制订并下发案件防控工作方案，对每年度需重点关注的领域、重点采取的措施提出切实可行的指导意见和要求，也便于分、支行监督检查和考核评价，并以案件防控工作任务计划表的形式在各部门和各分、支行之间细化量化、分解实施；三是加大案件防控工作成效在各级经营机构绩效考核中的占比，从而进一步提高各级管理人员对案件防控工作的重视，实现正向激励；四是加大风险管理隐患自查、抽查和排查工作力度。"浦发银行相关负责人告诉记者。

（资料来源：孟扬. 管控操作风险是银行业永恒主题. 金融时报，2013-01-30.）

问题：银行提高操作风险管理水平的方法有哪些？

**知识目标：**

1. 掌握操作风险管理的主要控制技术。
2. 了解操作风险资本计量方法。
3. 了解操作风险管理体系。

**能力目标：**

1. 熟悉操作风险的形成原因。
2. 熟悉操作风险缓释方案

**关键词：**人员因素、内部流程、系统缺陷、外部事件、关键风险指标、标准法、高级计量法、操作风险缓释

# 模块一 操作风险的类型与特征

## 一、操作风险概念界定

### (一)巴塞尔委员会给出的操作风险定义

在项目 1 "金融风险"中，本书已经介绍过操作风险的定义，现在简单回顾一下。2004年通过并公布的《巴塞尔新资本协议》(巴塞尔协议 II)中，对操作风险的定义是，由不完善或有问题的内部程序、人员及系统或外部事件所造成损失的风险。

20 世纪 80 年代以来，商业银行、保险公司和投资公司一直在通过对内部和外部通信、计算机的大规模投资及技术基础设施的扩张努力提高营运效率。互联网和无线通信技术正在对金融服务业产生深远影响。操作风险部分来自于技术风险，当已有技术出现故障或后台支持系统瘫痪时，就会产生这种风险。后台支持系统将银行员工和技术结合起来提供票据清算、结算和其他银行服务，以支持金融机构的表内外基础交易，员工的操作失误或者后台技术故障都会给这些交易造成无法预料的损失，这种操作风险给金融机构的经理和监管者带来巨大的忧虑。

### (二)操作风险损失事件

由于操作风险给金融机构带来的不可预知的风险损失，越来越多的金融机构开始为操作风险准备损失基金，国际清算银行(由全球主要国家中央银行组成的一个重要机构)甚至建议本行应该持有一笔资本基金来防止这种风险所造成的损失。下面将一些国际金融界发生的典型操作风险事件进行简单回顾。

**德国银行 3.5 亿欧元"乌龙"事件**

2008 年 9 月 15 日，即美国次贷危机爆发约一年后的一个上午，拥有 158 年历史的美国第四大投资银行雷曼兄弟向法院申请破产保护，消息瞬时传遍全球金融市场。然而，令人匪夷所思的是，相隔仅 10 分钟，在德国经济复兴中功不可没、以"金融安全"著称全球

的德国复兴信贷银行(KFW Bankengruppe)，居然按照原定外汇掉期协议，通过计算机自动付款系统，向雷曼即将冻结的银行账户转入 3.5 亿欧元，巨款瞬间有去无回。事件曝光后，各方舆论哗然。复兴信贷银行不仅遭受巨额财务损失，声誉亦大跌，并被封为"德国最愚蠢银行"。

### 日本大和银行巨亏

1995 年，总部设在大阪的日本大和银行行长藤田彬宣布，由于驻纽约分行雇员井口俊英从 1984 年开始在账外买卖美国债券，使该行蒙受了 1 100 亿日元(约合 11 亿美元)的巨额损失。"二战"结束时，日本通过了《证券和交易法》，其中第 65 条严令禁止日本的银行参与国内证券业，旨在保证存款人利益不受证券市场大幅度波动的影响。然而，日本银行业的利润来源因此大受限制，在与非银行金融机构的业务竞争中也显然处于不利地位。于是，日本银行业纷纷积极拓展国际证券业务，通过国际渠道进行国内证券投资，以此增加利润、积累经验，等待国内金融管制的放松。许多日本银行将其海外分支机构作为对国内人员进行证券交易培训的基地。由于膨胀太快，交易人员缺乏必要的素养和经验，交易机构又缺乏必要的风险管理机制，这就为恶性事件的发生埋下了隐患。

### 外部事件造成的后台系统危机

2001 年，美国"9·11"事件中遭受恐怖袭击的世界贸易中心和五角大楼，在后台系统中受到无法预料的损害。袭击发生一周之后，纽约银行仍然无法建立一些关键的通信联系，比如与政府证券清算公司(政府债券市场的核心部分)的联系。尽管交易最终入了账，但纽约银行的客户却不能立即获得关于其交易头寸的报告。

## 二、操作风险的类型

### (一)人员因素引起的操作风险

操作风险的人员因素是指因商业银行员工发生内部欺诈、失职违规以及因员工的知识或技能匮乏、核心员工流失、违反用工法等造成损失或不良影响而引起的风险。

#### 1. 内部欺诈

内部欺诈是指银行员工故意骗取、盗用本行财产或违反监管规章、法律或公司政策导致的损失。我国商业银行员工欺诈行为导致的操作风险主要集中于内部人作案和内外勾结作案两种，属于最常见的操作风险类型。

#### 2. 失职违规

失职违规是指商业银行内部员工因个人行为过失没有按照雇佣合同、内部员工守则、相关业务及管理规定操作或者办理业务给银行造成的风险，主要包括工作过失、未经授权从事的业务以及超越授权进行的活动。员工越权行为包括滥用职权、对客户进行误导、支配超出其权限的资金额度。

### 3. 知识技能匮乏

商业银行员工在工作中，由于知识或技能匮乏所造成的操作风险主要有以下三种。

(1) 自己意识不到缺乏必要的知识或技能，按照自己认为正确而实际错误的方式工作。

(2) 意识到自己缺乏必要的知识或技能，但由于颜面或其他原因，未向管理层提出或声明，其无法胜任或不能正确处理面对的工作状况。

(3) 意识到自己缺乏必要的知识或技能，并进而利用这种缺陷危害商业银行的利益。

在前两种情况下，知识或技能匮乏的员工会按照其认为正确的方式工作，如果其负责核心业务方面的工作，则很可能给商业银行带来经济或声誉方面的损失。第三种情况则被认为属于内部欺诈。

### 4. 核心雇员流失

核心雇员具备商业银行普通员工不具备的知识或技能，或能够快速吸收商业银行的内部知识技能。核心雇员掌握商业银行大量的技术和关键信息，其流失将给商业银行带来不可估量的损失。核心雇员流失造成的风险集中体现为商业银行对关键人员(如交易员、高级客户经理)过度依赖的风险，银行缺乏足够的后备人员、关键信息缺乏共享和文档记录、岗位轮换机制不到位等。

### 5. 违反用工法

商业银行员工劳动合同的签订和解除应符合《中华人民共和国劳动法》和《中华人民共和国劳动合同法》等相关规定，相关内部规章制度的制定和员工的安排使用也应以上述两个法规为依据，并及时传达给员工。在商业银行人力资源管理的实际操作中，违反相关法规或者没有按照规定的程序直接解除劳动合同的做法，经常引起劳动合同纠纷，从而给银行造成一定的损失。违反用工法导致操作风险的情况包括非法终止合同、歧视政策或差别待遇、虐待员工、违反健康与安全规定等。

## (二)内部流程造成的操作风险

内部流程因素引起的操作风险是指由于商业银行业务流程缺失、设计不完善，或者没有被严格执行而造成的损失，主要包括财务/会计错误、文件/合同缺陷、产品设计缺陷、错误监控/报告、结算/支付错误、交易/定价错误六个方面。

产品创新是商业银行市场竞争的主要手段，新产品开发更加快速、限制条件更加宽松、办理流程更加简便，虽然有助于吸引更多客户资源，但如果存在内部控制流程的缺失、产品设计不合理或风险管理技术不到位等问题，就很容易导致风险损失。

## (三)系统缺陷带来的操作风险

系统缺陷引发的操作风险是指由于信息科技部门或服务供应商提供的计算机系统(或设备)发生故障(或其他原因)，导致商业银行前台不能正常营业或中台运营不畅，甚至导致业务中断而造成的损失。

商业银行无论是对大客户的现金管理、对个人客户的网银服务，还是对内部的风险管理，都高度依赖日趋复杂和智能化的信息管理系统，而《巴塞尔新资本协议》的实施，又从银行监管角度对商业银行的信息系统和数据质量又提出了更高要求。

### (四)外部事件产生的操作风险

商业银行是在一定的政治、经济和社会环境中运营的，经营环境的变化、外部突发事件等都会影响其正常的经营活动甚至造成损失。外部事件可能是由于银行内部控制失败或内部控制存在薄弱环节，也可能是由于外部因素，对商业银行正常运行(或声誉)造成威胁。外部事件包括的情况有外部欺诈、洗钱、政治风险、金融监管规定、银行业务外包、自然灾害、恐怖威胁等。

## 三、操作风险的特征

### 1. 内生性

除了外部事件以外，引起操作风险的其他三个风险因素(内部程序、人员、系统)都是商业银行内部产生的，所以操作风险具有内生性的特点。它广泛分布在商业银行的各条业务线上，查明操作风险易发的节点只能是在尽最大可能的前提下努力实现的目标。操作风险的一个危害性还体现在，它的发生很可能随着时间的推移转化成市场风险(如带来银行倒闭的可能性)和信用风险(即使不倒闭也会给银行带来严重的支付危机)。

### 2. 操作风险本身不能带来收益

前面我们介绍的利率风险和汇率风险，它们在给银行带来损失可能的同时也给银行带来收益可能。而操作风险对于银行来说，则是只可能带来损失的纯粹风险，在操作风险管理中不存在因为控制风险而可能会丧失风险收益的可能性，只需要对风险管理成本和风险损失之间的关系进行权衡选择即可。

### 3. 包括法律风险，但不包括声誉风险和战略风险

《巴塞尔新资本协议》中关于操作风险的范围涵盖了法律风险，但不包括声誉风险和战略风险。法律风险包括但不限于下列风险：①商业银行签订的合同因违反法律或行政法规可能被依法撤销或者确认无效的；②商业银行因违约、侵权或者其他事由被提起诉讼或者申请仲裁，依法可能承担赔偿责任的；③商业银行的业务活动违反法律或行政法规，依法可能承担行政责任或者刑事责任的。

### 4. "高频率、低影响"和"低频率、高影响"

在一项调查研究中将巴塞尔银行监管委员会收集到的 47 269 起操作风险事件按照涉案金额大小进行归类，再分析不同类型损失事件给银行造成的总损失金额。研究发现，那些发生频率较高的损失事件给银行造成的总损失金额较小，在所有损失事件的总损失金额中的占比较低；而那些发生频率较低的损失事件给银行造成的总损失金额相对较大，在所有损失事件的总损失金额中的占比较高。具体来说，占比77%的损失事件给银行造成的损失在总损失中的占比仅为 9.2%；而占比 0.2%的损失事件给银行造成的损失在总损失中的占比则高达 4.3%。据此可以得出操作风险的一个基本特征："高频率，低影响"、"低频率，高影响"，即发生频率较高的操作风险给银行造成的损失一般较小，而发生频率较低的操作

风险给银行造成的损失则相对较大。

# 模块二　操作风险的度量

本节我们将从操作风险的识别、评估和资本计量三个方面阐明商业银行在操作风险度量中可能使用的方法。目前操作风险度量远没有信用风险和市场风险度量那么成熟，鉴于操作风险对于银行日趋重要，巴塞尔委员会给出了度量操作风险的一些建议和方法，处于不同风险管理水平的商业银行可以参照使用。下面作一简要介绍。

## 一、操作风险识别方法

商业银行通常借助自我评估法和因果分析模型对所有业务岗位和流程中的操作风险进行全面而有针对性的识别，并建立操作风险成因和损失事件之间的对应关系。

### 1. 自我评估法

自我评估法是在商业银行内部控制体系基础上，通过开展全员风险识别，识别出全行经营管理中存在的风险点，并从影响程度和发生概率两个角度来评估操作风险的重要程度。它也对风险控制措施的质量进行评估，不仅对没有控制措施或控制不足而具有潜在风险的环节进行完善，也要对控制过度引起效率低下的环节进行重新调整。自我评估法的详细内容在操作风险评估部分进行阐述。

### 2. 因果分析模型

在综合自我评估结果和各类操作风险报告的基础上，利用因果分析模型能够对风险成因、风险指标和风险损失进行逻辑分析和数据统计，进而形成三者之间相互关联的多元分布。

实践中，商业银行通过先收集损失事件，然后识别导致损失的风险成因，方法包括实证分析法、与业务管理部门会谈等，最终获得损失事件与风险成因之间的因果关系。

## 二、操作风险评估方法

商业银行通常采用定性与定量相结合的方法评估操作风险。定性分析需要依靠有经验的风险管理专家对操作风险的发生频率和影响程度作出评估；定量方法则主要基于对内部操作风险损失数据和外部数据进行分析。操作风险评估要素包括内部操作风险损失事件数据、外部相关损失数据、情景分析、本行的业务经营环境与内部控制因素等四个方面。

### 1. 自我评估法

在操作风险自我评估的过程中，可依据评审对象的不同，采用流程分析法、情景模拟法、引导会议法、调查问卷法等方法，并借助操作风险定义及损失事件分类、操作风险损失事件历史数据、各类业务检查报告等相关资料进行操作风险自我评估。国际先进银行广泛采用自我评估法，并辅以信息系统支持，已成为操作风险管理不可或缺的重要手段。自我评估流程见表 8-1。

表 8-1　操作风险自我评估流程

| 阶　段 | 任务和目标 |
|---|---|
| 一、全员风险识别与报告 | 1. 每位员工依据本岗位工作职责，识别其工作环节中的风险点，初步评估风险程度和控制措施，并提出建议<br>2. 填制员工操作风险识别报告表<br>3. 成立自我评估小组，汇总本部门员工操作风险识别报告并进行梳理归并 |
| 二、作业流程分析、风险识别与评估 | 1. 自我评估小组绘制本部门作业流程图，并在相应节点标注风险点<br>2. 在上一阶段基础上，对风险点识别和标注工作进行补充和完善<br>3. 对识别出的操作风险进行分类，评估其严重程度 |
| 三、控制措施评估 | 1. 对照上一阶段识别出的操作风险，逐一对应是否存在有效的控制措施<br>2. 评估残余操作风险的重要程度<br>3. 评估控制措施的有效性、必要性、充分性和合规性 |
| 四、制订与实施控制优化方案 | 1. 查找出不可接受的残余操作风险以及控制措施存在缺陷的操作风险<br>2. 制订并实施对上述操作风险的改进和控制优化方案 |
| 五、报告自我评估工作与日常监控 | 1. 填制操作风险自我评估工作汇总表，向上级对口部门和同级风险管理部门报送，由风险管理部门逐级汇总上报总行风险管理部门，建立全行操作风险事件数据库<br>2. 各级机构和各业务条线根据操作风险自我评估工作汇总表，筛选出所辖操作风险程度高的风险点，加强日常监测和管理 |

### 2. 关键风险指标法

关键风险指标法基于自我评估法和因果分析模型，选择已经识别出的主要操作风险因素，并结合商业银行的内、外部操作风险损失事件数据形成统计分析指标，用以评估商业银行整体的操作风险水平。商业银行依据关键风险指标法所反映的风险评估结果进行优先排序，依据风险重要程度有针对性地采取恰当措施控制操作风险。

选择关键风险指标的基本原则是相关性、可计量性、风险敏感性和实用性。

确定关键风险指标的步骤和关键风险指标的示例见图 8-1 和表 8-2 所示。

了解业务和流程 ▸ 确定并理解主要风险领域 ▸ 定义风险指标并按重要程度进行优先排序 ▸ 设定关键风险指标

图 8-1　确定关键风险指标的步骤

表 8-2　关键风险指标示例

| 风险类别 | 关键风险指标 |
|---|---|
| 人员因素 | 人员在当前部门的从业年限 |
| | 员工人均培训费用=年度员工培训费用/员工人数 |
| | 客户投诉占比=每项产品客户投诉数量/该产品交易数量 |

续表

| 风险类别 | 关键风险指标 |
|---|---|
| 内部流程 | 交易结果和财务核算结果间的差异=某种产品交易结果和财务核算结果之间的差异/该产品交易总次数 |
| | 前后台交易不匹配占比=前台和后台没有匹配的交易数量/所有交易数量 |
| 系统缺陷 | 系统故障时间=某时段内业务系统出现故障的总时间/该段时间的承诺正常营业时间 |
| | 系统数量=每个业务部门与业务有关的 Excel 表格数量/业务系统种类 |
| 外部事件 | 反洗钱警报占比=反洗钱系统针对洗钱发出报警的交易量/实际交易量 |

商业银行根据关键风险指标评估自身的操作风险状况，难度在于对各项关键指标设定合理的阈值，即风险指标处于何种范围之内可以被认为是处于较低风险水平、中等风险水平或较高风险水平，并针对不同评估结果采取何种适当的风险控制措施。适时评估关键风险指标是否处于合理水平，有助于商业银行及时发现潜在的风险隐患，并将操作风险水平保持在可控制的范围之内。

商业银行应当基于操作风险自我评估法和关键风险指标法，定期对主要操作风险进行压力测试和情景分析，对可能发生的重大操作风险损失事件做好充分准备。

# 三、操作风险资本计量方法

《巴塞尔新资本协议》中给出了三种计量操作风险资本的方法，即基本指标法、标准法和高级计量法，这三种方法在复杂性和风险敏感度方面是渐次加强的。下面分别作一简单阐述。

## (一)基本指标法

基本指标法也称单一指标法，它不区分金融机构的经营范围、种类、规模和业务类型，而是把操作风险的资本要求同代表银行总体风险暴露的某项指标联系起来使用。这种方式容易量化，但无法反映出操作风险的特点与计量需要，风险敏感性较低。它比较适用于规模较小、业务单一的银行，对业务复杂的银行则不太适合。

采用基本指标法的银行持有的操作风险资本应等于前三年总收入的平均值乘上一个固定比例(用 $\alpha$ 表示)。资本计算公式如下：

$$KBIA = GI \times \alpha \tag{8-1}$$

式中：KBIA——基本指标法需要的资本；

　　　GI——前三年总收入的平均值；

　　　$\alpha$——15%，由巴塞尔委员会设定，将行业范围的监管资本要求与行业范围的指标联系起来。

总收入定义为：净利息收入加上非利息收入。这种计算方法旨在：①反映所有准备(如未付利息的准备)的总额；②不包括银行账户上出售证券实现的利润(或损失)；③不包括特殊项目以及保险收入。

鉴于基本指标法计算的资本比较简单，新协议中未对采用该方法提出具体标准。但是，巴塞尔委员会鼓励采用此法的银行遵循委员会于 2003 年 2 月发布的指引《操作风险管理和监管的稳健做法》。

## (二)标准法

标准法又称多指标法，它是对基本指标法的一种改进，能够为银行操作风险度量提供一种更为准确的方法。具体来说，就是将银行业务具体分为八个业务条线，先计算出每个业务线的总收入，然后根据各条业务线不同的操作风险资本要求系数(用 $\beta$ 值表示)，分别求出各条业务线对应的风险资本，最后加总八个业务线的资本，即可得到商业银行总体操作风险资本要求。

标准法改进了基本指标法过于简单的计算方式，把银行业务细分为了不同业务线，并且每个业务线使用不同的风险系数，有利于银行更好地度量操作风险。但是，在具体实践中，同一业务线中不同的业务所导致的操作风险损失并不相同，通过标准法计算出的操作风险资本还是不能和金融机构实际存在的操作风险相匹配。所以，标准法也很难适合业务复杂的大银行，主要适合业务比较单一的中小银行。

在标准法中，银行的业务分为 8 个产品线：公司金融、交易和销售、零售银行业务、商业银行业务、支付和清算、代理服务、资产管理和零售经纪，见表 8-3。在各业务线中，总收入是个广义的指标，代表业务经营规模，因此也大致代表各产品线的操作风险暴露。计算各产品线资本要求的方法是，用银行该产品线的总收入乘以一个该产品线适用的系数($\beta$ 值)。$\beta$ 值代表行业在特定产品线的操作风险损失经验值与该产品线总收入之间的关系。

### 表 8-3　产品线对应表

| 1 级目录 | 2 级目录 | 业务群组 |
| --- | --- | --- |
| 公司金融 | 公司金融 | 兼并与收购，承销、私有化，证券化，研究，债务(政府、高收益)，股本，银团，首次公开发行上市，配股 |
| | 市政/政府金融 | |
| | 商人银行 | |
| | 咨询服务 | |
| 交易和销售 | 销售 | 固定收入，股权，外汇，商品，信贷，融资，自营证券头寸，贷款和回购，经纪，债务，经纪人业务 |
| | 做市 | |
| | 自营头寸 | |
| | 资金业务 | |
| 零售银行业务 | 零售银行业务 | 零售贷款和存款，银行服务，信托和不动产 |
| | 私人银行业务 | 私人贷款和存款，银行服务，信托和不动产，投资咨询 |
| | 银行卡服务 | 商户/商业/公司卡，零售店品牌(Private Labels)和零售业务 |
| 商业银行业务 | 商业银行业务 | 项目融资，不动产，出口融资，贸易融资，保理，租赁，贷款，担保，汇票 |
| 支付和结算 | 外部客户 | 支付和托收，资金转账，清算和结算 |
| 代理服务 | 托管 | 第三方账户托管，存托凭证，证券贷出(消费者)，公司行为 |
| | 公司代理 | 发行和支付代理 |
| | 公司信托 | 企业年金受托人、其他受托代理 |
| 资产管理 | 可支配基金管理 | 集合，分散，零售，机构，封闭式，开放式，私募基金 |
| | 非可支配基金管理 | 集合，分散，零售，机构，封闭式，开放式 |
| 零售经纪 | 零售经纪业务 | 执行指令等全套服务 |

总资本要求是各产品线监管资本的简单加总。总资本要求如下所示。

$$KTSA = \sum (GI_{1-8} \times \beta_{1-8})$$

式中：KTSA——用标准法计算的资本要求；

　　　GI$_{1-8}$——按基本指标法的定义，8 个产品线中各产品线过去三年的年均总收入；

　　　$\beta_{1-8}$——由委员会设定的固定百分数，建立 8 个产品线中各产品线的总收入与资本要求之间的联系。$\beta$ 值详见表 8-4。

表 8-4　产品线操作风险系数表

| 产 品 线 | 风险系数 $\beta$ /% |
| --- | --- |
| 公司金融($\beta_1$) | 18 |
| 交易和销售($\beta_2$) | 18 |
| 零售银行业务($\beta_3$) | 12 |
| 商业银行业务($\beta_4$) | 15 |
| 支付和清算($\beta_5$) | 18 |
| 代理服务($\beta_6$) | 15 |
| 资产管理($\beta_7$) | 12 |
| 零售经纪($\beta_8$) | 12 |

## (三)高级计量法

高级计量法(Advanced Measurement Approach，AMA)是指商业银行在满足监管机构提出的资格要求，以及定性和定量标准的前提下，通过内部操作风险计量系统计算监管资本要求。经监管机构批准，商业银行可就大部分产品线使用高级计量法，对其余产品线使用标准法。

### 1. 资格要求

商业银行的董事会和高级管理层应当积极参与监督操作风险管理架构，拥有完整可行的操作风险管理系统，拥有充足的资源支持在主要产品线上采用该方法。

### 2. 定性标准

在采用高级计量法计量操作风险经济资本时，商业银行必须做到：操作风险评估系统融入日常风险管理系统；全行主要业务线都要配备操作风险资本；具备正式文件形式的内部操作风险管理政策、制度和流程。

### 3. 定量标准

商业银行可根据本行业务性质、规模和产品复杂程度、风险管理水平，自行选择操作风险计量模型，模型的置信度应设定为 99.9%，观测期为 1 年。

商业银行操作风险计量系统应具有较高的精确度，考虑到非常严重损失事件发生的频率和损失金额，在系统开发过程中，必须对模型开发和独立验证设定严格的程序。

### 4. 操作风险高级计量模型

(1) 内部衡量法。

内部衡量法是在标准法基础上进一步把八个产品线划分为七个事故类型：内部欺诈；外部欺诈；雇佣行为和职场安全；顾客、产品和商业行为；对实物资产的损坏；商业中断和系统失灵；执行、派送和过程管理。七个事故类型和八个产品线共组成56个组合，银行可使用自己的数据来计算组合预期损失值(EL)。与标准法相同，巴塞尔委员会把金融机构的业务分为不同的类型并对组合类型规定一个风险暴露的规模或数量。金融机构通过内部损失数据计算出给定损失时间下的发生概率(PE)以及该时间的损失程度(LGD)。然后监管者根据全行业的损失分布，为每个业务类型组合确定一个将预期损失转换为资本要求的转换因子，利用该因子计算每个业务单位的资本要求。对所有业务线/损失类型组合的资本加总，即得到总操作风险的资本要求。

与基本指标法和标准法相比，内部衡量法的优势在于：银行可使用自身损失数据计算监管资本要求，监管资本大小能随银行操作风险管理和损失特征不同而有所差异。这更加真实地反映了银行所承受的操作风险，银行可因此作出及时有效的风险管理措施，防范和化解操作风险。

内部衡量法的不足在于：内部衡量法下的监管资本计算是通过非预期损失与预期损失之间具有稳定关系(线性或非线性)得出的，这不同于前两种方法直接使用风险暴露指标(总收入)作为损失数据代替，并且假设风险暴露指标与最大损失之间存在线性关系，这很容易造成与银行内部业务单位和损失类型不匹配，与实际损失分布有出入。

(2) 损失分布法。

在损失分布法下，银行针对每个业务类别/损失事件估计操作风险在一定期间(通常为1年)内的概率分布。同内部衡量法不同，它需要分别估计操作风险事件发生频率和损失的概率分布。这通常需要使用蒙特卡洛模拟等方法或事先假定具体的概率分布。操作风险监管资本通常就是每个业务类别/事故类型组合VAR的简单加总。

以VAR方法为基础，给定置信区间和持有期，银行根据内部历史数据估计出每一业务种类/损失事件类型的两种可能性分布：单一事件的影响，次年事件发生的频率。然后银行在这两项估计基础上计算出累计损失分布概率，所有业务类型和事故类型的风险值总和，就是银行最终的操作风险资本配置要求。

# 模块三  操作风险控制技术

## 一、操作风险管理体系

下面从商业银行操作风险管理组织构架的角度解释操作风险管理体系。

### 1. 董事会

商业银行董事会应将操作风险作为商业银行面对的一项主要风险，并承担监控操作风险管理有效性的最终责任。其主要职责包括：制定全行操作风险管理战略和总体政策；确保全行的操作风险管理决策体系的有效性；定期审阅操作风险报告；确保高管层采取必要措施管理操作风险。

### 2. 高级管理层

商业银行的高级管理层负责执行董事会批准的操作风险管理战略、总体政策及体系。主要职责包括：负责操作风险日常管理；定期向董事会提交操作风险报告；明确各部门操作风险管理职责、报告路径；为操作风险管理配备适当资源。

### 3. 操作风险管理部门

商业银行应指定部门专门负责全行操作风险管理体系的建立和实施。该部门与其他部门应保持独立，确保全行范围内操作风险管理的一致性和有效性。其主要职责包括：拟定本行操作风险管理政策程序和具体操作规程；协作其他部门管理操作风险；规定操作风险报告程序；为其他部门提供操作风险管理培训。

### 4. 业务部门(包括内审部门)

商业银行相关部门对操作风险的管理情况负直接责任。主要职责包括：指定专人负责操作风险管理；确保与全行操作风险管理总体政策的一致性；监测关键风险指标，并及时上报。

### 5. 操作风险管理信息系统

为有效地识别、评估、监测、控制和报告操作风险，商业银行应当建立并逐步完善操作风险管理信息系统。管理信息系统至少应当记录和存储与操作风险损失相关的数据和操作风险事件信息，支持操作风险和控制措施的自我评估，监测关键风险指标，并可提供操作风险报告的有关内容。

## 二、操作风险缓释

根据商业银行的资本金水平和操作风险管理能力，可以将操作风险划分为可规避的操作风险、可降低的操作风险、可缓释的操作风险和应承担的操作风险。商业银行可根据不同的操作风险类型采取相应的管理策略，如表 8-5 所示。

表 8-5 操作风险类型及相应管理策略

| | |
|---|---|
| 可规避的操作风险 | 商业银行可以通过调整业务规模、改变市场定位、放弃某些产品等措施，让其不再出现 |
| 可降低的操作风险 | 交易差错、记账差错等操作风险可以通过采取更为有力的内部控制措施(如轮岗、强制休假、差错率考核等)来降低风险发生频率 |
| 可缓释的操作风险 | 火灾、抢劫、高管欺诈等操作风险往往很难规避和降低，甚至有些无能为力，但可以通过制订应急和连续经营方案、购买保险、业务外包等方式将风险转移或缓释 |
| 应承担的操作风险 | 有些操作风险如因员工知识/技能匮乏所造成的损失，是商业银行可以承担的，但需要为其计提损失准备或风险资本金 |

### 1. 制订连续营业方案

当商业银行的营业场所、电力、通信、技术设备等因不可抗力事件严重受损或无法使用时，商业银行可能因无力履行部分或全部业务职责而遭受重大经济损失，甚至个别金融机构业务中断可能造成更广泛的系统性瘫痪。面临此类低频高损事件的威胁，商业银行应当建立完备的灾难应急恢复和连续营业方案，涵盖可能遭受的各种意外冲击，明确那些对迅速恢复服务至关重要的关键业务程序，包括依赖外包商服务，明确在中断事件中恢复服务的备用机制。

连续营业方案应当是一个全面的计划，与商业银行的规模和复杂性相适应，强调操作风险识别、缓释、恢复以及持续计划，具体包括：业务和技术风险评估、面对灾难时的风险缓释措施、常年持续性/经营性的恢复程序和计划、恰当的治理结构、危机和事故管理、持续经营意识培训等方面。

商业银行应定期检查灾难恢复和连续营业方案，保证其与目前的经营和业务战略吻合，并对这些方案进行定期测试，确保商业银行发生业务中断时，能够迅速执行既定方案。

### 2. 购买商业保险

购买商业保险作为操作风险缓释的有效手段，一直是商业银行管理操作风险的重要工具。在商业银行投保前，不论是商业银行还是保险机构、都要充分评估商业银行操作风险的状况、风险管理能力及财务承受能力，最终确定商业银行自担风险还是保险机构承保。国内商业银行在利用保险进行操作风险缓释方面还处于探索阶段。

应当清醒地认识到，购买保险只是操作风险缓释的一种措施。预防和减少操作风险事件的发生，根本上还是要靠商业银行不断提高自身的风险管理水平。

### 3. 业务外包

商业银行可以将某些业务外包给具有较高技能和规模的其他机构来管理，用以转移操作风险。同时，外包非核心业务有助于商业银行将重点放在核心业务上，从而提高效率、降低成本。商业银行业务外包主要包括技术外包、处理程序外包、业务营销外包、专业性服务外包和后勤性事务外包等几大类。

从本质上说，业务操作或服务虽然可以外包，但其最终责任并未被"包"出去。外包并不能减少或免除董事会和高级管理层确保第三方行为的安全稳健，以及遵守相关法律的责任。商业银行必须对外部业务的风险进行管理，一些关键过程和核心业务，如账务系统、资金交易业务等不应外包出去，因为过多的外包也会产生额外的操作风险或其他隐患。

选择外包服务提供者时要对其财务状况、信誉状况和双方各自的独立程度进行评估。业务外包必须有严谨的合同或服务协议，明确对外包服务质量和可靠性的基本要求，并对信息保密和业务安全提出明确的要求。合同双方要清楚划分各自所要履行的义务，并在双方之间建立公开、可信的沟通渠道。对于关键业务，还要考虑应急方案，包括外包替代方的可行性以及可能在短期内转换外包合同方所需的资源和成本。

## 三、主要业务操作风险控制

根据我国商业银行目前的业务种类和运营方式，我们从最普通的柜台业务、法人信贷业务、个人信贷业务、资金交易业务和代理业务五个方面，简要分析银行业务的操作风险点及控制措施。

## (一)柜台业务

柜台业务泛指通过商业银行柜面办理的业务，是商业银行各项业务操作的集中体现，也是最容易引发操作风险的业务环节。柜台业务包括账户管理、存取款、现金库箱、印押证管理、票据凭证审核、会计核算、账务处理等各项操作。

### 1. 操作风险成因

(1) 轻视柜台业务内控管理和风险防范。

(2) 规章制度和业务操作流程本身存在漏洞。

(3) 因人手紧张而未严格执行换人复核制度。

(4) 柜台人员安全意识不强，缺乏岗位制约和自我保护意识。

(5) 柜员工作强度大但收入不高，工作缺乏热情和责任感。

### 2. 业务环节违规事项举例

(1) 账户开户、使用、变更和撤销。

① 恶意查询并窃取客户账户信息，伪造或变更支款凭证。

② 柜员不按规定办理冻结、解冻、扣划业务，造成单位或个人账户资金转移。

③ 频繁开销户，通过虚假交易进行洗钱活动等。

(2) 现金存取款。

① 未审核客户有效身份证件办理大额现金存取业务。

② 未能识别而收入本外币假钞或变造钞。

③ 离岗后钱箱未加锁或虽加锁但钥匙未妥善保管。

(3) 柜员管理。

① 柜员离岗未退出业务操作系统，被他人利用进行操作。

② 授权密码泄露或借给他人使用。

③ 柜员盗用会计主管密码私自授权，重置客户密码或强行修改客户密码。

(4) 重要凭证和重要物品管理。

① 凭证管理员领取重要空白凭证不入账或少入账，对外开具虚假单据。

② 不按规定进行账实核对，未及时发现重要空白凭证丢失、被盗。

③ 在空白有价单证、重要空白凭证上预先加盖印章。

④ 印、押、证不分管、分用。

(5) 现金库箱管理。

① 将库房钥匙临时交由他人代管。

② 管库员单人出入库房。

③ 代保管质押品外借，或白条抵库。

④ 上下级调拨库款时，缴领手续不全。

(6) 平账和账务核对。

① 未及时收回账务对账单，导致收款人不入账的行为不能及时被发现。

② 对账、记账岗位未分离，收回的对账单不换人复核。

③ 银企不对账或对账不符时，未及时进行处理。

(7) 抹账、错账冲正、挂账、挂失业务。

① 柜员未经授权办理抹账、冲账、挂账业务。

② 冒用客户名义办理挂失，利用挂失换单、盗用客户资金。

③ 客户利用虚假挂失诈骗资金。

### 3. 操作风险控制措施

(1) 完善规章制度和业务操作流程，并建立岗位操作规范和操作手册，通过制度规范来防范操作风险。

(2) 加强岗位培训，不断提高柜员操作技能和业务水平，同时培养柜员岗位安全意识和自我保护意识。

(3) 强化一线实时监督检查，改进检查监督方法，同时充分发挥各专业部门的指导、检查和督促作用。

## (二)法人信贷业务

法人信贷业务是我国商业银行最主要的业务种类之一，包括法人客户贷款业务、贴现业务、银行承兑汇票等业务。按照法人信贷业务的流程，可大致分为评级授信、贷前调查、信贷审查、信贷审批、贷款发放、贷后管理六个环节。

### 1. 操作风险成因

(1) 片面追求贷款规模和市场份额。

(2) 信贷制度不完善，缺乏监督制约机制。

(3) 信贷操作不规范，依法管贷意识不强。

(4) 客户监管难度加大，信息技术手段不健全。

(5) 社会缺乏良好的信贷文化和信用环境。

### 2. 业务环节违规事项举例

(1) 评级授信。

① 涉贷人员在企业发生重大变化或出现其他重大不利因素时，未及时下调信用等级和调整或终止授信额度。

② 客户提供虚假的财务报表和企业信息，骗取评级授信。

(2) 贷前调查。

① 信贷调查人员未按规定对信贷业务的合法性、安全性和营利性及客户报表的真实性、生产经营状况进行调查，或调查不深入细致，或按他人授意进行调查，未揭示问题和风险，造成调查严重失实。

② 客户编造虚假项目、利用虚假合同、使用官方假证明向商业银行骗贷，或伪造虚假质押物或质押权利。

(3) 信贷审查。

① 审查人员隐瞒审查中发现的重大问题和风险，或按他人授意进行审查，撰写虚假审查报告。

② 未按规定对调查报告内容进行审查，未审查出调查报告的明显纰漏，或未揭示出重大关联交易，导致审批人决策失误。

(4) 信贷审批。

① 超权或变相越权放款，向国家明令禁止的行业、企业审批发放信用贷款。

② 授意或支持调查、审查部门撰写虚假调查、审查报告。

③ 暗示或明示贷审会审议通过不符合贷款条件的贷款。

(5) 贷款发放。

① 逆程序发放贷款。

② 贷款合同要素填写不规范。

③ 未按规定办妥抵押品抵押登记手续或手续不完善，造成抵押无效。

④ 未按规定办理质押物止付手续和质押权利转移手续，形成无效质押。

(6) 贷后管理。

① 未及时收取贷款利息、贷款利息计算错误。

② 未按规定对贷款资金用途进行跟踪检查。

③ 未关注企业生产经营中的重大经营活动和重大风险问题。

④ 不注意追索未偿还贷款而丧失诉讼时效。

### 3. 操作风险控制措施

(1) 牢固树立审慎稳健的信贷经营理念，坚决杜绝各类短期行为和粗放管理。

(2) 明确主责任人制度，对银行信贷所涉及的调查、审查、审批、签约、贷后管理等环节，明确主责任人及其责任，强化信贷人员责任和风险意识。

(3) 加快信贷电子化建设，运用现代信息技术，把信贷日常业务处理、决策管理流程、贷款风险分类预警、信贷监督检查等行为全部纳入计算机处理，形成覆盖信贷业务全过程的科学体系。

(4) 提高信贷人员综合素质，造就一支具有风险意识、良好职业道德、扎实信贷业务知识、过硬风险识别能力的高素质队伍。

(5) 把握关键环节，有针对性地对重要环节和步骤加强管理，切实防范信贷业务操作风险。

## (三)个人信贷业务

个人信贷业务是国内商业银行竞相发展的零售银行业务，包括个人住房按揭贷款、个人大额耐用消费品贷款、个人生产经营贷款和个人质押贷款等业务品种。

### 1. 操作风险成因

(1) 商业银行对个人信贷业务缺乏风险意识或风险防范经验不足。

(2) 内控制度不完善、业务流程有漏洞。

(3) 管理模式不科学、经营层次过低且缺乏约束。

(4) 个人信用体系不健全。

### 2. 各种业务违规事项举例

(1) 个人住房按揭贷款。

① 信贷人员未尽职调查客户资料而发放个人住房按揭贷款。

② 房产中介机构以虚假购房人名义申请二手房贷款，骗取商业银行信用。

③ 内外勾结编造客户资料骗取商业银行贷款。

(2) 个人大额耐用消费品贷款。

① 内部人员编造、窃取客户资料，假名、冒名骗取贷款。

② 未规避放款权限而化整为零向客户发放个人消费贷款。

③ 客户出具虚假收入证明骗取汽车消费贷款或大额耐用消费品贷款。

(3) 个人生产经营贷款。

① 向无营业执照的自然人或法人客户发放个人生产经营贷款。

② 抵押物未按规定到有关部门办理抵押登记手续，形成无效抵押或未按规定保管抵押物。

(4) 个人质押贷款。

① 质押单证未办理止付手续或止付手续不严密，质押单证未经所有人书面承诺、签字形成无效质押。

② 未对保单、存单等质押物进行真实性验证。

### 3. 操作风险控制措施

(1) 成立个人信贷业务中心，由中心进行统一调查和审批，实现专业化经营和管理。

(2) 加强规范化管理，理顺个人贷款前台和后台部门之间的关系，完善业务转授权制度，加强法律审查，实行档案集中管理，加快个人信贷电子化建设。

(3) 切实做好个人信贷贷前调查、贷时审查、贷后检查各个环节的规范操作，防范信贷业务操作风险。

## (四)资金交易业务

资金交易业务是商业银行为满足客户保值增值或防范市场风险等方面的需要，利用各种金融工具进行的资金和交易活动，包括资金管理、资金存放、资金拆借、债券买卖、外汇买卖、黄金买卖、金融衍生产品交易等业务。从资金交易业务流程来看，可分为前台交易、中台风险管理、后台结算三个环节。

### 1. 操作风险成因

(1) 风险防范意识不足，认为资金交易业务主要是市场风险，操作风险不大。

(2) 内部控制薄弱，部门及岗位设置不合理，规章制度滞后。

(3) 电子化建设缓慢，缺乏相应的业务处理系统和风险管理系统。

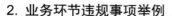

### 2．业务环节违规事项举例

(1) 前台交易。

① 交易员未及时止损，未授权交易或超限额交易。

② 交易员虚假交易和未报告交易。

③ 因计算机系统中断、业务应急计划不周造成交易中断或数据丢失而引发损失。

④ 交易定价模型或定价机制错误。

(2) 中台风险管理。

① 在跨国交易中，对国际惯例、法律和条款把握不准。

② 未及时监测和报告交易员的超权限交易和重大头寸变化。

③ 对交易的风险评估不及时、不准确。

(3) 后台结算。

① 交易结算不及时或交易清算交割金额计算有误。

② 因录入错误而错误清算资金。

③ 因系统中断而不能及时将资金清算到位。

④ 未及时与前台核对交易明细，前后台账务长期不符。

### 3．操作风险控制措施

(1) 树立全面风险管理理念，将操作风险纳入统一的风险管理体系。

(2) 完善资金营运内部控制，资金的调出调入应有真实的业务背景，严格按照授权进行资金业务操作，并及时划拨资金，登记台账。

(3) 加强交易权限管理，明确规定允许交易的品种，确定资金业务单笔、累计最大交易限额以及相应承担的单笔、累计最大交易损失限额和交易止损点，对资金交易员进行合适的授权，并建立适当的约束机制。

(4) 建立资金业务的风险责任制，明确规定各个部门、岗位的操作风险责任。

(5) 开发和运用风险量化模型，引入和应用必要的业务管理系统，对资金交易的收益和风险进行适时、审慎的评价。

## (五)代理业务

代理业务是指商业银行接受客户委托，代为办理客户指定的经济事务、提供金融服务并收取一定费用，包括代理政策性银行业务、代理中央银行业务、代理商业银行业务、代收代付业务、代理证券业务、代理保险业务、代理其他银行的银行卡收单业务等。

### 1．操作风险成因

(1) 风险防范意识不足，认为即使发生操作风险，损失也不大。

(2) 监督管理滞后，内部控制薄弱，部门及岗位设置不合理，规章制度滞后。

(3) 业务管理分散，缺乏统筹管理。

(4) 电子化建设缓慢，缺乏相应的代理业务系统。

## 2. 各种风险因素违规事件举例

(1) 人员因素。

① 业务人员贪污或截留手续费，不进入大账核算。

② 未经授权或超过权限擅自进行交易。

(2) 内部流程。

① 销售时进行不恰当的广告和不真实的宣传，错误和误导销售。

② 代理合同或文件存在瑕疵，对各方的权利、义务、责任规定不明确，或将商业银行不当卷入代理业务纠纷中。

③ 未获得客户允许代理扣划资金或进行交易。

④ 超委托范围办理业务。

(3) 系统缺陷。

① 计算机系统中断、业务应急计划不力造成代理业务中的数据丢失而引发损失，如代理证券买卖因系统中断使客户不能及时买入卖出股票而遭受损失。

② 系统设计和/或系统维护不完善，造成数据/信息质量不符合委托方要求。

(4) 外部事件。

① 委托方伪造收付款凭证骗取资金。

② 通过代理收付款进行洗钱活动。

③ 由于新的监管规定出台而引起的风险。

## 3. 操作风险控制措施

(1) 加强基础管理，坚持委托代理业务合同书面化，并对合同和委托凭证严格审核，业务手续费收入必须纳入银行经营收入大账。

(2) 加强产品开发管理，编制新产品开发报告，建立新产品风险跟踪评估制度，在新产品推出后，对新产品的风险状况进行定期评估。

(3) 提高电子化水平，充分利用本行已有的网络系统、技术设备与被代理单位的数据库进行对接，积极研究开发银行与被代理单位的实时链接系统，促成双向联网操作，实现代理业务电子化操作。

(4) 设立专户核算代理资金，完善代理资金的拨付、回收、核对等手续，防止代理资金被挤占挪用，确保专款专用。

在商业银行实践中，操作风险在不同业务领域千差万别、交错复杂，完整覆盖商业银行所面临的全部操作风险并提出相应的控制措施，是一项浩繁而艰巨的系统工程。

# 案 例 讨 论

## 光大证券"乌龙指"事件

2013 年 8 月 16 日上午，中国 A 股市场突发极为罕见的异常事件——69 只权重股被瞬间拉至涨停，这些股票均为上证 180 成分股，其中 33 只属于上证 50 成分股。一时间市场"传言四起"，各种利好猜测纷至沓来，众说纷纭。

追溯到当日行情巨变，最初起源于中国石化的成交：11点5分31秒，此前一直稳定交易的中国石化突然"发飙"，一秒内出现五笔跳价成交，单笔成交量均达到9807手，股价瞬间从4.48元跳升至4.58元，随后极短时间内飙至涨停。中国石化瞬间飙涨"激起千层浪"，大量资金开始涌入其他蓝筹股，金融类个股先声夺人：11点5分54秒，工商银行一秒内七次跳价成交9786手，一秒后继续以多笔9786手的成交量跳价成交，直至11点5分56秒，两市第一大市值股工商银行触及涨停位，震惊市场。从11点5分31秒到5分56秒，中国石化和工商银行两大权重龙头先后涨停。在石化、银行带动下，多只权重股迅速跟进：光大银行、中国银行、农业银行等均大幅拉升；上证50板块多数股票离奇盘中封至涨停。据记者统计，上证50板块总计有33只股票秒封涨停，但令人奇怪的是，银行成分股中独独缺了建设银行未涨停。同时股指期货IF1308合约从2312点附近，一分钟冲高55点，午盘时升至2395点；主力合约IF1309最高上冲至2408点，但仅不到1分钟后立马跳水回落。华夏50ETF、华泰柏瑞300ETF等大盘蓝筹ETF亦大幅拉升。

2013年8月18日下午，光大证券发布公告，披露了此次事件经过，并承认是公司策略投资部使用的套利策略系统出了问题。证监会同日通报了光大证券"乌龙指"事件的初步核查情况，光大证券存在程序调用错误、额度控制失效等设计缺陷，并被连锁触发，导致生成巨量市价委托订单，累计申报买入234亿，实际成交72.7亿。同日，将18.5亿股票转化为ETF卖出，并卖空7130手股指期货合约。证监会新闻发言人说，经初步核查，是光大证券自营的策略交易系统存在设计缺陷，连锁触发后生成巨额订单，尚未发现人为操作差错。

光大证券表示，按照8月16日的收盘价，上述交易的当日盯市损失约为1.94亿元，最终损失将随市场情况发生变化。本次事件导致8月16日光大证券"权益类证券及证券衍生品/净资本"指标超过了100%的监管红线，可能因此事件面临监管部门的警示或处罚，从而可能影响光大证券业务拓展和经营业绩，亦给公司品牌声誉及市场形象带来负面影响。光大证券表示，已通过自有资金、变现部分证券类资产等措施，保证交易正常清算交收。因本次事件对投资者可能产生的损失，光大证券表示将依法履行应尽的职责和义务，并向投资者致歉。

（资料来源：证监会：对光大证券正式立案调查. 中国网，2013-08-19.）

**问题：**

1. 光大证券发生的"乌龙指"事件属于哪种金融风险？
2. 光大证券内部什么原因产生了这次危机？
3. 光大证券为了弥补损失作出的交易行为是否给散户投资者再次带来损失？
4. 该事件反映了光大证券哪些内控制度存在问题？

## 日本瑞穗证券"乌龙指"操盘手敲乱日本股市

2005年12月8日，日本瑞穗证券公司的一名经纪人在交易时出现重大操作失误，引发投资者恐慌并导致证券类股票遭遇重挫，东京证券交易所陷入一片混乱。这个错误发生在当天上午开盘后不久。瑞穗证券公司一名经纪人接到一位客户的委托，要求以61万日元（约合4.19万元人民币）的价格卖出1股J-Com公司的股票。然而，这名交易员却犯了个致命的错误，他把指令输成了以每股 1 日元的价格卖出 61 万股。

这条错误指令在 9 时 30 分发出后，J-Com 公司的股票价格便快速下跌。等到瑞穗证券公司意识到这一错误，55 万股股票的交易手续已经完成。为了挽回错误，瑞穗发出了大规模买入的指令，这又带动 J-Com 股票出现快速上升，到 8 日收盘时已经涨到了 77.2 万日元(约合人民币 5.3 万元)。回购股票的行动使瑞穗蒙受了至少 270 亿日元(约合 18.5 亿元人民币)的损失。

此次事件中最冤枉的瑞穗证券公司是哑巴吃黄连，有苦说不出。而遭受损失的还有众多的散户，因为当天有不少散户只听到了有证券公司出现操作失误将遭遇大规模亏损的传言，却不知道具体是哪家公司，因此只好把证券公司的股票一股脑地抛售，在短短几个小时内，上市公司的股票被抛售一空。股票持有者生怕自己买的公司就是那个倒霉蛋，也清仓出售。

(资料来源：乌龙事件知多少，国内外股市"乌龙指"大盘点. 搜狐资讯，2013-08-16.)

**问题：**

1. 瑞穗证券公司面临的是哪种类型的金融风险？
2. 应该通过哪些风险控制措施防范此种类型的金融风险发生？
3. 此类金融风险是系统性风险还是非系统性风险，为什么？

# 扩 展 阅 读

## 我国商业银行操作风险管理现状

20 世纪 90 年代以来，操作风险的日益严重，使商业银行即便达到资本充足率的要求，也可能因为操作风险而陷入经营困境，甚至导致破产。人们开始关注操作风险在银行风险管理中的地位和影响。《巴塞尔新资本协议》首次将操作风险纳入银行资本计量与监管范围，并且要求金融机构为操作风险配置相应的资本金水平。这标志着操作风险已成为商业银行风险体系中不容忽视的部分。但迄今为止，我国商业银行操作风险管理仍然问题颇多，内部控制制度建设滞后。特别是近几年，国有商业银行因操作风险造成的案件层出不穷，损失相当惨重，严重影响了我国商业银行的竞争力。2007 年 1 月 1 日，我国银行业全面开放，与国际商业银行的竞争将日趋激烈。因此，研究我国商业银行操作风险管理对策具有特别的重要性和迫切性。

我国商业银行在改制过程中，由于缺乏内部控制制度和风险控制制度，产生了大量的操作风险案件，给国有资产造成了巨大的损失。我国商业银行操作风险管理滞后于形势发展。随着全球经济金融一体化和金融管制的放松，同时金融创新层出不穷，操作风险的类型不断演变，我国商业银行原有的管理模式难以紧随这种环境的变化和技术的发展。而且，我国商业银行的操作风险管理尚处于初级阶段，与国际活跃银行相比存在较大差距，并且存在着一系列认识上和管理上的问题，具体表现在以下几个方面。

**(一)操作风险管理理念亟待更新**

长期以来，我国商业银行疏于操作风险管理。无论是制度规则、认识水平都比较低，尚未将其视作一个独立的风险来认识，既不了解操作风险的内涵，也不掌握操作风险的边界。将操作风险仅仅停留在内控和审计的层次上，从未量化计算度量。银行内部缺乏严格的风控机制，对引发操作风险的行为没有给予及时有效的责任追究。

**(二)操作风险管理框架亟待健全**

国内商业银行的操作风险管理尚处于定性管理阶段，依赖专家管理，主要手段是质量控制。普遍没有建立起操作风险管理系统，对如何定量计算分析操作风险知之甚少，在开发和运用操作风险的资本分配模型上基本属于空白。国内目前采用的操作风险管理手段和方法基本上难以反映本行操作风险的总体水平和分布结构，与国际上以资本约束为核心的操作风险管理差距不小。另外，内部审计部门权威性不强。我国很多银行几乎都将内部审计部门作为操作风险管理的职能部门，但在权限上又与其他部室平行设置，其权威性的不足致使对总行、分行层面的稽核监督难以开展。

**(三)操作风险控制体系亟待完善**

大多数银行往往没有形成针对操作风险的统一的政策标准，各职能部门之间缺少必要的沟通协调。总分支行制下的直线职能制削弱了内控力度，各级负责人横向权力过大，为操作风险的发生提供了空间。

**(四)操作风险管理手段亟待加强**

一是内部稽核形式化问题严重，问责制没有威慑力。二是电子化手段缺乏，内控人员素质有待提高。三是操作风险的数据积累不足。由于产权和信息披露制度的原因，银行不但没有压力去披露操作风险事件，相反却有主动隐瞒风险事件的动机。另外，由于社会诚信机制不健全，行业数据和公共外部数据的真实性无从考证，也影响到风险计量和管理决策。

(资料来源：百度文库)

# 项 目 总 结

在《巴塞尔新资本协议》(巴塞尔协议 II)的框架下，操作风险的定义是，由不完善或有问题的内部程序、人员及系统或外部事件所造成损失的风险。操作风险的人员因素是指因商业银行员工发生内部欺诈、失职违规以及因员工的知识或技能匮乏、核心员工流失、违反用工法等造成损失或不良影响而引起的风险。内部流程因素引起的操作风险是指由于商业银行业务流程缺失、设计不完善，或者没有被严格执行而造成的损失。系统缺陷引发的风险包括系统设计不完善和系统维护不完善所产生的风险。外部事件包括的情况有外部欺诈、洗钱、政治风险、金融监管规定、银行业务外包、自然灾害、恐怖威胁等。

《巴塞尔新资本协议》中给出了三种计量操作风险资本的方法，即基本指标法、标准法和高级计量法，这三种方法在复杂性和风险敏感度方面是渐次加强的。

操作风险管理体系包括董事会、高级管理层、操作风险管理部门、各种业务部门和操作风险管理信息系统。操作风险缓释包括制订连续营业方案、购买商业保险、业务外包等。

本书从商业银行最普通的柜台业务、法人信贷业务、个人信贷业务、资金交易业务和代理业务五个方面，简要分析了银行业务的操作风险点及控制措施。

# 单 元 练 习

## 一、选择题

1. 《巴塞尔新资本协议》(巴塞尔协议Ⅱ)中不包括的金融风险类型是(　　)。
   - A. 信用风险
   - B. 市场风险
   - C. 操作风险
   - D. 流动性风险

2. 在下列行为中，(　　)是银行内部流程因素引发的操作风险。
   - A. 某银行运钞车在半路遭遇抢劫，损失 1000 万元
   - B. 办理抵押贷款时，为做成业务，银行在抵押手续尚未办理完全时即发放贷款
   - C. 某商业银行网上支付系统遭黑客攻击，上千用户信息泄露
   - D. 银行员工小王联合某无业人员，偷窃银行重要空白凭证

3. 下列关于操作风险识别方法中因果分析模型的说法，正确的是(　　)。
   - A. 因果分析的目的是鼓励各级机构主动承担责任
   - B. 是定性分析
   - C. 实践中可采用实证分析法、与业务管理部门会谈等方法
   - D. 不能识别哪些因素与风险损失具有较高的关联度

4. 下列关于商业银行通过业务外包以管理其操作风险的说法，错误的是(　　)。
   - A. 合理的业务外包可使商业银行提高效率，节约成本
   - B. 商业银行通过业务外包将最终责任转移给了外部服务提供商
   - C. 业务外包必须有严谨的合同或服务协议
   - D. 一些关键过程和核心业务不应外包出去

5. 与市场风险和信用风险相比，商业银行的操作风险具有(　　)。
   - A. 特殊性、非营利性
   - B. 普遍性、非营利性
   - C. 特殊性、营利性
   - D. 普遍性、营利性

6. 商业银行员工在代理业务操作中，下列行为容易造成操作风险的是(　　)。
   - A. 设立专户核算代理资金
   - B. 签订书面委托代理合同
   - C. 代理手续费收入先用于员工奖励再纳入银行大账核算
   - D. 遇到误导性宣传和错误销售，对业务风险进行必要的提示

7. 下列不属于操作风险关键指标的是(　　)。
   - A. 人员风险指标
   - B. 流程风险指标
   - C. 内部风险指标
   - D. 系统风险指标

8. 下列不属于操作风险成因中系统缺陷因素的是(　　)。
   - A. 数据/信息质量
   - B. 违反系统安全规定
   - C. 系统设计/开发的战略风险
   - D. 系统维修成本较高

9. 下列风险因素中不能引发操作风险的是(　　)。

A. 技术　　　　　B. 系统　　　　　C. 外部事件　　　　　D. 人员

## 二、判断题

1. 通过操作或服务的外包，相应转移了董事会和高级管理层确保第三方行为的安全稳健以及遵守相关法律的责任。（　　）

2. 操作风险主要是由内部人员因素和技术因素造成，因此操作风险的成因源于内部因素，而不是外部因素。（　　）

3. 商业银行只能通过内部损失数据来评估操作风险。（　　）

4. 公司治理是现代商业银行稳健经营和发展的核心。（　　）

5. 基本指标法以多种指标构成的指标体系作为衡量商业银行整体操作风险的尺度。
（　　）

6. 商业银行将业务活动归类到对应业务条线时，必须使其与信用风险或市场风险计量时所采用的业务条线分类定义一致。（　　）

7. 在使用高级计量法计量操作风险监管资本时，无论用于损失计量还是用于验证，商业银行必须具备至少 5 年的内部损失数据；但对初次使用高级计量法的商业银行，允许使用 3 年的历史数据。（　　）

8. 商业银行在计量操作风险监管资本时，操作风险的缓释因素不包括保险理赔收入。
（　　）

9. 外部事件引发的操作风险包括外部欺诈、洗钱、违反系统安全规定和监管规定。
（　　）

10. 根据我国监管机构的要求，商业银行可以采取的用于计量操作风险监管资本的方法不包括内部评级法。（　　）

## 三、问答题

1. 2009 年，张某向银行申请了 50 万元的个人住房贷款，期限为 15 年，由于手续欠缺，其抵押程序不完善。贷款发放后不久，张某因车祸去世，其贷款处于高风险状态。这属于引发操作风险的哪种风险因素？

2. 操作风险缓释工具包括的内容有哪些？

3. 操作风险评估方法常用的有哪些？

4. 操作风险计量中的基本指标法和标准法有什么区别？

5. 内部衡量法属于操作风险的高级计量法，它与标准法有何区别？

# 课 外 活 动

总结我国商业银行近年来在操作风险管理中的现状以及应对策略。

# 项目九　流动性风险管理

案例导入：

## 美国次级债危机演变过程回顾

2007 年 2 月 13 日：美国抵押贷款风险开始浮出水面；汇丰控股为在美次级房贷业务增 18 亿美元坏账拨备；美最大次级房贷公司 Countrywide Financial Corp.(全国金融集团)减少放贷；美国第二大次级抵押贷款机构 New Century Financial(新世纪金融)发布盈利预警。

2007 年 3 月 13 日：New Century Financial 宣布濒临破产。美股大跌，道指跌 2%、标普跌 2.04%、纳指跌 2.15%。

2007 年 4 月 4 日：裁减半数员工后，New Century Financial 申请破产保护。

2007 年 4 月 24 日：美国 3 月份成屋销量下降 8.4%。

2007 年 6 月 22 日：美股高位回调，道指跌 1.37%、标普跌 1.29%、纳指跌 1.07%。

2007 年 7 月 10 日：标普降低次级抵押贷款债券评级，全球金融市场大震荡。

2007 年 7 月 19 日：贝尔斯登旗下对冲基金濒临瓦解。

2007 年 8 月 1 日：麦格理银行声明旗下两只高收益基金投资者面临 25% 的损失。

2007 年 8 月 3 日：贝尔斯登称，美国信贷市场呈现 20 年来最差状态；欧美股市全线暴跌。

2007 年 8 月 5 日：美国第五大投行贝尔斯登总裁沃伦·斯佩克特辞职。

2007 年 8 月 6 日：房地产投资信托公司 American Home Mortgage(美国住房抵押贷款投资公司)申请破产保护。

2007 年 8 月 9 日：法国最大银行巴黎银行宣布卷入美国次级债危机，全球大部分股指下跌；金属原油期货和现货黄金价格大幅跳水。

从流动性视角看待这场危机，这次危机最先表现为货币市场的流动性下滑，银行紧缩银根，提高利率，银行间市场的信用配额下滑。由于银行的融资出现问题以及对结构化资产产品未来流动性的担忧，银行不愿意借贷给其他流动性不足的银行。由此引起这些结构化产品市场流动性的降低，引发了金融系统的流动性风险。金融系统中的各种风险相互影响、相互作用引发了这场史无前例的金融危机。

(资料来源：罗熹. 美国次贷危机演变及其对我国的警示. 求是，2008(18).)

问题：

1. 此次危机中，什么原因造成了商业银行的流动性风险？

2. 商业银行流动性风险表现出哪些特点？

知识目标：

1. 加强对流动性风险内涵与外延的理解。

2. 加深对商业银行流动性风险管理的认识。

**能力目标：**

1. 掌握商业银行流动性风险衡量的方法。
2. 学会关注实际工作中流动性风险管理变化的新特点。

　　**关键词：**商业银行流动性风险、流动性缺口、期限错配、货币错配、流动性覆盖率、净稳定资金比例、压力测试、情景分析

# 模块一　流动性风险的形成与类型

　　流动性风险是商业银行所面临的重要风险之一。进入 20 世纪，每一次金融危机中都有银行因流动性危机而倒闭的情况发生，对实体经济造成巨大的负面影响。正因如此，我国在针对商业银行经营管理立法时，明确了"商业银行以安全性、流动性、效益性"为经营原则，确立商业银行保持充足流动性的必要。在金融业竞争愈发激烈、银行业经营风险日益加大的新形势下，健全商业银行流动性管理机制，不仅仅是为了增强银行核心竞争力，更是为了维护金融秩序的稳定，对全社会负责。

## 一、流动性风险的含义

　　商业银行流动性是指商业银行满足存款人提取现金、支付到期债务和借款人正常贷款需求的能力。商业银行流动性包括两层含义：一是资产的流动性；二是负债的流动性。资产流动性是指商业银行持有的资产可以随时得到偿付或者在不贬值的情况下进行出售，反映了商业银行在无损失或微小损失情况下迅速变现的能力。资产变现能力越强，银行的流动性状况越佳，其流动性风险也相应越低。负债流动性是指商业银行能够随时以合理的成本吸收客户存款或从市场获得需要的资金，反映了商业银行在合理的时间、成本条件下迅速获取资金的能力。如果商业银行获取资金的能力较弱，则容易导致银行的流动性状况欠佳，其流动性风险也相应较高。

　　1997 年巴塞尔委员会发布的《有效银行监管的核心原则》中对流动性风险定义如下：流动性风险是指银行无力为负债的减少或资产的增加提供融资的可能性，即当银行流动性不足时，它无法以合理的成本迅速增加负债或变现资产获得足够的资金，从而影响其盈利水平。在极端情况下，流动性不足会造成银行的清偿问题。

　　流动性资产主要包括：现金，超额准备金，可在二级市场随时抛售的国债、债券、票据和其他证券类资产，短期内到期的拆放/存放同业款项，贷款，贴现，回购，证券类资产和其他应收款，其他短期内可变现的资产。

　　巴塞尔委员会将银行资产按流动性高低分为四类。

　　(1) 最具有流动性的资产，如现金及在中央银行的市场操作中可用于抵押的政府债券，这类资产可用于从中央银行获得流动性支持，或者在市场上出售、回购或抵押融资。

　　(2) 其他可在市场上交易的证券，如股票和同业借款，这些证券是可以出售的，但在不利情况下可能会丧失流动性。

　　(3) 商业银行可出售的贷款组合，一些贷款组合虽然有可供交易的市场，但在流动性分析的框架内却可能被视为不能出售。

(4) 流动性最差的资产包括实质上无法进行市场交易的资产，如无法出售的贷款、银行的房产和在子公司的投资、存在严重问题的信贷资产等。

需要注意的是，在计算资产流动性时，抵押给第三方的资产均应从上述各类资产中扣除。

流动性负债主要包括：活期存款，短期内到期的拆放/存放同业款项，中央银行借款，定期存款，发行的票据和债券，应付账款和其他应付款，其他短期内应支付的负债。

商业银行流动性又可以分为两个层次：商业银行提供现金满足客户提取存款的要求和支付到期债务本息，这部分现金称为"基本流动性"；基本流动性加上为贷款需求提供的现金称为"充足流动性"。当商业银行的流动性面临不确定性时，便产生了流动性风险。

流动性风险分为融资流动性风险和市场流动性风险。融资流动性风险是不能有效应对预期及非预期的现金流(包括即时现金流及未来现金流)和担保需求进而影响日常运营或财务状况的风险。市场流动性风险指由于市场深度不足或市场动荡，商业银行无法以合理的市场价格出售资产以获得资金的风险。长期以来，流动性风险管理大量关注于市场流动性风险，而新的监管方向越来越关注融资流动性风险的管理。

2007 年的金融危机体现了过去在跨国金融机构流动性管理、流动性监管规则的制定、应急融资计划的可行性、资产流动性的评估等多方面的监管已经不能适应新的全球金融市场环境。巴塞尔委员会在充分反思和总结此次金融危机的基础上，相继发布了若干关于流动性监管的指引文稿，不断提高流动性风险的可计量性和可操作性，着力强化流动性监管。2010 年 12 月，在金融危机的直接催生下，巴塞尔委员会发布了《巴塞尔协议Ⅲ》，将流动性风险监管与资本充足风险监管提升到同样重要的位置，此举被视作是《巴塞尔协议Ⅲ》的一个重要监管进展。

## 二、流动性风险的特点

### 1. 流动性风险是一种综合风险

流动性风险的产生除了因为商业银行的流动性计划不完善之外，信用、市场、操作等风险领域的管理缺陷同样会导致商业银行的流动性不足。综观 20 世纪 90 年代以来的银行危机案例，尽管它们发生的制度背景、金融环境以及影响的广度和深度不同，细加考察就会发现，造成危机的直接原因不管是信贷资产质量低下、投资失败或者是利率、汇率等金融环境发生变化，最终在现实中都表现为银行支付困难，流动性丧失。所以，流动性风险是信用风险、市场风险、操作风险、声誉风险及战略风险长期积聚、恶化的综合作用结果，是各种风险的最终表现形式。如果这些与流动性密切相关的风险不能及时得到有效控制，最终将以流动性危机的形式爆发出来。流动性风险与各类主要风险的关系如表 9-1 所示。

表 9-1  流动性风险与各类主要风险的关系

| 相关风险 | 具体关系内容 |
| --- | --- |
| 流动性风险与信用风险的关系 | 承担过高的信用风险可能导致不良贷款及违约损失大幅上升，贷款收益显著下降，从而增加流动性风险，如越来越多的贷款发放给高风险人群。信用风险加大时，银行可能要支付额外的费用作为补偿去吸引资金与储户 |
| 流动性风险与市场风险的关系 | 承担过高的市场风险(投机行为)可能因错误判断市场发展趋势，导致投资组合价值严重受损，从而增加流动性风险，如超限额持有/投机次级金融产品 |

续表

| 相关风险 | 具体关系内容 |
|---|---|
| 流动性风险与操作风险的关系 | 银行内部管理不到位造成操作风险，可能造成重大经济损失，从而对流动性状况产生严重影响。如法国兴业银行交易员违规交易衍生产品造成巨额损失，不得不接受政府救助 |
| 流动性风险与声誉风险的关系 | 任何涉及商业银行的负面消息都可能危及其声誉，进而削弱存款人和社会公众的信心并造成存款资金大量流失，最终使商业银行被动陷入流动性危机 |
| 流动性风险与战略风险的关系 | 制定/实施新战略(如开发/推广新产品/业务)之前，应合理评估并预测其可能对商业银行经营状况/资产价值造成的不利影响，避免战略决策错误可能造成的重大经济损失，从而对流动性状况产生严重影响。如美国雷曼兄弟开发并持有多种巨额次级债券产品，最终由此遭受灭顶之灾 |

商业银行应审慎评估信用风险、市场风险、操作风险、声誉风险等对资产负债业务流动性的影响，密切关注不同风险间的转化和传递。

### 2. 流动性风险的破坏力强

流动性风险最典型的表现就是由于公众信任危机引发的挤兑现象。银行在业务经营过程中，如果遭遇流动性危机，资金周转不灵，无法满足存款的提取和债务的清偿要求，或无法满足正常的借款需求，就会使客户对银行的信心动摇，继而对银行的安全性和营利性产生怀疑。而银行是高负债经营的企业，客户的信任是其经营的基础，信任的缺失足以触发大规模的资金抽离，或导致其他金融机构和企业为预防该银行可能出现违约而对其信用额度实行封冻。两种情况均可引发银行严重的流动性危机，甚至破产。

更甚者，银行的流动性危机具有传染性。一家银行机构的流动性风险会通过银行间市场传递，削弱其他银行的流动性，从而造成银行业危机的连锁反应，使单个银行的问题演变为系统性危机，导致巨大的社会成本。2007年金融危机发生后，各国政府纷纷作出反应以应对金融海啸。但是，至2008年9月份，危机开始影响到那些与房地产无关的普通信贷，而且进而影响到那些与抵押贷款没有直接关系的大型金融机构。雷曼兄弟在美联储拒绝提供资金支持援助后提出破产申请，而在同一天美林证券宣布被美国银行收购。这两个事件拉开了全球股市大崩盘的序幕，在9月15日和9月17日全球股市发生市值暴跌的情形。在9月16日，美国国际集团(AIG)因持有许多信用已经违约的到期合约而被调低其信用评级，该保险集团自身也陷入了一场清偿危机。美联储局应AIG要求，向AIG提供高达850亿美元的同业信贷融资便利服务。截至9月18日早晨，美国总市值为4兆美元的资本市场上，机构投资者要"卖出"的交易订单市值高达5000亿美元，而美联储注入市场的流动性资金仅有1050亿美元，资本市场岌岌可危。

可见，流动性风险可以演变成一种致命性的风险。

### 3. 流动性风险与中央银行的货币政策密切相关

一般来说，当中央银行采取扩张性货币政策时，市场流动性充裕，商业银行较容易获取资金。不论是银行自身资产增长还是偿还债务时所需要的资金，都容易得到满足，此时商业银行流动性风险较低，少有发生危机的可能。但是当货币政策转变为稳健或紧缩时，会导致整个社会货币数量和信用总量的减少，商业银行资金紧张，将承受较高的流动性风险。

2010 年 1 月至 5 月，监管层对商业银行实行额度限制，严格控制信贷投放，而央行则三次上调存款准备金率，并通过公开市场操作大力度回笼银行体系的流动性。从年初到 5 月上旬，银行间隔夜回购加权利率从 1.1%缓慢升至 1.5%附近。随着 1200 亿元 3 年期央行定向票据的发行，银行间隔夜回购加权利率在一周多时间里累计涨幅达到了 70～80 个基点，升至 2.3%左右。一直在市场上扮演"资金大佬"的几家国有大行突然转变方向，成了市场上最大的资金融入方。紧接着，股份制银行也都开始声称"无钱可出"，这一态势在连续几个交易日里没有丝毫缓解，资金面紧张加剧，资金利率迅速上涨。

### 4. 流动性风险只能管理不能消除或转移

流动性风险不像市场风险、信用风险那样，只在特定的情形下才会出现，流动性问题是银行经营过程中面临的一个普遍问题，是客观存在的。不仅在危机时期，即使在银行盈利的情况下，如果流动性弱，不能满足客户的支付要求，同样会引发流动性危机。流动性风险既不能消除，也不能利用市场进行风险转移，所以必须对其进行管理，流动性风险管理具有经常化的特征。

## 三、流动性风险形成原因

### (一)流动性风险形成的根本原因

流动性风险形成的根本原因是流动性供给与流动性需求不匹配，如表 9-2 所示。

流动性风险与信用风险、市场风险和操作风险相比，形成的原因更加复杂和广泛。流动性风险包括资产流动性风险和负债流动性风险。资产流动性风险是指资产到期不能如期足额收回，进而无法满足到期负债的偿还和新的合理贷款及其他融资需要，从而给商业银行带来损失的风险；负债流动性风险是指商业银行过去筹集的资金特别是存款资金，由于内外因素的变化而发生不规则波动，对其产生冲击并引发相关损失的风险。商业银行筹资能力的变化可能影响原有的融资安排，迫使商业银行被动地进行资产负债调整，造成流动性风险损失。这种情况可能迫使银行提前进入清算，使得账面上的潜在损失转化为实际损失，甚至导致银行破产。可以说，商业银行流动性风险的根源产生于硬负债与软资产之间的不对称性，造成流动性供给和流动性需求不相匹配。

表 9-2　影响银行流动性供给与流动性需求的因素

| 影响流动性供给增加的因素 | 影响流动性需求增加的因素 |
| --- | --- |
| 客户存款 | 客户提取存款 |
| 提供非存款服务所得收入 | 合格贷款客户的贷款要求 |
| 客户偿还贷款 | 偿还同业借款 |
| 银行资产出售 | 提取营业费用和税金 |
| 货币市场借款 | 向股东派发红利 |
| 发行新股 | |

流动性供给和流动性需求共同决定商业银行某个时点的流动性净头寸($L_t$)，即 $L_t$=流动性供给−流动性需求。一般来说，在任意时间 $t$，商业银行的净头寸 $L_t$ 为零的可能性不大。当流动性供给大于流动性需求的时候，就会出现流动资金剩余($L_t > 0$ 的部分)；反之，就会出现流动性赤字($L_t < 0$ 的部分)，流动性缺口产生。过于充裕的流动性无疑有利于增强商业银行的经营安全，但却不利于银行效益的取得；流动性缺口则又会使商业银行陷于经营困境，甚至引发危机。从理论上说，商业银行的流动性管理目标就是要在保持适度流动性的基础上，实现其盈利的最大化。实际上，确保适当的流动性是一个持续无终结的过程，这个过程就是流动性管理。

## (二)流动性风险形成的具体原因

### 1. 商业银行的资产负债期限错配

商业银行资产负债期限结构是指在未来特定的时段内，到期资产(现金流入)与到期负债(现金流出)的构成状况。理想情况下，到期资产与到期负债的到期日和规模都应当匹配；如果未能匹配，则形成了资产负债的期限错配，并可能因此造成流动性风险。

商业银行最常见的资产负债期限错配情况是将大量短期借款(负债)用于长期贷款(资产)，即"借短贷长"。商业银行的负债业务即资金的主要来源有存款、同业拆借、央行存款、从国际货币市场借款和发行金融债券等，其中具有短期性质的存款占了绝大部分比重；而商业银行的资金主要运用于贷款、贴现、证券投资、中间业务、表外业务等，其中贷款业务在商业银行资产构成中占了绝对比重，而这些贷款以营利性较高的中长期贷款为主。这种"借短贷长"的资产负债结构，其优点是可以提高资金使用效率，利用存贷利差增加收益。商业银行为了获取盈利而在正常范围内建立的"借短贷长"的资产负债期限结构，被认为是一种正常的、可控性较强的流动性风险。但是，如果这种期限错配严重失衡，当市场发生突然变动，如市场利率大幅波动，银行便很难在不受损失的情况下将其资产变现而满足其流动性需求，从而产生流动性风险。所以，"借短贷长"的资产负债结构内在不稳定性是客观存在的。

英国的北岩信贷银行因为"借短贷长"的信贷模式增长过快，引发了一场挤兑风暴。"北岩"于 1965 年由"北方"及"岩石"二家房屋抵押贷款公司合并而成，1997 年上市。其抵押贷款已遍及全英，是全英第五大的房屋抵押贷款银行，持有资产达 1130 多亿英镑。此次危机的爆发，是因为北岩信贷银行采取进取的抵押贷款策略，不仅以吸收的存款发放贷款，还从市场借进短期资金再以特优利率发放抵押贷款(至 2007 年 8 月底，这类融资占其抵押贷款的三分之二)。在市场风平浪静时，这样做的确能够获得良好的收益，截至 2007 年前 8 个月的抵押贷款总额比上年同期增长 55%。但金融危机后银根紧缩，北岩便陷入困境。其持有的资产大都有价无市，拆入的短期资金告急，意味资金周转出现困难。此时存款总计 240 多亿英镑的存款户，听信北岩可能周转不灵的谣言，纷纷提现，数日之间便排队提走约 120 亿英镑，其股价也急速从 2007 年年初的每股 1 172 便士跌至每股 317.75 便士。北岩无法在市场及同业间进行短期拆借，流动现金无以为继，情况岌岌可危。作为最后贷款窗口的英格兰银行为顾全大局，只好出手相救，向北岩信贷银行作出 34 年来首次拯救大型银行的紧急注资——数额高达 44 亿英镑。

当然，商业银行可以借助短期拆借维持流动性，但是流动性保持是一个在时间上连续的过程，现期的资产来源和运用会影响未来的流动性需求和供给，靠短期拆借来维持流动性只能产生恶性循环。在实践操作中，必须清醒地认识到，借入流动性是商业银行降低流动性风险的"最具风险"的方法，因为商业银行在借入资金时，不得不在资金成本和可获得性之间作出艰难的选择。商业银行通常选择在真正需要资金的时候借入资金。

因为各种内外部因素的影响和作用，商业银行的资产负债期限结构时刻都在发生变化，流动性状况也随之改变。除了每日客户存取款、贷款发放或归还、资金交易等会改变商业银行的资产负债期限结构外，存贷款基准利率的调整也会导致其资产负债期限结构发生变化。其他诸如股票市场投资收益率上升时，存款人倾向于将资金从银行转到股票市场，而借款人可能会提出新的贷款请求或加速提取那些支付低利率的信贷额度，也将对商业银行的流动性状况造成影响。

### 2. 资产负债货币错配

现代社会中，绝大多数商业银行从事国际业务，多币种的资产负债期限结构增加了商业银行流动性风险管理的复杂程度。商业银行的收支活动使用了不同的货币计值，其资产和负债的币种结构不同，导致其净值或净收入(或者兼而有之)对汇率的变化非常敏感，即出现了所谓的货币错配。货币错配分为债务型货币错配和债权型货币错配两种。债务型货币错配指的是商业银行所拥有的外币资产小于所需要偿付的外币负债，其风险在于本币贬值时，银行偿还债务要付出更多的本币；反之，如果商业银行拥有的外币资产大于外币负债，则称为债权型货币错配，其风险在于本币升值，本币升值会直接导致外币资产本币计量价值的减少。货币错配可以看作是汇率风险的表面现象之一，源于资产、负债比重结构不同或收支计价货币不同。汇率波动不仅给商业银行带来经济上的损失，同时对银行的偿付能力和运行稳定性造成了冲击。

近年来，随着我国经济的发展，国内商业银行持有的美元及其他币种的净头寸呈快速上升势头，在人民币兑美元波幅加大的情况下，外币敞口汇率风险也在加大。外汇敞口是由于银行外汇资产组合与外汇负债组合之间的不匹配以及表内外业务中的货币错配形成的。对六家有代表性的商业银行的货币错配风险分析可以看出，2007年以来，农业银行和工商银行的外汇风险敞口明显降低，其他4家商业银行年末持有的外汇敞口净头寸呈上升趋势。截至2012年年末，6家商业银行的外汇敞口净头寸为3710.71亿元，其中中国银行持有的外汇风险敞口高达1048亿元。从存量上看，我国商业银行目前均持有较高的外汇敞口，表现为债权性的货币错配，与我国总体债权性货币错配相一致。外汇敞口净头寸越高，说明汇率波动对商业银行的影响越大。在人民币升值趋势下，银行外汇净敞口必然面临外汇资产贬值的风险。在银行不做任何防范措施的情况下，外币净头寸乘以汇率波动幅度即为银行的损失或收益。以交通银行2012年持有外汇净敞口为例，在不考虑采取风险对冲措施的前提下，当人民币对所有外币的即期与远期汇率同时升值5%时，对其净利润影响将为−21.77亿元人民币。

### 3. 商业银行的资产负债分布结构不均衡

对于商业银行来说，零售性质的资金(如居民储蓄)因为其资金来源更加分散、同质性更低，相比批发性质的资金(如同业拆借、公司存款)具有更高的稳定性。因此，以零售资金来源为主的商业银行，其流动性风险相对较低。同理，商业银行的资金使用(如贷款发放、购买金融产品)同样应当注意交易对象、时间跨度、还款周期等要素的分布结构。如果金融机构的资产过度集中于某个行业或某类金融产品，则一旦出现不利的市场情况时，必然遭受巨大损失乃至破产倒闭。因此商业银行的资金来源(负债)和使用(资产)的同质程度过高，资产负债分布结构不合理，就难以获得稳定的、多样化的现金流量来应对各种突发事件，容易引发流动性风险。

### 4. 金融自由化浪潮改变银行外部生存环境

新一轮金融自由化的浪潮已经袭来，第三方支付的兴起分流了部分银行结算业务，小额贷款公司的兴起分流了银行部分贷款业务，而基金公司、证券公司资管业务的放松不仅分流了银行的存款，也分流了银行的部分中间业务。同时，银行客户的投资偏好随着经济增长有了新变化。居民的储蓄态度正在悄悄转变，储蓄意愿下降。储蓄意愿的变化有两个原因，短期来看是各类投资渠道增加了，各种投资产品的绝对收益和存款相比更具吸引力，居民选择投资基金、保险、债券、股票等，或者提取存款购买不动产、汽车、耐用消费品等；而长期来看，这是利率市场化的结果，世界上经历了利率市场化的国家都经历了这样存款下降的过程。在此背景之下，商业银行在资金的流入和流出之间寻求一个平衡点就更加困难，流动性风险也就产生了。

### 5. 突发性存款大量流失

所有商业银行都存在引起流动性风险的系统性因素，突发性的存款大量流失所引起的流动性风险是一种非系统性风险，它对商业银行的正常经营造成的冲击极具破坏力。引起突发性的存款大量流失原因很多，比如银行的债权人突然担心该银行的偿付能力，大量提取额度；其他银行的支付危机引起了波及整个银行业的"传染效应"；一些政府颁布政策对存款集中管理，导致单个银行的存款流失；等等。

英国诺森罗克银行就是一例。受美国次级债危机导致的全球信贷紧缩影响，英国第五大抵押贷款机构——诺森罗克银行(Northern Rock)发生储户挤兑事件。自2007年9月14号全国范围的挤兑发生以来，截至9月18号，仅仅几天的时间就有30多亿英镑从诺森罗克银行流出，占该行240多亿英镑存款总量的12%左右，其电话银行和网上银行业务一度出现崩溃。受此影响，几天之内，诺森罗克银行的股价就下跌了将近70%，创下自2000年以来的新低，成为英国遭遇本次信贷危机以来的最大受害者。

# 模块二　流动性风险的度量

商业银行应当根据其经营战略、业务特点、财务实力、融资能力、总体风险偏好及市场影响力，在充分考虑其他风险与流动性风险相互影响与转换的基础上，确定在正常情况和压力情景下可承受的流动性风险水平。因此，选择一种或几种恰当的流动性风险评估方法，有助于把握和控制商业银行的流动性风险。现代商业银行广泛采用概率和统计分析技术来监测和控制流动性风险，并辅以压力测试、情景分析等多种方法，以及信息系统的支持，对未来特定时段的流动性可能出现的变化进行更加深入和准确的分析、判断，以最大限度地降低流动性风险及由此可能造成的损失。

# 一、流动性风险的监测与预警

流动性风险在发生之前，商业银行通常会表现为各种内、外部指标/信号的明显变化，随时关注并监测这些预警指标/信号(见表 9-3) 的变化和发展趋势，有助于商业银行及早发现并纠正致流动性风险的错误行为/交易，适时采取正确的风险控制方法。例如，香港金管局从审慎的角度出发， 要求商业银行根据本行的风险状况制定目标流动资产比率(高于法定最低流动资产比率水平，如 30% )作为流动性风险预警信号。

表 9-3  商业银行流动性风险预警指标/信号

| 内部指标/信号 | 外部指标/信号 | 融资指标/信号 |
|---|---|---|
| 主要包括商业银行内部有关风险水平、盈利能力、资产质量，以及其他可能对流动性产生中长期影响的指标变化。例如：<br>● 某项或多项业务/产品的风险水平增加；<br>● 资产或负债过于集中；<br>● 资产质量下降；<br>● 盈利水平下降；<br>● 快速增长的资产的主要资金来源为市场大宗融资等 | 主要包括第三方评级、所发行的有价证券的市场表现等指标的变化。例如：<br>● 市场上出现关于商业银行的负面传言，客户大量求证；<br>● 外部评级下降；<br>● 所发行的股票价格下跌；<br>● 所发行的可流通债券(包括次级债)的交易量上升且买卖价差扩大；<br>● 交易/经纪商不愿买卖债券而迫使银行寻求熟悉的交易/经纪商支持等 | 主要包括商业银行的负债稳定性和融资能力的变化等。例如：<br>● 存款大量流失；<br>● 债权人(包括存款人)提前要求兑付造成支付能力出现不足；<br>● 融资成本上升；<br>● 融资交易对手开始要求抵(质)押物且不愿提供中长期融资；<br>● 愿意提供融资的对手数量减少且单笔融资的金额显著上升；<br>● 被迫从市场上购回已发行的债券等 |

商业银行一旦同时出现上述几种内外部预警信号，则应当引起管理层和相关业务单位的高度重视，在严格执行各项业务限额管理的同时，应及时启动流动性应急计划，迅速弥补资金不足，力争在最短的时间内解决支付能力不足的问题，避免流动性危机的发生。

## (一)流动性比率/指标法

流动性比率/指标法是各国监管当局和商业银行广泛使用的流动性风险评估方法，通常采用两种方式。

(1) 同类金融机构之间横向比较各项流动性比率/指标。商业银行可以首先选取行业中具备良好流动性状况的同类金融机构并计算其各项资产、负债及错配期限的比率/指标，然后计算商业银行自身所对应的各项比率/指标，最后将自身指标与行业良好标准进行横向比较，并据此对自身的流动性风险水平作出客观评价。

(2) 商业银行内部纵向比较不同历史时期的各项流动性比率/指标。为保持流动性风险管理的持续性和一致性，商业银行应当定期对自身不同历史时期的各项资产、负债及错配期限的比率/指标进行比较，以正确认识流动性风险状况的发展和变化趋势，同时也有助于理解商业银行风险管理水平以及风险偏好的变化情况。

商业银行可根据自身业务规模和特色设定多种流动性比率/指标,满足流动性风险管理的需要。在日常经营管理过程中,商业银行应时刻关注当前的流动性状况,恰当把握和控制各项流动性比率/指标的上下波动幅度,适时调整资产负债的期限、币种、分布结构,同时严格遵守外部监管机构的强制性流动性比率和指标要求。具体指标参见本书项目三"《巴塞尔协议》和银行监管"。

流动性比率/指标法的优点是简单实用,有助于理解商业银行当前和过去的流动性状况;缺点是它属于静态评估,无法对未来特定时段内的流动性状况进行评估和预测。此外,值得注意的是,不同商业银行的历史沿革、规模大小、管理能力、业务专长,以及获取流动性的途径和能力等方面各不相同,因此不能简单地根据一项或几项比率/指标就对不同商业银行的流动性状况和变化趋势作出比较和判断。在应用过程中,必须综合考察各种内外部因素、参考多种比率/指标并辅以其他评估方法,才能对商业银行的流动性状况作出客观评价。

2007年金融危机后,世界银行业和监管机构对流动性风险给予高度重视,监管方面提出了新要求。参照《巴塞尔协议Ⅲ》的规定,2012年1月1日我国正式实施《商业银行流动性风险管理办法(试行)》。办法中重点明确了四个流动性风险监管指标,包括流动性覆盖率、净稳定资金比例、存贷比和流动性比例,规定商业银行应当持续达到规定的流动性风险监管指标最低标准。流动性覆盖率、净稳定资金比例主要是针对2007年金融危机后的银行监管性指标,商业银行最迟应于2013年年底前达到流动性覆盖率的监管标准,2016年年底前达到净稳定资金比例的监管标准。后来,巴塞尔银行监管委员会对《巴塞尔协议Ⅲ》有关银行业流动性的要求作出了调整,决定放宽银行储备资产的范围,诸如优质股票和优质抵押支持债券等资产均可被视为优质流动性资产。此外,办法明确将银行业流动性覆盖率最终达标期限从原定的2015年推迟至2019年。按照监管新规,2015年流动性覆盖率只需达到60%即算合格,此后每年增加10%,到2019年实现完全达标。

### 1. 流动性覆盖率

流动性覆盖率旨在确保商业银行在设定的严重流动性压力情景下,能够保持充足的、无变现障碍的优质流动性资产,并通过变现这些资产来满足未来30日的流动性需求。商业银行的流动性覆盖率应当不低于100%。

其计算公式为

$$流动性覆盖率=优质流动性资产储备/未来30日现金净流出量×100\%$$

未来30日现金净流出量是指在设定的压力情景下,未来30日的预期现金流出总量减去预期现金流入总量。

所谓优质流动性资产,指的是在无损失或极小损失的情况下可以容易、快速变现的资产。在压力时期,这些资产能够不受任何限制地转换成现金以弥补现金流入和流出所形成的缺口。优质流动性资产在银行中明确作为紧急资金来源,并由负责流动性风险管理的部门控制。

优质流动性资产通常具有如下特征。

(1) 低信用风险和市场风险。发行人的高信用等级和低次级属性能够增加某项资产的流动性。低久期、低波动性、低通胀风险且以外汇风险较低的可兑换货币计价都可以增加某项资产的流动性。

(2) 易于定价且价值平稳。如果市场参与者都认可某项资产的估值，则其流动性会提高。优质流动性资产的定价公式必须易于计算，不依赖很强的假设，并使用公开数据。

(3) 与高风险资产的低相关性。优质流动性资产不应有高相关性风险。比如，在银行体系承受流动性压力时，由金融机构发行的资产往往更容易丧失流动性，说明其具备高相关性风险。

(4) 在广泛认可的发达市场中交易。挂牌交易可以增加资产的透明度。

优质流动性资产市场的相关特征如下。

(1) 具有活跃且具规模的市场。优质流动性资产应拥有随时可以变现销售或回购的市场，应有历史证据证明该市场有良好的广度和深度。

(2) 具有负责任的做市商。优质流动性资产应始终有买卖报价。

(3) 市场集中度低。资产交易市场上存在多元化的交易双方，可以增加其流动性的可靠性。

(4) 向优质资产转移。在系统性危机发生时，市场显示出向优质资产转移的趋势。

### 2. 净稳定资金比例

净稳定资金比例旨在引导商业银行减少资金运用与资金来源的期限错配，增加长期稳定资金来源，满足各类表内外业务对稳定资金的需求。

其计算公式为

$$净稳定资产比例=可用的稳定资金/所需的稳定资金×100\%$$

可用的稳定资金是指在持续压力情景下，能确保在 1 年内都可作为稳定资金来源的权益类和负债类资金。

所需的稳定资金等于商业银行各类资产或表外风险暴露项目与相应的稳定资金需求系数乘积之和。稳定资金需求系数是指各类资产或表外风险暴露项目需要由稳定资金支持的价值占比。

商业银行的净稳定资金比例应当不低于100%。

## (二)市场信号指标法

很多金融分析家认为，仅仅根据商业银行资产负债表的内容计算出的一些比率不足以全面、及时、准确地衡量商业银行的流动性风险。在很多情况下，商业银行是否具有抵御流动性风险的能力，这种能力的强与弱，在很大程度上由商业银行在市场上的地位、形象和实力决定。在经过市场的检验之前，任何一家商业银行都不能肯定它已持有了足够的流动性。因此，在衡量流动性风险时，除了分析商业银行的财务比率之外，观察市场信号也是非常重要的。

市场信号指标的种类如下。

(1) 公众的信心。商业银行的经营依赖于公众信心。公众对银行的信心可以通过存款的变化来反映。在某些情况下，商业银行存款的流失反映的正是公众对商业银行信心的下降，不仅会直接导致存款的流失，还使得商业银行利用其他债务工具在市场上筹资变得困难。考虑到商业银行的高负债经营特征，考虑到商业银行资产负债结构内在的不匹配，公众信心基础是银行内部脆弱性的一种表现，公众信心的下降以至丧失对商业银行来说是非常严重的。

金融危机或银行危机，从某种角度上来讲都是信心危机。因此，信心既是整个金融体系存在的基础，又是导致金融体系在特定时间和条件下失败的直接原因。信心具有很强的传递性，一部分人的信心，通过示范作用和周边个体的从众心理，向外蔓延，形成公众信心。反之，一部分人信心的丧失，也会通过同样机制，形成公众信心危机。但不管公众对某一家金融机构信心的丧失还是对整个金融体系信心的丧失，这必须有一个外来因素。这外来因素包括很多方面，如战争、经济崩溃等。而金融泡沫破灭将是对公众信心的一个重要影响因素。金融泡沫破灭之后，公众财产将面临巨额缩水，这将改变公众对未来的预期，也将影响公众对金融机构的信心。从多次爆发的金融危机可以看出，金融泡沫破灭将在很大程度上导致公众产生信心危机。而当公众对银行产生信心危机时，个人的理性与集体的非理性矛盾就产生了，存款挤兑现象就不可避免地要发生，最终导致银行业危机。

(2) 股票价格表现。如果商业银行是上市公司，那么商业银行的股票在市场上的流通价格也可以在一定程度上反映公众对商业银行的基本评价。如果公众对商业银行未来的盈利和发展有很强的信心，那么他们愿意购买和持有商业银行的股票，商业银行的股票价格就能保持稳定甚至上涨，股票价格从市场角度灵活、便利地反映出商业银行资质；相反，如果公众对商业银行未来的经营和发展前景没有信心，那么他们不会继续投资银行股票，股票价格下降，银行资产缩水，在拓展市场方面也会遭受阻力。同样的现象也反映在商业银行所发行的债券价格变动上，只是债券价格变动相对于股票价格变动要缓慢一些。

2009 年 4 月 28 日，金融危机发生两年后，当时美国最大的银行美国银行和第三大的银行花旗集团纽约股价大幅下跌，分别下跌 8.5% 和 13%，原因是投资者担心监管机构可能要求这两家银行筹募更多资金。美国监管机构对 19 家规模最大银行"压力测试"的初步结果表明，美国银行和花旗集团可能需要筹募更多资金，初步估计美国银行的资金缺口达数十亿美元，因此，市场焦虑情绪蔓延。

(3) 商业银行发行债务工具的风险溢价。如果与其他本地同规模的商业银行相比，某商业银行发行债务工具的风险溢价明显增加，也往往表明该商业银行在筹资方面已遇到障碍。例如，商业银行在吸收存款、发行可转让存单或债券时，必须向投资者支付更高的利息率，这可能就是商业银行面临流动性风险的一个重要信号。

金融危机后，英国抵押贷款商劳埃德银行集团在 2009 年 11 月后通过发售债券和发行新股的方式筹集了大约 230 亿英镑(约合 370 亿美元)的新资金，目的是为其资产负债表提供支持，避免将其多数控制权移交给政府。此前，劳埃德银行集团在 8 月 5 日为其不良债券拨款 134 亿英镑(约 214 亿美元)，超出分析师平均预期的 113 亿英镑(约 181 亿美元)。为了获得更多的资金支持，劳埃德银行集团在 12 月 15 日出售了混合一级资本债券，其成本为 12%，即需在 2024 年以前每年支付 2.4 亿美元的利息，在未来 15 年中支付至少 36 亿美元的费用，以筹集 20 亿美元的资金。对于一家正面临着盈利困境的银行来说，这项筹资活动的成本是十分昂贵的。

(4) 资产出售时的损失。在正常情况下，如果商业银行需要通过出售资产来获得流动性，首先选择的应该是价格稳定、市场交易活跃的短期流动性资产，如短期政府债券。当商业银行被迫仓促出售其非流动性资产并因此而承受较大损失时，表明商业银行已不能仅凭出售短期流动性资产和外部筹资来满足全部的流动性。如果这种行为并非偶然发生，则说明商业银行已面临严重的流动性风险。

(5) 履行信贷承诺。满足商业银行基本客户的贷款需求是商业银行流动性管理的重要内容。如果商业银行不能很好地满足这些能给银行带来利润的优质客户的贷款需求，说明商业银行已面临流动性不足的情况，如不及时解决，不仅会直接降低商业银行的盈利，而且会在商业银行经营的各个方面造成不良影响。

(6) 向中央银行借款的情况。在各国的金融体系中，中央银行充当着"最后贷款人"的角色，商业银行向中央银行融资往往要受较多的制约。如果某家商业银行最近经常向中央银行申请贷款，央行也对商业银行借款询问借款原因，则表明商业银行在流动性管理方面存在一些问题，商业银行必须重新审查其流动性管理政策，并作出相应调整。

欧元区债务危机自 2011 年开始逐步恶化，而欧元区银行间的信用也逐渐耗竭。截至 2012 年 3 月底，葡萄牙商业银行向欧洲央行借款总额高达 563 亿欧元，创历史新高。借助欧洲央行长期再融资操作注资，葡萄牙商业银行才得以改善流动性紧缺的局面。

(7) 资信评级。在有效率的金融市场上，资信评级结果对商业银行筹资成本和筹资难度具有很大的影响。在东南亚金融危机中，两家国际著名的评级机构——穆迪投资者服务公司和标准·普尔公司相继调低了对韩国、香港等地商业银行的资信评级，反映出市场对这些商业银行信心的降低，也进一步增加了这些商业银行流动性管理的难度。因此，关注市场中介机构对商业银行的评级，也可以为评判商业银行的流动性提供一定的依据。如果评级降低，说明商业银行的市场地位降低，并直接导致商业银行筹资成本增大，融资难度增加，商业银行的流动性风险也必然增大。

当然，上述市场信号的有效性与市场效率直接相关。在市场效率较差的情况下，严重的信息不对称会使信号失真，也就无法根据上述市场信号来衡量商业银行的流动性；但如果市场是较有效率的，则信息不对称问题就能在一定程度上解决，市场信号的有效性也大大增加。当然，要准确地掌握商业银行的流动性风险状况，将财务比率和市场信号适当结合来考虑是必要的。

# 二、流动性风险的计量

## (一)现金流分析法

现金流分析法是通过对商业银行一定时期内现金流入(资金来源)和现金流出(资金使用)的分析和预测，从而评估商业银行短期内的流动性状况的方法，一般表现为流动性剩余或流动性赤字。

流动性风险的识别、计量、监测和控制体系应当包括完整的现金流测算和分析框架，能有效计量、监测和控制现金流缺口。现金流测算和分析框架应当至少涵盖以下内容。

(1) 资产和负债的未来现金流。

(2) 或有资产和或有负债的潜在现金流。

(3) 对重要币种现金流的单独测算分析。

(4) 代理、清算和托管等业务对现金流的影响。

关于现金流的分析，见表9-4。

表9-4 现金流分析

| 现金流入量 | 现金流出量 |
|---|---|
| **实际的现金流量** | |
| 即将到期资产 | 即将到期的批发性负债及固定的贷款承诺 |
| 尚未到期资产产生的利息 | 尚未到期负债支付的利息 |
| | 散户存款的季节性变动 |
| **潜在的现金流量** | |
| 可变现的未到期资产 | 无固定期限的散户存款 |
| 已建立的信贷额度 | 不固定的贷款承诺和其他的表外活动 |

商业银行现金流入和现金流出的差异可以用"剩余"或"赤字"来表示：

(1) 当现金流入量大于现金流出量时，出现资金"剩余"，表明商业银行拥有一个"流动性缓冲器"，即流动性相对充足。此时商业银行应当考虑到这种流动性剩余头寸的机会成本，因为过量的剩余资金完全可以转变为其他盈利资产赚取更高收益。

(2) 当资金流入量小于资金流出量时，出现流动性"赤字"，此时必须考虑这种资金匮乏可能造成的支付困难以及由此产生的流动性风险。根据历史经验分析得知，当资金剩余额与总资产之比小于3%~5%，甚至为负数时，商业银行应当对其流动性状况引起高度重视。

## (二)需求预测法

### 1. 资金来源与运用法

资金来源与运用法，也叫因素法，是指银行通过预测资金来源与占用数量来预测流动性需要量，进而组织资金来源，满足流动性需要的一种方法。通过对影响存贷业务的各因素进行分析，估计未来时期存款、贷款、存款准备金的变化，最终确定流动性的需要量。

资金头寸需要量=预计贷款增量+应缴存款准备金增量-预计存款增量

**例9-1** 某行已经对未来6周的流动性需求作出预测，数据如表9-5所示。

表9-5 某银行流动性需求量预测

单位：百万元

| 时 期 | 预测总存款 | 预测总贷款 | 预测存款变化 | 预测贷款变化 | 预测头寸余额 |
|---|---|---|---|---|---|
| 1月份第1周 | 1200 | 800 | | | |
| 1月份第2周 | 1100 | 850 | −100 | +50 | −150 |
| 1月份第3周 | 1000 | 950 | −100 | +100 | −200 |
| 1月份第4周 | 950 | 1000 | −50 | +50 | −100 |
| 2月份第1周 | 1250 | 750 | +300 | −250 | +550 |
| 2月份第2周 | 1200 | 900 | −50 | +150 | −200 |

如表9-5显示，因为贷款在增长，而存款在下降，银行在接下来的3周里预期有流动性赤字——第2周为1.5亿元，第3周为2亿元，第4周为1亿元；由于预测第5周存款上升、贷款下降，预计第5周有5.5亿元的流动性盈余，接下来第6周有2亿元的流动性赤

字。针对表9-5所示的6周，银行应该作出合理的资金安排筹集新的最便宜稳妥的资金以应对未来2，3，4，6周里的资金短缺，并且把第5周预期的资金盈余用来投资盈利。管理层根据流动性资金的来源开始计划。首先评估银行流动性资产的存量，看看哪些资产可以利用。然后决定是否有充足的借入资金来源。例如，银行可能已经与其主要的往来银行建立了借款信贷额度，银行要确保信贷额度仍然有效且足以满足预测所需的借入额。

为了合理预测商业银行在未来不同时段内的流动性需求，商业银行应当尽可能准确预测未来特定时段内(如未来7天、15天、30天)的新贷款净增值(新贷款额-到期贷款-贷款出售)、存款净流量(流入量-流出量)，以及其他资产和负债的净流量，将上述各项资金净流量加总，再与期初的"剩余"或"赤字"相加，即可获得未来特定时段内的流动性头寸。

在正常市场条件下，现金流分析有助于真实、准确地反映商业银行在未来短期内的流动性状况。但如果商业银行的规模很大、业务复杂、预期期限较长(如180天、360天)，则分析人员能够获得完整现金流量信息的可能性和准确性将显著降低，现金流分析结果的可信赖度也随之减弱。在实践操作中，现金流分析法通常和缺口分析等方法一起使用，互为补充。

### 2. 资金结构法

资金结构法是指对于银行负债按照其稳定性加以分类，根据各自的流动性需求大小预测应保留的流动性准备，对合格贷款的增长保留十足流动性准备的预测方法。

资金结构法的预测步骤如下。

(1) 分类预测流动性需求。

① 负债的流动性需求预测。

负债的流动性需求预测针对银行负债按提取的可能性大小加以分类。资金结构法将负债按照预计提取的可能性大小分为以下三类。

第一类，游动性货币负债(敏感负债)，指那些利率敏感性强或者在最近期将要被提取的存款，包括同业拆借的短期资金、证券业存款等。对这部分负债，商业银行应保持较强的流动性储备，可持有其总额的80%。

第二类，脆弱性货币负债(脆弱资金)，指那些在近期内有可能被大比例提取的存款，包括最大额存款和非存款负债如政府税款、电力等费用收入，这类负债提取比例一般占存款比例的25%～30%。

第三类是稳定性货币负债(核心存款)，指的是那些最不可能被提取、稳定性最强的存款，即核心存款。商业银行可将其15%投入流动资产。

然后分别确定各类负债的流动性总需求。

$$负债流动性需求量=K_1×(流动性货币负债-法定准备金)+ K_2×(脆弱性货币负债-法定准备金)+K_3×(稳定性货币负债-法定准备金)$$

其中，$K_i$表示出现第$i$种情况的可能性。

② 新增贷款的流动性需求预测。

大多数银行认为，银行必须随时准备发放高质量的贷款来满足客户融资的要求，并为其保留十足的流动性准备。即使流动性短缺，也要依靠借款来满足找上门来的优质贷款需求，这是银行的客户关系准则。这样做的好处还在于：贷款不仅可以带来利息收入，而且可以带来新的存款；一旦贷款发放，银行就可以有步骤地向客户提供其他金融服务，并与客户建立多方面的联系，从而为银行带来额外的服务费收入。根据这种经营思想，银行总是估算出优质贷款的最大值，并为此持有十足的流动性准备。

商业银行的资金管理员根据已划定的资金期限，计算现金流量头寸剩余或不足，结合不同情景可能发生的概率，获得特定时段内商业银行的流动性缺口。

例 9-2　某行预测来年流动性需求，数据如表 9-6 所示。

表 9-6　资金结构法预测某行流动性需求

| 分　类 | 账户余额/百万元 | 应缴存款准备金比率/% | 扣除存款准备金后的账户余额/百万元 | 流动性需求比例/% | 预期流动性需求/百万元 |
|---|---|---|---|---|---|
| 流动性货币负债 | 25 | 3 | 24.25 | 95 | 23.04 |
| 脆弱性货币负债 | 24 | 3 | 23.28 | 30 | 6.98 |
| 稳定性货币负债 | 100 | 3 | 97.00 | 15 | 14.55 |
| 合计 | | | | | 44.57 |
| 优质贷款(贷款总额为135，最近已达 140，并且每年在以 10%的速度增长) | 140×10%+(140−135)×10%=14.50 | | | 100 | 14.50 |
| 流动性需求总计 | | | | | 59.07 |

说明：本案例假定流动性货币负债、脆弱性货币负债、稳定性货币负债的存款准备率均为 3%。

预测预期流动性需求按照扣除法定准备金后的余额计算。

流动性需求比例即银行为其保留的流动性准备比例。

游资存款 95%的流动性准备比率包括银行存放同业的资金、政府证券和可随时变现的回购协议资金。

由上表可见，该银行年内的总流动性需求为 5907 万元。

(2) 预测最有可能出现的流动性需求

上述预测的流动性需求只是可能出现的一种情况。为了使预测需求更接近实际，银行还要预测最有可能出现的流动性需求。在实际当中，流动性需求可能出现最坏和最好的两种状况。如果存款出乎预测大幅度下降，甚至降到历史最低点，或者合格贷款需求大幅度上升至历史最高点，便会出现最坏的流动性状况；相反，银行存款也会出现超出预测的大幅度增长，达到历史最高记录，或者贷款需求可能由于经济不景气等原因超出预测大幅度降低，银行出现大量流动性盈余，这是最好的流动性状况。在实际当中，一些银行采用概率分析来预测应当持有的流动性准备。其计算公式为

$$流动性需求 = \sum_{i=1}^{n} P_i \times 在第\ i\ 种情况下的流动性缺口$$

其中，$P_i$ 代表出现第 $i$ 种情况的概率。

例9-3 某银行将下周的流动性状况归纳为如表9-7所示的三种可能的情况。

表9-7 某银行下周的流动性状况预测

| 可能的流动性状况 | 预期存款/百万元 | 预期贷款/百万元 | 流动性缺口/百万元 | 出现的可能性/% |
|---|---|---|---|---|
| 最坏的状况 | 130 | 150 | -20 | 25 |
| 最好的状况 | 170 | 110 | 60 | 15 |
| 最可能出现的状况 | 150 | 140 | 10 | 60 |

表9-7中，某银行预测下周最坏的流动性状况是存款的增长不能满足贷款增长的需要，存在0.2亿元的负缺口，但是其出现的概率只有25%；最好的流动性状况是存款的增幅大大超过贷款，存在0.6亿元的流动性盈余，这种情况发生的可能性只有15%；最有可能出现的情况是只存在0.1亿元的流动性剩余，其概率为60%。所有可能的情况其发生的概率之和必须为1。根据上述公式，该银行预测最有可能出现的流动性需求为

最可能出现的流动性需求= 25%×(-0.2) + 15%×0.6 + 60%×0.1

$$= -0.05 + 0.09 + 0.06$$

$$= 0.1(亿元)$$

## (三)压力测试

商业银行应当定期对因资产、负债及表外项目变化所产生的现金流量及期限变化进行预测和分析，力图准确判断未来特定时段的资金净需求。商业银行除了监测在正常市场条件下的资金净需求外，还有必要定期进行压力测试，根据不同的假设情况(可量化的极端范围)进行流动性测算。通过定期压力测试，商业银行可以更加全面、深入地掌握自身的流动性风险状况及变化趋势，为流动性风险管理提供决策依据，随时做好在极端不利的条件下应对支付困难的准备。

在2009年颁布的《商业银行流动性风险管理指引》中规定的压力测试场景如下。

实施要求：①至少每季度应进行一次常规压力测试；②在出现市场剧烈波动等情况或在银监会要求下，应针对特定压力情景进行临时性、专门压力测试。

例如，2007年上半年国内股票市场空前繁荣，某商业银行在1个营业日内累计提取数百亿元人民币，给流动性管理造成了巨大压力，被迫在资金市场不惜成本借入巨额资金以应付短期支付要求。

流动性风险压力测试的参考压力情景。

(1) 流动性资产价值的侵蚀。

(2) 零售存款的大量流失。

(3) 批发性融资来源的可获得性下降。

(4) 融资期限缩短和融资成本提高。

(5) 交易对手要求追加保证金或担保。

(6) 交易对手的可交易额减少或总交易对手减少。

(7) 主要交易对手违约或破产。

(8) 表外业务、复杂产品和交易、超出合约义务的隐性支出对流动性的损耗。

(9) 信用评级下调或声誉风险上升。

(10) 母行或子行、分行出现流动性危机的影响。

(11) 多个市场突然出现流动性枯竭。

(12) 外汇可兑换性以及进入外汇市场融资的限制。

(13) 中央银行融资渠道的变化。

(14) 银行支付结算系统突然崩溃。

商业银行可根据自身业务特色和需要，对以下风险因素的变化可能对各类资产、负债，以及表外项目价值造成的影响进行压力测试。

(1) 存贷款基准利率连续累计上调/下调 250 个基点。

(2) 市场收益率提高/降低 50%。

(3) 持有的主要外币相对于本币升值/贬值 20%。

(4) 重要行业的原材料/销售价格上下波幅超过 50%。

(5) GDP、CPI、失业率等重要宏观经济指标上下波幅超过 20%。

此外，还需充分考虑各类风险与流动性风险的内在关联性，深入分析假设情景对其他流动性风险要素的影响及其反作用。应基于专业判断，并在可能情况下，对以往影响银行或市场的类似流动性危机情景进行回溯分析。

表 9-8 为我国 FSAP 流动性风险压力测试方案情景。

表 9-8　中国 FSAP 流动性风险压力测试方案情景

| 测试时间 | 压力情景 | 资　产 | 负　债 |
|---|---|---|---|
| 7 日 | 轻度压力情景 | 有价证券价格下跌 1% | 存款(对公存款和储蓄存款总额，下同)流失 2%，同业存款和拆入规模下降 5% |
| | 中度压力情景 | 有价证券价格下跌 3% | 存款流失 4%，同业存款和拆入规模下降 10%，法定存款准备金上升 0.5 个百分点 |
| | 重度压力情景 | 有价证券价格下跌 5% | 存款流失 6%，同业存款和拆入规模下降 15%，法定存款准备金上升 1 个百分点 |
| 30 日 | 轻度压力情景 | 30 日内到期贷款转为不良贷款的比率为 4%，有价证券价格下跌 3% | 存款流失 4%，同业存款和拆入规模下降 5% |
| | 中度压力情景 | 30 日内到期贷款转为不良贷款的比率为 7%，有价证券价格下跌 5% | 存款流失 6%，同业存款和拆入规模下降 10%，法定存款准备金上升 0.5 个百分点 |
| | 重度压力情景 | 30 日内到期贷款转为不良贷款的比率为 10%，有价证券价格下跌 8% | 存款流失 8%，同业存款和拆入规模下降 15%，法定存款准备金上升 1 个百分点 |

注：①FSAP( Financial Sector Assessment Programmer)即金融部门评估规划，是国际货币基金组织和世界银行于 1999 年 5 月联合启动的评估项目，主要用来评估各国金融体系的稳健性(脆弱性)，其中包括宏观审慎指标如经济增长、通货膨胀、利率等，综合微观审慎指标如资本充足性、营利性指标、资产质量指标等，推动国际监管标准的实施。

②资料来源：中国人民银行中国银监会《关于开展中国金融部门评估规划压力测试的通知》银发〔2010〕24

### (四)情景分析

情景分析与敏感性分析针对单一因素进行分析的方法不同，情景分析是一种多因素分析方法，结合设定的各种可能情景的发生概率，研究多种因素同时作用时可能产生的影响。在情景分析过程中要注意考虑各种头寸的相关关系和相互作用。情景分析中所用的情景通常包括基准情景、最好的情景和最坏的情景。情景可以人为设定(如直接使用历史上发生过的情景)，也可以从对市场风险要素历史数据变动的统计分析中得到，或通过运行描述在特定情况下市场风险要素变动的随机过程得到。如银行可以分析利率、汇率同时发生变化时可能会对其市场风险水平产生的影响，也可以分析再度发生历史上的政治、经济事件或金融危机，或者一些假设事件时，其市场风险状况可能发生的变化。该法能分析非线性因素对价格的影响，但未能解决有关概率的问题，也未能汇总不同市场/组合的风险。

在流动性风险情景分析中，分析商业银行正常状况下的现金流量变化最为重要，有助于强化商业银行日常存款管理并充分利用各种融资渠道，避免在某一时刻持有过量的闲置资金或面临过高的资金需求，以有效缓解市场波动所产生的冲击，消除交易对手对其经营状况的疑虑。虽然最好情景和最坏情景发生的概率较低，但深入分析最坏情景(即面临流动性危机)意义重大，通常可分为以下两种情况。

(1) 商业银行自身问题所造成的流动性危机。例如，商业银行的资产质量严重低下，无法继续产生正常的现金流入，可用资金严重匮乏，而此时大量负债无法展期或以其他负债替代，必须按期偿还，因此不得不依赖从资金市场大规模融资或出售流动性资产，从而引发流动性危机。例如，具有一百多年历史的巴林银行，由于内部控制方面的严重疏漏被个别交易员利用，违规交易衍生产品并遭受巨额损失，最终巴林银行因无法筹措到足够的资金弥补损失而被迫宣布破产倒闭。实质上，商业银行绝大多数流动性危机的根源都在于自身管理能力和技术水平存在致命的薄弱环节。因此，商业银行应当深刻检讨自身存在的可能危及经营安全的诸多问题，并做好充分的心理和资源准备，以应对随时可能到来的流动性危机。此种流动性危机如果能够得到迅速、有效控制，将不会危及整个金融体系的安全。

(2) 整体市场危机。2007 年爆发的全球金融危机，是流动性危机噩梦最真实的写照，几乎所有国际性商业银行的流动性状况都受到了不同程度的影响，严重损害了全球经济和金融体系的稳定与繁荣。值得注意的是，在此危机条件下，市场对商业银行的信用等级高度重视，由此导致不同商业银行的融资能力形成巨大反差，有些追逐高风险、高收益的商业银行因不堪承受巨额投机损失而破产倒闭，而有些稳健经营、信誉卓著的商业银行则成为剩余资金的安全避风港，在危机中反而提高了自身的流动性和竞争能力。

在最坏情景下，商业银行需要测算现金流量的可能变动范围，此时应当持审慎态度，在分析现金流入时采用较晚的日期，金额适当降低；而在分析现金流出时采用较早的日期，金额适当提高。将特定时段内的预期现金流入和现金流出之间的余额相加，则能够把握商业银行在三种情景下的流动性演变和资金净余缺的情况，从而合理判断商业银行的流动性状况。

商业银行在运营过程中，应当尽可能对出现的各种情景进行相对保守的估计，将流动性缺口始终控制在安全范围内，确保随时具有支付能力。

### (五)其他评估方法

#### 1. 缺口分析法

缺口分析法是巴塞尔委员会认为评估商业银行流动性状况的较好方法,在各国商业银行得到广泛应用。

缺口分析法针对未来特定时段,计算到期资产(现金流入)和到期负债(现金流出)之间的差额,即流动性缺口,以判断商业银行在不同时段内的流动性是否充足。需要注意的是,在特定时段内虽没到期,但可以不受损失或承担较少损失就能出售的资产应当被计入到期资产。为了准确计算商业银行的流动性需求(融资缺口),需要对资产、负债和表外项目的未来现金流进行全面分析。

在美国,商业银行通常将特定时段内包括活期存款在内的平均存款作为核心资金,为贷款提供融资来源。虽然活期存款持有者在理论上可以随时提取存款,但统计分析表明,绝大多数活期存款都不会在短期内一次性全部支取,而且平均存放时间在两年以上。商业银行在未来特定时段内的贷款平均额和核心存款平均额之间的差额构成了融资缺口,即

$$融资缺口=贷款平均额-核心存款平均额 \tag{9-1}$$

如果缺口为正,那么说明商业银行必须动用现金和流动性资产,或者是介入货币市场进行融资。所以,融资缺口从弥补的角度来看,就产生了第二个公式:

$$融资缺口=借入资金-流动性资产 \tag{9-2}$$

变换得

$$借入资金=融资缺口+流动性资产 \tag{9-3}$$

借入资金相当于商业银行从外部融资的需求,所以

$$融资需求(借入资金)=融资缺口+流动性资产 \tag{9-4}$$

合并式(9-4)和式(9-1),可得

$$融资需求(借入资金)=融资缺口+流动性资产$$
$$=贷款平均额-核心存款平均额+流动性资产$$

由此可知,商业银行在特定时段内需要借入的资金规模(融资需求)是由一定水平的核心存款、发放的贷款,以及一定数量的流动性资产决定的。融资缺口扩大可能意味着商业银行的存款流失增加,贷款因客户增加而上升。例如,房地产市场发展过热,一方面吸引客户大量提取银行存款用于购买房产,另一方面发放的房地产项目贷款和个人住房抵押贷款显著增加。其结果是虽然利息收入显著增长,但银行短期可用资金大幅下降,造成短期流动性紧张。在市场经济条件下,任何行业经过一定的发展和繁荣期后,都必然回归理性甚至进入衰退期,此时如果越来越多的企业和个人客户无法按期偿还贷款本金和利息,商业银行将面临严重的流动性风险。

商业银行可以通过出售所持有的流动性资产或转向资金市场借入资金来缓解流动性压力。但随着借入资金的频率和规模不断增加,资金市场的债权方将愈加关注该商业银行的信用质量和风险水平,其结果可能导致该商业银行借入资金的成本显著上升,可获得的融资额度明显下降,所发行的各类有价证券迅速贬值。如果市场状况持续恶化,最终将引发商业银行的流动性危机,直至破产清算。如果这种流动性危机无法迅速得到有效控制反而

进一步恶化，将引发连锁反应而形成系统性风险，危及金融和经济体系的安全。

一般而言，活跃在短期货币市场和易于在短期内筹集到资金弥补其资金缺口的商业银行具有较短的流动性管理时间序列；而活跃在长期资产和负债市场的商业银行则需要采用较长的时间序列。另外，采取积极缺口管理策略的商业银行，其缺口分析的时间序列相对短暂，特别是借助现代化的资产负债管理信息系统，国际先进银行可以将资产负债缺口分析与管理的精细化程度提高到每一天。我国商业银行则普遍重视未来 4～5 个星期时段内的流动性缺口分析与管理。

### 2. 久期分析法

利率波动将直接影响商业银行的资产和负债价值变化，进而造成流动性状况发生变化。因此，同样可以采用市场风险管理中的久期分析方法，评估利率变化对商业银行流动性状况的影响。用 $D_A$ 表示总资产的加权平均久期，$D_L$ 表示总负债的加权平均久期，$V_A$ 表示总资产，$V_L$ 表示总负债，$R$ 为市场利率，当市场利率变动时，资产和负债的变化可表示为

$$\Delta V_A = -[D_A \times V_A \times \Delta R/(1+R)]$$
$$\Delta V_L = -[D_L \times V_L \times \Delta R/(1+R)]$$

**例 9-4** 假设商业银行以市场价值表示的简化资产负债表中，资产 $A$=1000 亿元，负债 $L$=800 亿元，资产加权平均久期为 6 年，负债加权平均久期为 4 年。根据久期分析法，如果市场利率从 3% 上升到 3.5%，则利率变化对商业银行整体价值的影响如下。

资产价值变化为

$$\begin{aligned}
\Delta V_A &= -[D_A \times V_A \times \Delta R/(1+R)]\\
&= -[6 \times 1\,000 \times (3.5\%-3\%)/(1+3\%)]\\
&= -29.13(亿元)
\end{aligned}$$

即资产价值减少 29.13 亿元。

负债价值变化为

$$\begin{aligned}
\Delta V_L &= -[D_L \times V_L \times \Delta R/(1+R)]\\
&= -[4 \times 800 \times (3.5\%-3\%)/(1+3\%)]\\
&= -15.53(亿元)
\end{aligned}$$

即负债价值减少(相当于商业银行收益)15.53 亿元。

整体价值变化＝-29.13-(-15.53)＝-13.6(亿元)，即商业银行的整体价值降低约 13.6 亿元，其流动性可能因此而减弱。

市场风险管理中的久期缺口同样可以用来评估利率变化对商业银行某个时期的流动性状况的影响。

久期缺口=资产加权平均久期-(总负债/总资产)×负债加权平均久期

(1) 当久期缺口为正值时，利率的变化和银行经济价值的变动是正相关的。如果市场利率下降，则资产价值增加的幅度比负债价值增加的幅度大，银行的经济价值增加，流动性也随之增强；如果市场利率上升，则资产价值减少的幅度比负债价值减少的幅度大，商业银行经济价值减少，流动性也随之减弱。

(2) 当久期缺口为负值时，如果市场利率下降，流动性也随之减弱；如果市场利率上升，流动性也随之增强。

(3) 当久期缺口为零时，利率变动对商业银行的流动性没有影响。这种情况极少发生。

总之，久期缺口的绝对值越大，利率变化对商业银行的资产和负债价值影响越大，对其流动性的影响也越显著。

# 模块三　流动性风险控制技术

与金融全球化和金融创新同步，商业银行客户/资金来源更为广泛、竞争日趋激烈、市场大宗融资交易上升、表外业务增长、电子银行业务快速发展等多方面的原因，造成流动性风险的复杂程度和重要性也日益提升，外部监管机构和商业银行管理者对加强监测和控制流动性风险的需求越来越迫切。

## 一、流动性风险管理概述

### (一)流动性风险管理的目标

#### 1. 适度控制存量

"适度"的存量不仅是合理的也是必要的。存量过大流动性过高的时候就意味着商业银行营利性丧失，利润降低；存量过小流动性不足，必然危及商业银行的正常经营，甚至使其陷入流动性危机。

#### 2. 适时调节流量

当资金流入量大于流出量而导致资金盈余时，需要及时调度资金头寸，扩大对盈利性资产的投入，以保持资金资产存量的适度性；当资金流入量小于流出量而导致资金存量不足时，就必须以较低的成本、较快的速度弥补资金缺口，以重新建立平衡。因此适时、灵活地调节流量，对于流动性风险管理来说同样十分重要。

### (二)流动性风险管理的原则

#### 1. 相机抉择原则

根据不同时期的业务经营重点权衡轻重，相机抉择。当出现流动性缺口时，银行管理者既可以通过主动负债的方式来扩大经营规模以满足流动性需求(通常可通过发行债券、大面额存单及向金融市场拆借资金来补充流动性)；或者收缩资产规模，通过出售资产或以资产转换的方式来满足流动性需求。

#### 2. 最低成本原则

无论是主动负债方式筹集资金还是通过自身资产转换来满足流动性需求，都要保证成本最低。若几种方案中成本相差较大，应选成本最低者为最优方案；若几种方案的成本较为接近，要评价几种方案在时间上的可行性以确定最优方案。当然，成本最低化只是相对而言的。

## 二、流动性风险控制技术

商业银行流动性风险防范和控制的基础是流动性需求和流动性供给能力的估测，而其核心就是流动性供给的满足和支持。因此，只要满足和维持商业银行的流动性供给，就可应对流动性风险，以下从两大方面采取措施。

### (一)从资产方面满足和维持流动性供给的措施

#### 1. 建立多层次的准备金资产

建立多层次的准备金资产，就是在资金配置中，通过适当地安排第一准备金资产和第二准备金资产，从总量角度来满足和维持商业银行的流动性供给。

第一准备金资产也称为现金资产或现金性资产，是商业银行资产中流动性最强的资产，这些资产不需变现，是银行防范存款人提款和满足客户贷款需要的第一道防线，包括库存现金、在中央银行的存款、在同业的存款和托收中的现金等。

第二准备金资产是满足和维持资产的流动性供给的第二道防线，包括短期贷款、短期的投资和短期的票据。与第一准备金资产相比，它提供流动性的能力较弱，但是具有前者所缺乏的营利性功效。

#### 2. 控制和调节商业银行内部的资产结构

控制和调节资产结构，以结构对称、偿还期对称和分散化原理为指导，使资产结构在期限上多元化，注意短、中、长期的资产在数量上的合理配置，建立内部资产的自动偿还机制。

(1) 保证资产流动性的资金分配原理。

① 期限结构对称性原理。商业银行在进行资金分配时，不仅要考虑负债的静态期限结构，而且要考虑动态期限结构、成本结构等，以保证资产负债的结构对称性平衡。例如，商业银行资本金与固定资产之间在结构上存在一定的对称关系。固定资产是流动性较低的资产，而来源于存款的负债终究是要偿还的，所以商业银行一般不用存款负债购买固定资产。资本金的特性刚好与固定资产的特性匹配，所以资本金应主要配置在固定资产上，其他负债显然不适宜。

② 偿还对称性原理。偿还对称性原理又被称为速度对称原理，指的是商业银行的资金分配应根据资金来源的流动性速度来决定，即商行资产和负债的偿还期应保持一定程度的对称关系。例如，活期存款的流转速度很高，偿还期限很短，为保持对称，与之对应的应是流动性很高的现金资产或准现金资产；定期存款的流转速度低，商业银行可以将其投放于中长期的贷款和证券资产。

③ 分散化原理。分散化原理是指在资产配置中，商业银行应尽可能地将资金分散于不同地区、行业、币种和种类的资产上，以此来保证和提高资产的流动性。

(2) 保证资产流动性的资金分配方法。

① 资金汇集法(见图9-1)。资金汇集法又称资金总库法、资金池法，是20世纪30—40年代西方商业银行资金管理中普遍运用的一种传统的资产管理方法。它是指商业银行将各种渠道中具有不同特性、不同期限的资金，如活期存款、储蓄存款、定期存款和资本金等

集中起来，然后再依据资金需要的轻重缓急排出先后顺序，把资金分配到各项资产中。在分配资金时通常首先考虑资金的流动性，首先满足第一准备金资产的需要，而后是第二准备金资产的需要，再后是贷款的需要，最后是中长期投资和固定资产的需要。

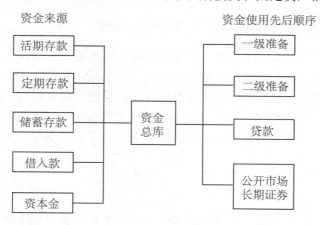

图 9-1　资金汇集法

② 资产分配法(见图 9-2)。资产分配法又称资金转换法，是 20 世纪 50 年代在商业银行资金管理中广泛运用的方法。资产分配法是指商业银行在选择资产种类时首先考虑负债结构的特点，包括各负债项目的法定准备金和周转速度等因素，然后据以对资金来源进行分类和划分，并确定相应的资金分配方向和比例。其具体操作是在由若干个"流动性——盈利性"组成的独立中心中，为各个具体项目之间建立对应关系。活期存款(包括借款)来源的最大部分资金配置给第一准备金资产，剩余大部分配置给第二准备金资产，小部分用于贷款和投资；储蓄和定期存款的最大部分配置给中长期贷款和投资，剩余大部分配置给第二准备金资产，小部分配置给第一准备金资产；资本金主要用于银行自身的固定资产投资，余下部分用于长期贷款和投资。

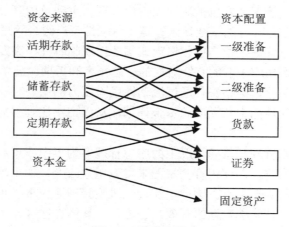

图 9-2　资产分配法

### 3. 实施资产证券化等流动性金融创新

资产证券化是指将具有共同特征、流动性较差的贷款、租赁、应收账款等资产集中起来，转变为具有投资特征的可销售证券的过程。简单来讲，资产证券化就是把流动性差的贷款等资产出售给专门设置的信托机构或部门，由其以所购资产为标的发行证券，向投资者销售，商业银行通过对贷款资产的证券化将占压在贷款上的资金先行收回的一种新的流动性供给方式。

### (二)从负债方面满足和维持流动性供给的策略

(1) 增加商业银行的主动性负债。商业银行在需要或缺乏资金时，可以通过临时性借款方式筹集资金增加供给，主要方式有同行拆借、转贴现、转抵押借款等。

(2) 实施负债的多元化。即使现有的渠道完全能够满足商业银行的流动性需要，银行也不能局限于既有渠道，要尽可能地获取多种渠道筹集资金，尤其是存款负债的多元化。只有存款保持稳定，才能从存款资金来源上满足和维持流动性供给，避免因存款的波动而产生流动性风险。

### (三)其他方面

(1) 商业银行可通过提高其自身的电子化水平，完善其银行服务功能，大力开展中间业务来提高流动性。

(2) 发行长期债券扩充附属资本或发行股票充实资本金等方式可暂时提高银行的流动性，从而及时应对流动性风险。

(3) 建立健全商业银行内部的流动性风险沟通与报告机制，以确保决策者随时掌握银行的流动性状况。

## 三、流动性风险管理方法

流动性风险管理包括正常环境下的日常管理、紧急情况下的应急管理和极端情景下的预防管理。

正常环境下的日常管理主要包括流动性缺口管理、主动负债管理、头寸管理、库存现金集中管理与调度、总分支行间资金往来管理、流动性资产组合管理等项内容。

紧急情况下的应急管理是指当银行出现或预计出现临时性、突发性偿付性流动性风险时，视风险严重程度而相应采取的有针对性的应急预案和短期应急资金计划。

极端情景下的预防管理是指银行通过流动性风险压力测试，寻找潜在的风险点和薄弱环节，进而实施有针对性的中长期应急资金计划，从而切实达到事前预防和缓释流动性风险的目的。

正常环境下的日常管理和紧急情况下的应急管理多为事中或事后管理。而流动性风险衡量的是对现金流的影响，即使银行基本面未发生明显改变，如果不能有效及时管理，就有可能影响银行的经营甚至生存。因此，流动性风险管理更应重视事前的预防性管理，而流动性压力测试是进行预防性管理的有效方法之一。具体管理内容又分为以下几个方面。

### (一)对本币的流动性风险管理

在具体操作层面，对表内业务本币的流动性风险管理可以简单分为以下三个步骤。

(1) 设立相应的比率/指标，判断流动性变化趋势。

(2) 计算特定时段内商业银行总的流动性需求。等于负债流动性需求加上资产(贷款)流动性需求。(具体方法参见"9.2 流动性风险度量"部分中的资金结构法内容)

## (二)对外币的流动性风险管理

高级管理层应当首先明确外币流动性的管理架构，可以将流动性管理权限集中在总部或下放至在货币发行国的分行，但都应赋予总部最终的监督和控制全球流动性的权力。其次是制定各币种的流动性管理策略。例如，商业银行将在何种程度上以本币满足其外汇融资需求，以及如何将本币通过外汇市场或货币掉期转换成外币，这些都取决于商业银行融资需求的规模、进入外汇市场融资的渠道，以及从事表外业务的能力(如备用信贷额度、掉期安排等)。最后，商业银行应当制订外汇融资能力受损时的流动性应急计划，通常采用以下两种方式。

(1) 使用本币资源并通过外汇市场将其转为外币，或使用该外汇的备用资源。例如，根据商业银行利用外汇市场和衍生产品市场的能力，可以由总行以本币为所有外币提供流动性。

(2) 管理者可根据某些外币在流动性需求中占有较高比例的情况，为其建立单独的备用流动性安排。

我国绝大多数商业银行的本外币流动性管理仍主要依赖于历史数据和管理人员的经验判断与估计，难以实现对整体流动性风险的动态监测和精确管理。目前，有些商业银行已经建立和运用资产负债管理信息系统作为辅助工具，实时监测资产负债的匹配情况，真正实现积极主动的流动性缺口管理，确保将流动性风险时刻控制在合理范围内。

## (三)制订流动性应急计划

随着全球经济发展的不确定性日益增加，商业银行在流动性风险管理过程中，遭遇突发事件和异常市场状况的可能性也越来越高。因此，商业银行在完善流动性风险监测和预警机制的同时，制订切实可行的本外币流动性应急计划至关重要。

流动性应急计划主要包括两方面的内容。

### 1. 危机处理方案

规定各部门沟通或传输信息的程序，明确在危机情况下各自的分工和应采取的措施，以及制定在危机情况下资产和负债的处置措施。危机处理方案还应当考虑如何处理与利益持有者(如债权人、债务人、表外业务交易对手等)的关系。危机时刻，商业银行必须牺牲某些利益持有者的局部利益以换取整体所必需的流动性。因此，有必要事先划分利益持有者的重要程度，以决定在危机的不同阶段应当重点保障哪些利益持有者的需求。此外，维持良好的公共关系将有利于树立积极的公众形象，防止危机变得更糟。

### 2. 弥补现金流量不足的工作程序

备用资金的来源包括未使用的信贷额度，以及寻求中央银行的紧急支援等。应急计划应尽可能明确预期从上述渠道获得的资金数量、在何种情形下才能使用上述资金渠道，以及资金未来的偿还安排。

商业银行除了借鉴和掌握先进的流动性管理知识/技术外，针对我国当前的经济形势和实际市场状况，还应当重视提高流动性管理的预见性。

中国人民银行从 2004 年开始实行差别存款准备金政策以及再贷款浮息制度，表明了中央银行对流动性管理不善的商业银行开始给予一定程度的"经济惩罚"，结束了商业银行长期以来既不需要承担最终流动性风险，又不必为管理不善付出较高成本的局面，迫使商业银行把加强流动性管理提升到一个更高的战略地位。因此，商业银行应当加强对经济金融形势的研究，提高政策敏感性和快速反应能力，正确预期和判断货币政策的变化，把握市场先机。

# 案 例 讨 论

## 英国诺森罗克银行挤兑事件透视

金融全球化同时伴随着风险的全球化，受美国次级债危机导致的全球信贷紧缩影响，英国第五大抵押贷款机构——诺森罗克银行发生储户挤兑事件。自 2007 年 9 月 14 号全国范围的挤兑发生以来，截至 9 月 18 号，仅仅几天的时间就有 30 多亿英镑从诺森罗克银行流出，占该行 240 多亿英镑存款总量的 12%左右，其电话银行和网上银行业务一度出现崩溃。受此影响，几天之内，诺森罗克银行的股价就下跌了将近 70%，创下 7 年来新低，成为英国遭遇本次信贷危机以来的最大受害者。

为防止系统性银行危机的出现，英国财政部、英格兰银行(英国央行)与金融管理局先后采取了注资以及存款账户担保等救助措施，至 2007 年 9 月 18 号，诺森罗克银行的储户挤兑情况才有所缓解，各大银行的股价也出现不同程度的上涨，银行体系的恐慌局面才得以控制。这就是英国银行挤兑事件的简单回顾，而其背后的缘由更值得我们去透视。

### (一)诺森罗克银行遭受挤兑的原因

诺森罗克银行始建立于 1850 年，其早期只是一家住房贷款协会，1997 年变成一家银行并上市。目前，该行是英国第五大抵押贷款机构，拥有 150 万储户，向 80 万购房者提供房贷，可谓规模庞大。然而，曾经是房贷市场佼佼者的诺森罗克银行，缘何会陷入挤兑危机呢？除了英国经济金融环境不利之外，是由诸多因素共同造成的。

### 1. 融资过于依靠批发市场

与其他银行资金主要来自储户不同，尽管诺森罗克银行在 1997 年已经转变为一家上市银行，但是其大部分资金仍来源于金融机构。在诺森罗克银行的资金中，由零售存款业务所获的资金不足全部的 1/4，而超过 3/4 的资金来自批发市场，即通过同业拆借、发行债券或出售有资产抵押的证券来融资(见表 9-9)。而 75%的比例远远高于英国其他几大抵押贷款公司。鉴于零售存款融资的稳定性，资金绝大部分来源于批发市场的诺森罗克银行也就更容易受到市场上资金供求的影响。

表 9-9 诺森罗克银行的资金来源及占比

| 项 目 | 金额/英镑 | 占比/% |
| --- | --- | --- |
| 零售存款 | 244 | 23.2 |
| 资产证券化 | 457 | 43.6 |
| 非零售存款 | 267 | 25.5 |
| 备兑债券 | 81 | 7.7 |
| 合计 | 1049 | 100 |

### 2. 资产负债的利率缺口过大

批发市场和住房贷款市场不同的定价机制，又加大了诺森罗克银行的利率缺口。无论是发行债券还是住房贷款的资产证券化，它们都是依据市场上 3 个月的 LIBOR 来定价的。而诺森罗克银行的住房抵押贷款则是按照英格兰银行的基准利率来发放。这种投融资的定价方式在货币市场利率大幅高于官方利率时会造成银行损失。在诺森罗克银行的资产中，发放给消费者的抵押贷款达 967 亿英镑，占总资产的 85.2%(见表 9-10)。据估计，在这 960 多亿英镑的抵押贷款中，有 120 亿英镑是直接暴露在这种利率缺口风险之下的。也就是说，LIBOR 每超过基准利率一个基点，诺森罗克银行每年将多支付 1200 万英镑。

表 9-10 诺森罗克银行的资产结构

| 项 目 | 金额/亿英镑 | 占比/% |
| --- | --- | --- |
| 消费者贷款 | 967 | 85.2 |
| 有价证券 | 80 | 7.0 |
| 金融衍生品 | 14 | 1.2 |
| 现金及央行头寸 | 7.68 | 0.7 |
| 其他 | 66.32 | 5.9 |
| 合计 | 1135 | 100 |

### 3. 银行原有的融资渠道受阻

更糟糕的是，2007 年 7 月份以后，受美国次贷危机造成的全球货币市场流动性紧张的影响，主要靠批发市场来融资的诺森罗克银行已经很难再获得稳定的融资渠道。市场分析人士指出，为了达到 2007 年年初预定的增长目标，在后来的 12 个月里诺森罗克银行需要筹资 100 亿英镑并再融资 80 亿英镑。这些资金只能通过抵押贷款资产的证券化来筹集，但问题是，由于美国次贷危机的影响，投资者已经对抵押资产失去了兴趣。而且，即便是没有受到美国次级债务危机的影响，英国次级债市场上的恐慌也会逐渐暴露。事实上，英国投资者的流动性恐慌在西布朗明奇房贷协会事件上已经表露无遗，后者发行的资产证券化产品因为无人购买而不得不被取消。可以看出，英国信贷市场的大门已经开始关闭。而这对于主要依靠信贷市场来融资的诺森罗克银行来说是致命的打击。

### 4. 2007 年上半年经营收益下降

资产负债利率缺口的扩大以及因流动性不足导致的贷款业务放缓都降低了银行经营的收益，而引起储户挤兑的直接原因也许就是诺森罗克银行预期收益的下降。尽管 2007 年上半年诺森罗克银行在抵押贷款市场上的份额大幅增加，从 2006 年下半年的 14.5%上升到 18.9%，总资产也比一年前增长了 28%，但是其利润并没有显著上升。2007 年上半年，诺森罗克银行的税前利润不足 3 亿英镑，几乎与上年同期没什么变化。资产大幅增加，而赢利不增，足见银行的经营收益下降的事实。在 9 月 14 号，诺森罗克银行又发出盈利预警，指出：利率的升势出乎意料，信贷萎缩问题导致资产增长放缓，预计 2007 年的税前利润将比预计低 20%左右。这一消息的公布也直接引发了当日大范围内的储户挤兑。

### 5. 投资美国次级债带来损失

事实上，诺森罗克银行在美国次级债券市场上的投资并不多，仅占其全部资产的 0.24%，大约有 2.75 亿英镑，其中 2 亿英镑投资在美国的债务抵押债券，0.75 亿英镑投资于房产抵押担保证券。而且这些有价证券的持续期小于两年，不会对 2006 年或 2007 年的放贷产生影响。尽管相对于总体的资产来说损失不大，但这在诺森罗克银行的有价证券投资中已占 40%的份额，而这对市场上投资者的心理影响效应可能更大。

### (二)英国政府采取的行动

#### 1. 问题暴露前的"无为而治"

美国次贷危机爆发以来，英格兰银行采取了与欧洲央行和美联储截然不同的监管方式——无为而治，既不向银行注资，也没有降低贴现窗口利率。尽管英国的次级债务危机可能比美国更严重，但是在银行体系发生流动性危机之前，英国政府和英格兰银行似乎并没有认识到这一问题，甚至在起初，这种无为而治的做法还得到了市场人士的一致好评。2007 年 8 月中旬，为消除次级债危机带来的流动性紧张，包括美联储和欧洲央行在内的全球大部分央行都向其银行体系注资，美联储甚至一天三次向银行注资了 800 亿美元，而此时的英国却没有向银行体系注资。

英格兰银行的行长墨文·金曾一再表示，不会效仿其他央行为银行注资。他认为，英国应避免给投资者造成"央行将为市场人士的错误决策买单"的印象，注资可能会鼓励"过度冒险，为未来爆发金融危机埋下祸种"。对于不注资的行为，除了惧怕引发金融市场上的"道德风险"这一顾虑外，另一原因可能是，英国当局认为国内住房抵押贷款的评估标准以及次级债市场的监管要严于美国，而且英国也没有出现像美国那样的房屋过度供给问题。8 月份，英国金融管理局的一位发言人指出，"整体上来说，相对良好的经济状况使那些我们监管的金融机构都保持了相对充足的资本"。不仅政府当局对英国的次级债市场持有这一乐观观点，不少市场人士也持有相同的观点。然而，事实并非如此，事实表明，英格兰银行在银行体系流动性危机爆发之前显得过于乐观和自信。

#### 2. 问题暴露后的大力拯救

(1) 央行初步的注资。随着英国银行间市场的日益紧张，市场上对这种"无为而治"行为的批评声逐渐出现，英国央行不得不在 8 月 5 日宣布向金融市场注资 44 亿英镑。但是，这些注资已经不能改变市场上的紧张情绪，3 个月 LIBOR 仍不断创出新高，9 月 7 日至 13 日 LIBOR 一直高达 6.85%。13 日，诺森罗克银行出现流动性不足，部分分支机构发生挤兑，被迫向央行提出紧急贷款申请。此时，英国政府部门才开始意识到问题的严重性。英国财政部、英格兰银行以及金融管理局于当晚就诺森罗克银行的申请召开紧急会议。14 日，三部门发表联合声明指出，诺森罗克银行仍是具备清偿能力的，而且其资本充足率符合要求，贷款质量也不存在问题，目前的挤兑只是该行出现的暂时流动性困难，因此，财政部授权央行向诺森罗克银行提供一个附加惩罚性利率的资金支持。然而，这一声明通过媒体传出以后，加之诺森罗克银行当天又宣布了全年预期收益下降的不利消息，银行的股价当即跌去近四分之一，原本只是爆发在一些分支机构的小规模挤兑事件迅速蔓延到全国。随后的 3 天里，储户挤兑更为严重，致使几天的时间里诺森罗克银行的存款就减少了 30 多亿英镑。更糟糕的是，因为传言将成为下一个"诺森罗克银行"的英国另外两家银行 Alliance& Leicester 和 Bradford&Bingley 在 17 日股价也大幅下跌。

(2) 财政部全额补偿承诺。9 月 17 日晚上，为缓解诺森罗克银行的挤兑风潮，防范系统性金融风险的爆发，英国财政部部长达琳不得不再次宣布：政府将保证该行现有储户存款的安全，政府保障将涵盖所有存款，不论数额多少，而且政府也将为与诺森罗克银行面临相同问题的其他银行提供账户担保。财政部这一全额担保的承诺是史无前例的，甚至是极端的，超过了英国服务补偿计划的规订。按照英国的金融补偿条例，英国服务补偿计划只是单纯的"付款箱"机制，因此，在这次银行挤兑危机中，补偿计划有限公司还没有介入。而按金融补偿条例规定，如果银行倒闭，存款数额少于 2000 英镑的储户可以获得全额补偿，超过 2000 英镑的存款将不会得到全额补偿。英国财政部的全额担保承诺等于给储户吃了一颗"定心丸"。

(3) 央行再次注资。除了财政部部长作出的全额担保承诺外，英格兰银行也加大了向银行体系的注资。9 月 18 日，英国央行承诺将再向银行体系注入低利率的资金 44 亿英镑，而 19 日又宣布，将于下周向 3 个月期的资本市场注入 100 亿英镑的资金，旨在应对银行间隔夜拆借市场在更长期限内存在的流动性不足问题。

在政府这一系列大力干预之下，诺森罗克银行的挤兑风潮才有所平息，英国的金融恐慌才得到控制。

### (三)诺森罗克银行采取的对策

作为整个挤兑事件的"主角"，诺森罗克银行在面对挤兑时主要采取了以下措施。

#### 1. 积极寻求流动性

除了 9 月 13 日向英格兰银行申请紧急贷款来增加流动性之外，诺森罗克银行还通过资产出售、寻求重组来获得流动性。有消息称，陷入危机的诺森罗克银行打算分割出售其持有的价值 1 000 亿英镑的抵押贷款债权。而事实上，早在六七月间诺森罗克银行就先后向 Lehman Commercial Mortgage Conduit Limited(LCMCL)公司出卖了共计 10 多亿英镑的商业保险贷款。另外，诺森罗克银行的董事长也公开呼吁能有机构出手来收购银行。市场上也曾传言英国国内的劳埃德银行以及众多国外银行都有收购诺森罗克银行的意图。

#### 2. 业务正常的声明

面对市场上的恐慌心理，具有清偿能力的诺森罗克银行加大声明力度，宣称其业务正常并将力保客户资金安全，以此来安抚储户的恐慌心理。9 月 16 日后，诺森罗克银行在其主页上发表了董事长的一封公开信,信中就提出公司将保证客户资金的安全。而且,诺森罗克银行也连续多天在英国的主要报纸刊登全幅广告,声明自己的业务正常。这些对于缓解客户的紧张心理起到了一定的作用。

### (四)诺森罗克银行挤兑事件对我国银行业的启示

#### 1. 严格监控房地产市场泡沫所带来的金融风险

这次英国版的次贷危机,除了受国际环境的影响外,主要原因之一就是国内房地产市场的泡沫。随着英国房价不断攀升,抵押贷款公司发放了大量的住房抵押贷款,而且这些住房抵押贷款的审慎性评估又不足,结果是金融体系隐藏了大量的风险,一旦房价增长减缓或房价下跌,则难免形成大规模的坏账。我国国内房地产市场也存在增长过快的问题,因此要严格监控商业银行按揭贷款的风险,提高商业银行发放住房按揭贷款的审核标准。

#### 2. 密切关注金融创新过程中的金融风险

住房抵押贷款的证券化是这次全球次贷危机的"罪魁祸首",尤其是那些次级贷款的证券化资产。然而,在美国次贷危机爆发之前,贷款的证券化作为重要的金融创新产品一直被人们所称道,以致人们忽视了其存在的风险。在英国,不少银行和抵押贷款机构通过发放房贷——房贷的资产证券化——再发放房贷的方式来经营,但是,当房地产贷款的风险增加时,投资者也就对银行发行的住房抵押贷款证券失去兴趣,以此来经营的银行或抵押贷款机构也就会出现流动性的危机。我国的资产证券化业务还处于发展初期,对于资产证券化过程中所带来的风险要密切关注。

#### 3. 提高监管当局对金融风险的预见能力

在2007年9月份之前,英国央行实施"无为而治",一直拒绝向金融体系注入资金,即便是在全球的大部分央行都向银行注资的情况下也无动于衷。结果,当英国银行体系的流动性危机造成恐慌时,英国当局才不得不采取措施甚至是极端的措施来干预,英国央行也不得不改变初衷,多次向银行体系注资。央行不仅错过最佳的干预时期,而且付出了更大的成本,出尔反尔的出资举动也给其自身带来了"信心危机"。

因此,金融监管当局要加强金融体系内风险的监测和分析,提高对金融体系风险的预测能力,尽量把危机化解于初始阶段。这次危机中,美联储和欧盟央行的及时干预做法就值得我们借鉴。

#### 4. 加强各部门的协调合作

在银行挤兑爆发前,英格兰银行和金融管理局缺少必要的沟通,结果造成各方出于各自的考虑没有及时向银行体系注资。而在银行挤兑爆发后,英格兰银行、英国财政部以及金融管理局的联合行动对于控制金融体系的恐慌起到了非常大的作用,这种一致行动在危机处理中尤为重要。

**问题:**
1. 详细说明诺森罗克银行业务模式的主要风险。
2. 描述针对这场危机的公共干预措施。
3. 简述在流动性风险管理和监管方面吸取的教训。

# 扩展阅读

节选《商业银行流动性风险管理办法(试行)》中第三节流动性风险识别、计量、监测和控制。

**第二十三条** 商业银行应当根据业务规模、性质、复杂程度及风险状况，监测可能引发流动性风险的特定情景或事件，及时分析其对流动性风险的影响，并建立适当的预警指标体系。可参考的情景或事件包括但不限于：

(一)资产快速增长，风险显著增加。

(二)资产或负债集中度上升。

(三)货币错配程度增加。

(四)负债平均期限下降。

(五)多次接近或违反内部限额和监管标准。

(六)特定业务或产品发展趋势下降或风险增加。

(七)银行盈利水平、资产质量和总体财务状况显著恶化。

(八)负面的公众报道。

(九)信用评级下调。

(十)股票价格下降或债务成本上升。

(十一)批发和零售融资成本上升。

(十二)交易对手要求增加额外的担保或拒绝进行新交易。

(十三)代理行降低或取消授信额度。

(十四)零售存款大量流失。

(十五)获得长期融资的难度加大。

# 项目总结

流动性风险是指银行无力为负债的减少或资产的增加提供融资的可能性，即当银行流动性不足时，它无法以合理的成本迅速增加负债或变现资产获得足够的资金，从而影响其盈利水平。在极端情况下，流动性不足会造成银行的清偿问题。

虽然流动性风险通常被认为是商业银行破产的直接原因，但实质上，流动性风险是信用、市场、操作、声誉及战略风险长期积聚、恶化的综合作用结果。

流动性比率/指标法在应用过程中，必须综合考量各种内外部因素、参考多种比率/指标并辅以其他评估方法，才能对商业银行的流动性状况作出客观评价。

现金流分析有助于预测商业银行未来短期内的流动性状况。但随着所能获得现金流量信息的可能性和准确性降低，流动性评估结果的可信赖度也随之减弱。

一般而言，活跃在短期货币市场和易于在短期内筹集到资金弥补其资金缺口的商业银行具有较短的流动性管理时间序列；而活跃在长期资产和负债市场的商业银行则需要采用较长的时间序列。

通过定期压力测试，商业银行可以更加全面、深入地掌握自身的流动性风险状况及变化趋势，为流动性风险管理提供决策依据，随时做好在极端不利的条件下应对支付困难的准备。

商业银行在运营过程中，应当尽可能对出现的各种情景进行相对保守的估计，将流动性缺口始终控制在安全范围内，确保随时具有支付能力。

商业银行流动性风险管理的核心是要尽可能地提高资产的流动性和负债的稳定性，并在两者之间寻求最佳的风险—收益平衡点。

国际商业银行最佳实践表明，应同时采用多种流动性风险评估方法，来综合评价商业银行整体的流动性状况。

流动性风险控制可以从商业银行资产方面入手，技术手段包括资金汇集法和资产分配法。也可以从负债方面满足和维持流动性供给，增加商业银行的主动性负债，实施负债的多元化。同时做好紧急情况下的应急管理和极端情景下的预防管理。

# 单 元 练 习

## 一、单项选择题

1. 商业银行的借款人由于经营问题，无法按期偿还贷款，商业银行这部分贷款面临的是(　　)。
   A. 资产流动性风险　　　　　　　　　　B. 负债流动性风险
   C. 流动性过剩　　　　　　　　　　　　D. 流动性短缺

2. 银行的流动性风险与(　　)没有关系。
   A. 资产负债期限结构　　　　　　　　　B. 资产负债类别结构
   C. 资产负债分布结构　　　　　　　　　D. 资产负债币种结构

3. (　　)是最具流动性的资产。
   A. 现金　　　　　　　　　　　　　　　B. 票据
   C. 股票　　　　　　　　　　　　　　　D. 贷款

4. 测量银行流动性状况的指标不包括(　　)。
   A. 现金头寸指标　　　　　　　　　　　B. 大额负债依赖度
   C. 易变负债与总资产的比率　　　　　　D. 营利性比率

5. (　　)针对未来特定时段，计算到期资产(现金流入)和到期负债(现金流出)之间的差额，以判断商业银行在未来特定时段内的流动性是否充足。
   A. 流动性比率/指标法　　　　　　　　　B. 现金流分析法
   C. 缺口分析法　　　　　　　　　　　　D. 久期分析法

6. 《中华人民共和国商业银行法》规定，流动性资产余额与流动性负债余额的比例不得超过(　　)。
   A. 15%　　　　　　　　　　　　　　　B. 25%
   C. 70%　　　　　　　　　　　　　　　D. 75%

7. 下列关于流动性风险的说法不正确的是(　　)。

A. 承担过多的信用风险会同时增加流动性风险

B. 很多操作风险都可能对流动性造成显著影响

C. 声誉风险与流动性风险无关

D. 市场风险会影响投资组合产生流动性资金的能力，造成流动性波动

8. 下列关于现金流分析的说法，不正确的是(    )。

A. 现金流分析有助于真实、准确地反映商业银行在未来短期内的流动性状况

B. 根据历史数据的研究，当流动性剩余额与总资产之比小于 3%～5% 时，对商业银行的流动性风险是一个预警

C. 商业银行的规模越大，业务越复杂，现金流分析的可信赖度越强

D. 应当将商业银行的流动性"剩余"或"赤字"与融资需求在不同的时间内进行比较，以合理预估商业银行的流动性需求

## 二、判断题

1. 通常，活跃在货币市场的商业银行需要采用较长的流动性缺口分析时间序列。(    )

2. 商业银行最常见的资产负债的期限错配情况是"借长贷短"。(    )

3. 流动性比率/指标的优点是静态分析，能对未来特定时段内的流动性进行有效评估。(    )

4. 在其他条件不变的情况下，贷款增加意味着融资缺口减少，核心存款平均额增加意味着融资缺口增加。(    )

5. 久期缺口的绝对值越大，利率变化对商业银行的资产和负债的影响越大，对其流动性的影响也越显著。(    )

6. 流动性风险是指银行因无力为负债的增加和资产的减少提供融资而造成损失或破产的可能性。(    )

7. 流动性风险通常被认为是商业银行破产的直接原因。(    )

8. 现金流分析的目的在于，通过商业银行一段比较长时期的现金流入和现金流出的预测和分析，评估商业银行短期内的流动性状况。(    )

## 三、问答题

1. 对商业银行流动性风险进行评估的方法有哪些？

2. 商业银行流动性风险预警信号/指标都是什么？

3. 商业银行流动性风险管理方法有哪些？

# 课 外 活 动

搜集 2008 年金融危机中商业银行流动性风险管理的案例进行分析，讨论造成银行流动性风险的原因，以及在事件发展过程中管理者哪些措施应对得当，哪些措施有待改进。

# 项目十　国家风险管理

**案例引入：**

## 伊拉克战争给中国造成的损失有多少

2003 年 3 月 20 日，美国以伊拉克藏有大规模杀伤性武器为由，在没经联合国授权并在大多数联合国成员国的反对下，悍然发动了侵略伊拉克的战争，推翻了以萨达姆为首的伊拉克政权。这场战争，不仅美国在经济上要付出 1.8 万亿美元的总成本，还使世界各国也跟着遭了殃，经济遭受了重大损失。

那么这场战争使中国遭受了多大损失呢？目前尚未有权威部门对此进行估算及公布，不过我们可以根据各种报道，对战争给中国造成的直接损失作一个大致的估算，约为 194 亿美元。

债务损失 70 亿美元。到目前为止，由于战乱和政府的更迭，伊方仍欠中方债务 70 亿美元，这些欠款多为曾在伊拉克承包业务的中国国有公司所有。2005 年 6 月 22 日，李肇星在布鲁塞尔召开的 "伊拉克问题国际会议" 上说，作为伊拉克重要的债权国之一，中国正在认真落实较大幅度减免伊拉克债务的承诺。美国常务副国务卿佐立克 2005 年 9 月 21 日呼吁中国公司采取行动，免除伊拉克所欠的 70 亿美元债务。伊拉克目前的这种局势，这笔债务即使中国公司不免，也将是一笔呆账。

石油因战争涨价，使中国进口增加的成本支出保守估计为 123 多亿美元。目前石油价格在每桶 70 美元左右徘徊，2005 年，中国进口原油平均价格为每桶 51.5 美元(商务部公布)，而战争爆发前每桶只有 20 多美元(石油输出国组织欧佩克当时制订稳定的油价方案，设定的是每桶上限 28 美元下限 22 美元的杠杆)。当然油价上涨除了伊战因素外还有其他原因，美国哈佛大学的琳达比尔姆斯和诺贝尔奖得主哥伦比亚大学的约瑟夫施蒂格利茨两位教授保守地认为，其中的 5 美元是由于战争带来的。据此计算，2003 年至 2005 年中国共进口石油 3.38 亿吨，每吨因战争上涨 36.5 美元(1 吨折合为 7.3 桶)，中国因此要多支出 123.37 亿美元。

还有中国承诺的对伊 2 500 万美元的援助，中国驻伊大使馆毁于战火，中国公司在伊物资财产损失，以及对我进出口贸易、旅游、劳务输出造成的影响和损失难以估算。

(资料来源：摘自人民网网友之声，2007 年 2 月，有删减)

**问题：** 伊拉克战争给中国带来的损失是属于什么风险造成的？

**知识目标：**

1. 了解国家风险的类型。
2. 理解国家风险控制技术。

**能力目标：**

1. 可以区别国家风险与主权风险。

2. 熟悉国家风险的度量方法。

关键词：国际风险、主权风险、转移风险、国家信贷风险限额

# 模块一　国家风险的形成与类型

## 一、国家风险概述

自亚洲金融危机以来，国家风险对商业银行安全性的影响日益显现。中国加入 WTO 后，经济开放度迅速提高，大批跨国公司涌入国内市场。同时，我国商业银行海外分支机构不断增加，使得各项业务活动中越来越多地涉及国家风险管理，这对现有风险监控体系和分析工具提出了更高要求。

### (一)国家风险的概念

对于什么是国家风险，有人认为是主权风险，有人认为等同于政治风险，还有人把借款国偿还债务的一切风险统称为国家风险，这些定义都不全面。

在银监会《银行业金融机构国别风险管理指引》中，国家风险又称为国别风险，是指由于某一国家或地区经济、政治、社会变化及事件，导致该国家或地区借款人或债务人没有能力或者拒绝偿付银行业金融机构债务，或使银行业金融机构在该国家或地区的商业存在遭受损失，或使银行业金融机构遭受其他损失的风险。

国家风险包括主权风险，但并不等于主权风险。如果与一国居民发生经济金融交易的他国居民为政府或货币当局，政府或货币当局为债务人，不能如期足额清偿债务，而使该国居民蒙受经济损失，这种可能性就是主权风险。如果与一国居民发生经济金融交易的他国居民为民间主体，国家通过外汇管制、罚没或国有化等政策法规限制民间主体的资金转移，使之不能正常履行其商业义务，从而使该国居民蒙受经济损失，这种可能性就是转移风险。

### (二)国家风险的类型

#### 1. 按引发国家风险事故的性质划分

按引发国家风险事故的性质划分，国家风险可分为政治风险、社会风险和经济风险三类。

(1) 政治风险。政治风险是指商业银行受特定国家的政治原因限制，不能把在该国贷款等汇回本国而遭受损失的风险。政治风险包括政权风险、政局风险、政策风险和对外关系风险等多个方面。例如：对外战争、领土被占，或者国内动荡不安、恐怖事件不断发生、社会骚乱、地方争斗、政党分裂等。

(2) 社会风险。社会风险是指由于经济或非经济因素造成特定国家的社会环境不稳定，从而使贷款商业银行不能把在该国的贷款汇回本国而遭受损失的风险。如发生内战、种族纠纷、宗教纷争以及社会分配不均所引起的结群格斗、社会阶层对立等。

(3) 经济风险。经济风险是指境外商业银行仅仅受特定国家直接或间接经济因素的限制，而不能把在该国的贷款等汇回本国而遭受损失的风险。如经济长期低增长、工人罢工、生产成本剧增、出口收入持续下降、国际收支恶化、外汇资金短缺等。

**2. 按借款者的行为划分**

按借款者的行为划分，国家风险可以分为如下几种。

(1) 间接风险。这是指当一国意外遭受经济困难或者政局动荡时，银行在该国的贷款收益虽然不会马上受到损失，但此后也有间接损失。这主要是收回时贬值；还有就是要改变贷款的国别分配而产生的成本。

(2) 到期不还风险。就是债务到期后得不到偿还。包括利息和本金两个方面。

(3) 债务重新安排风险。就是指跨国银行、有关国家政府或其他金融机构共同协商，就重债国有关债务的支付作出新的协议安排。主要有：借新还旧；延期还本付息以及变更还本付息的条件等。无论何种情况，在重新安排债务上都会受到损失。

(4) 债务勾销风险。就是指跨国银行迫于债务国的严峻形势对其债务购销而带来的风险损失。

### (三)国家风险的基本特征

国家风险与一般商业风险相比，有以下特征。

(1) 国家风险是和国家主权有密切关系的风险，表现在东道国制定的有关法律、法令对外国投资者或外国经营者的一些不利规定或歧视待遇。

(2) 国家风险存在或产生于跨国的金融经贸活动中，属于国际之间经济交往的风险。

(3) 国家风险是指一国的个人、企业或机构作为投资者或债权人所承担的风险，这种风险是由不可抗拒的国外因素形成的。

(4) 国家风险源于东道国的法律和法规有强制执行性，这种风险非合同或契约条款所能改变或免除。

(5) 在国际经济金融活动中，不论是政府、商业银行、企业还是个人，都可能遭受国家风险所带来的损失。

### (四)国家风险管理的用途

(1) 监控跨国公司正在经营的所在国家的经济和政治环境。

(2) 作为避免在高风险国家从事经营的筛选器。

(3) 帮助完善长期投资或融资决策分析。

## 二、国家风险的表现形态

### (一)在国际经贸活动中的表现

(1) 国际信贷中：债务国否认债务，拒绝履约还款；债务国随意中止还款；债务国政府单方要求重组债务；债务国外汇收支困难，随意实施严格的外汇管制。

(2) 国际投资中：投资被征用、没收；合营企业利润无法汇回母国，经营受政府干预；

政府间对立导致投资者资产受损；当地政府动乱、革命或倒台等政治事件，造成营业中断或利润损失等。

(3) 国际贸易中：对方国单方面破坏契约，并拒绝赔偿本国企业损失；对方国强行关闭国内市场，限制外国商品进入；对方国实行外汇管制，税率变化无常；战争、革命及政变等导致双方利益受损。

### (二)债务危机是国家风险的集中表现

债务危机是指在国际借贷领域中大量负债，超过了借款者自身的清偿能力，造成无力还债或必须延期还债的现象。衡量一个国家外债清偿能力的最主要的指标是外债清偿率(即一个国家在一年中外债的还本付息额占当年或上一年出口收汇额的比率)。一般情况下，这一指标应保持在20%以下，超过20%就说明外债负担过高。

# 模块二　国家风险的评估

## 一、国家风险的评估机构

### (一)专门的国家风险评估机构

世界上比较著名的国家风险评估机构有：商业环境风险信息机构(BERI)、《欧洲货币》杂志、《机构投资者》杂志、国际报告集团等。

#### 1. 商业环境风险信息机构

美国商业环境风险信息机构(BERI)是最早提供国家风险资料的国际机构，由F.T.汉纳教授在20世纪60年代创立。主要提供以下三种服务。

(1) 商业风险服务。主要是BERI指数，分别对外国贷款者的商业气候、债务国的政治稳定性以及货币和支付风险三个部分进行评估。用0～100来表示风险程度高低。

(2) 国家远景报告。重点评价债务国的投资气候和外国投资者在该国盈利的可能性与途径。目的是为银行业和商业实体提供前景分析报告，预测债务国的政治、经济和金融的变化情况。

(3) 国家风险预测。就是通过定量和定性分析来评价一个国家的信誉情况。它采用几种定性与定量标准对一国未来五年的情况进行预测，并把国家风险评级具体分成定量评级、定性评级和环境评级三类。其中，定量评级主要是偿债能力(占50%)；定性评级主要是债务结构、竞争力等(占25%)；环境评级主要是现行该国的政治环境(占25%)。最后综合用0～100的自然数表示风险高低。主要是对全球50个主要国家地区的国家风险进行评估。

#### 2.《欧洲货币》杂志

《欧洲货币》杂志，是世界著名的金融月刊，其对国家风险的评估结果具有一定的权威性。其评估开始于1979年10月。其评估方法可分为三个阶段。

第一阶段，主要采用加权平均利差分析法。即根据主权借款者在欧洲货币市场上的加权平均利差来确定该国与其他国家相比较的风险地位。差额越大，风险越高。

第二阶段，从 1982 年 9 月开始，采取一国进入市场的能力、实际获取信贷的条件以及在市场上能否销售完该国发行的债券来评价其国家风险程度。

第三阶段，从 1987 年后，采取分类指标分析法来衡量国家风险。三类指标是市场指标，主要是进入市场的能力，债券销售情况等(权数占 40%)；信用指标，主要是偿债记录，重新安排债务的困难情况(权数占 20%)；分析指标，包括政治风险及该国的经济指标(权数占 40%)。三大类共有 9 种指标。

### 3.《机构投资者》杂志

《机构投资者》杂志也是著名的国际金融刊物，它每年根据其对大约 75～100 个国际性营业银行的调查(根据不同银行的情况给予不同的权数)，分两次公布其对国家风险评估的结果。同样也是在 0～100 范围内给每一个国家评级。它与《欧洲货币》杂志的评估不同。《机构投资者》杂志评级的依据是世界上主要银行的国家风险评估系统的评级结果，而《欧洲货币》杂志是以市场反应为依据。

### 4. 国际报告集团

美国纽约的"国际报告集团"对国家风险的评估具体体现在其每月出版的《国家风险国际指南》中。它是用自己的国家风险评估体系得出的。其总值分三个部分：政治风险、金融风险及经济风险。政治变量占权数的 50%，共有 13 个指标；金融变量占权数的 25%，共有 5 个基本指标；经济变量占权数的 25%，共有 6 个指标。评级的最终结果也是用 0～100 的自然数表示风险的高低。

## (二)国际资信评估公司

国际资信评估公司主要有穆迪、标准普尔、汤臣百卫、费奇等。这些评估公司的业务日益专业化和系统化。它们可根据客户的不同要求，对不同方面给予评估，影响力越来越大。

## (三)国际性银行

一些国际性大银行通常也都是国家风险评估的主体。它们有专门的机构和人员从事国家风险分析工作。如比较有名的瑞士银行就是一家拥有丰富国家风险评估经验的银行，还有美国的一些大银行都设有国家风险管理委员会。此外，国际货币基金组织、世界银行也对借款国的国情进行分析。

# 二、国家风险的评估方法与模型

## (一)国家风险的评估方法

(1) 结构定性分析法。结构定性分析法主要是根据标准化的国家风险评估报告，结合部分经济统计，对不同国家的贷款风险进行比较。它综合了对政治社会因素的定性分析和对经济金融因素的定量分析。具体有政策因素(主要是该的经济财政政策的质量)、经济因素(主要有自然资源、劳动力资源、经济发展战略、经济发展所需资金的提供能力以及出口多样化程度)、金融地位(主要是国际收支、外债规模、外汇储备及特别提款权)和政治因素(主要是政局稳定与政策的连续性)。

这种方法的优点是国家风险分析趋于标准化，使各国的国家风险在定性上的比较成为可能；能全面地分析国家风险，所以得出的结论一般比较合理。不足之处是方法复杂，实施困难，一般只有实力雄厚的大银行才能运用。

(2) 清单分析法。清单分析法就是将有关的各种指标和变量系统地排列成清单，各个项目还可以根据其重要性加以权数，然后进行比较、分析，评定分数。具体来说就是一张需要回答待评估国家风险的统计问题表。清单一般包括经济发展水平、经济增长率和国际清偿能力三方面的内容。定量分析也采用清单分析，但偏重计量经济学的方法，通过建立模型分析。

这种方法的优点是分析指标的量化使国家风险评估的结果相对客观，被分析的每个国家都有一个国家风险的总分值，所以比较也比较方便。不足之处是评价的主观色彩比较浓，特别是权重赋值。

(3) 德尔菲法。德尔菲法是指由多名专家分别独立地对一国的国家风险作出评估，评估汇总后，再反馈给各专家，由其对原来的评估结果进行修正，反复几次缩小差距，最后达到比较一致的看法。其优点是集中了大家的智慧；缺点是精确度有限。

(4) 政治经济风险指数。这种指数通常是由银行外的咨询机构(如前面的国家风险评估机构)提供，每过一段时期修正一次，如果指数大幅度下降，说明风险增大。其优点是银行分析起来一目了然；缺点仍然是精确性不够。

(5) 情节分析法。情节分析法就是假设各种可能出现的情景，尤其是极端不利的情景，然后分析在此情景下一国所处的状况，由此来判断其国家风险的大小。

## (二)国家风险的计量模型

(1) 多重差异分析模型。就是利用该国的经济变量进行分析。

1971 年弗兰克(Frank)和克莱因(Kelin)采用了 8 个指标进行实证分析，结论是偿债率、进口与国际储备比率、分期还款与债务的比率比较显著。并以此进行了多重差异分析，结果 13 次重新安排债务事件，判断准确的有 10 次。后来格里诺斯(Grinois)和阿巴西(Abbassi)等都对此采用了更多的指标和数据进行分析研究，找出了更多的影响指标。

(2) 逻辑分析模型。就是假定某一经济变量依据其综合效应确定一国所处的某种状态、重新安排状态和非重新安排状态。具体的判别函数可构造成 $n$ 个解释变量的线性组合，即

$$Z=f(X_i) \quad i=1,2,3, \text{L}$$

或者更精确些：
$$Z=\sum W_i X_i \quad i=1,2,3, \text{L}$$

其原理与信用风险中的 Z 评分模型类似。1984 年克莱因采用 10 个指标建立模型进行了分析。

(3) 政治不稳定分析模型。在前面的模型分析中只涉及了经济因素或者说经济变量，没有考虑到政治因素。于是西特尤(Citron)和尼科尔斯伯格(Nickelsburg)在 1987 年把政治不稳定作为一个重要变量考虑到了模型之中，所以该模型叫作政治不稳定分析模型。他们认为，虽然把重新安排债务作为减少政府预算中债务偿付额的途径成本很高，但对于政治不

稳定而言还是可以接受的，否则如果加税还债，就会加速政府垮台。只有当政府稳定时，"偿付能力"才显得重要。

# 三、国家风险的因素分析

## (一)经济因素分析

### 1. 资源条件(自然资源、人力资源、资金资源)

资源是生产力形成的重要基础，一国的经济发展状况与其资源情况密切相关，资源主要包括自然资源、人力资源和资金资源。

(1) 自然资源是指在一定的时间和技术条件下，能够产生经济价值，提高人类当前和未来福利的自然环境因素的总称。自然资源主要包括：生物资源、农业资源、森林资源、国土资源、矿产资源、海洋资源、气候气象、水资源等。自然资源为经济活动存在提供平台基础(对自然资源的依赖程度)，为经济活动进行提供必要前提，为经济活动效益带来额外影响。

(2) 人力资源(又称劳动力资源)，是一种特殊而重要的资源，是各种生产力要素中最具有活力和弹性的部分，一定数量的人力资源是社会生产的必要的先决条件。一般来说，充足的人力资源有利于生产的发展。高质量的人力资源不仅可以替代自然资源，缓解资源短缺，而且能深度开发和有效利用自然资源，创造出新的物质资源以弥补原有的不足。

(3) 资金资源。资金泛指资本，是用于发展国民经济的物资或货币。资金的投入是发展生产的保障。一国的资金积累程度和国民储备水平对能否满足本国资金的需求至关重要，并直接牵涉到该国是否需要以及在多大程度上需要向外国筹资。

### 2. 经济体制与经济管理水平(计划经济还是市场经济、经济发展战略、经济政策和经济管理队伍)

经济体制是一国国民经济的管理制度及运行方式，是一定经济制度下国家组织生产、流通和分配的具体形式。经济体制优劣的评价标准，应当是资源是否得到了合理配置和利用，人们近期和长远需求能否以最少的资源得到最大的满足。经济体制的不同，体现在社会制度的不同，而社会制度的不同决定了经济体制不同。

经济体制对经济运行的影响作用表现在：确定经济行为主体的权利范围，对整个社会的经济活动起协调作用；确定经济主体共同遵守的行为规范，对经济当事人不符合社会整体效率的行为发挥约束作用；确定利益分享规则，对经济主体行为发挥激励功能；确定信息交流结构，对经济运行发挥信息功能。

经济体制的分类：经济体制是资源占有方式与资源配置方式的组合，资源占有方式可抽象为公有制与私有制两种，资源配置方式可抽象为计划配置与市场配置两种，这样，就可把经济体制划分为四大类，即公有制计划经济体制、私有制计划经济体制、公有制市场经济体制、私有制市场经济体制。这四类体制可以基本反映现实体制模式。但私有制计划经济体制在现实中没有相应的体制实例。资本主义私有制基础上的市场经济国家在引入计划机制中并未放弃市场机制，因而这类体制可称为私有制为主导的计划市场经济体制。中国经济体制改革的主要内容是坚持以公有制经济为主体、多种经济成分共同发展的方针，建立适应市场经济要求的现代企业制度；建立全国统一开放的市场体系，实现国内市场与国际市场衔接，促进资源优化配置；转变政府管理经济的职能，建立完善的宏观调控体系；鼓励一部分地区一部分人先富起来，走共同富裕的道路；为城乡居民提供同中国国情相适应的社会保障，促进经济发展和社会稳定。

经济管理是随着人类社会的产生、发展而逐渐演变的，作为社会化生产的必然要求，经济管理是对生产、分配、消费、交换过程的经营、处理和协调。发展到了阶级社会之后，产生了国家，使得管理的宽度和广度上升至国家层面，于是就有了国家管理。国家经济管理权是一种积极的主动的干预，具体表现为国家采取各种手段和措施，积极主动地通过各种方式对市场主体与经济有关的行为进行干预，以保证经济政策目标的实现。

国家在进行经济管理或经济干预的过程中，经常性地要使用一些宏观经济政策，如财政政策、货币政策、汇率政策、外贸政策和产业政策等。

### 3. 对外经济金融地位(国际收支是顺差还是逆差；国家外汇储备的多少；对外借债情况，包括偿债率、债务率、负债率和偿息率；通货膨胀比率)

一国的国际清偿力最终取决于其对外经济和金融地位，通常体现在以下几个指标：国际收支、国际储备、外债、通货膨胀。

(1) 国际收支是指一个国家或者地区在一定时期内，由于经济、文化等各种对外经济交往而发生的，必须立即结清的外汇收入与支出。一个国家的国际收支若保持长期稳定的顺差状态，有利于促进经济增长，增加外汇储备，利于经济总量平衡，保持国家经济安全，便于实施宏观调控。同时也意味着一国的偿债能力较强，国家风险较小。若出现了国际收支逆差，则会导致本国外汇市场上外汇供给减少，需求增加，从而使得外汇的汇率上涨，本币的汇率下跌。国际收支逆差会削弱一国的偿债能力，使其国家风险上升。

(2) 国际储备是一国具有的、现实的对外清偿能力，包括黄金储备、外汇储备、在 IMF 中的储备头寸(普通提款权)、特别提款权。国际储备的作用在于融通国际收支赤字；干预外汇市场，维持该国货币汇率的稳定；充当该国对外借债的基本保证。

(3) 外债是国际债权债务的表现形式之一，是国际收支的一个重要内容。国际收支状况在很大程度上影响着债务活动的周期。

衡量外债偿还能力的标准：生产能力，是指拿出一部分国民收入偿还外债本息后不影响国民经济正常发展；资源转换能力，是指用于偿还外债的那部分国民收入能否转换为外汇。

外债的适度标准：衡量外债是否适度的指标主要有以下几个。

① 偿债率，即年还本付息额与年商品及劳务出口所创外汇收入总额的百分比，一般参照系数是 20%。

② 债务率，指一国外债余额占年出口外汇收入的百分比例，一般不得超过 100%。

③ 负债率，指一国外债余额占国民生产总值的比例，一般不得高于 10%。

④ 偿息率，指年利息支付总额与出口所创外汇收入的百分比，一般不得高于 10%。

在经济学上，通货膨胀是指整体物价水平持续性上升，其实质是社会总需求大于社会总供给。稳定的小幅度通货膨胀一般会被认为对经济有益，但是高通胀则会带来很大的负面影响。根据通胀的程度不同，汇率、国际贸易、股票市场、公司盈利、社会财富分配，甚至社会安定都会受到影响。

### (二)政治因素分析

政治因素分析包括：政府是集体领导还是个人领导；是依靠人民支持还是某些利益集团或者军队支持；政府领导人的能力如何、政绩如何。

考察一国的政治因素，主要从国家制度和国家政策两方面入手。

#### 1. 国家制度

国家制度又称国家体制，是确立一国阶级统治关系的基本制度。广义的国家制度指国体与政体的制度，包括国家的管理形式、结构形式、选举制度、政党制度、决策制度、司法制度、官吏制度等。

#### 2. 国家政策

(1) 货币财政政策。

常见的货币财政政策有：双紧政策、双松政策、一紧一松政策。

① "双紧"政策。当经济过度繁荣、通货膨胀严重时，可以配合使用"双紧"政策。通过增加税收和减少政府支出规模等紧的财政政策压缩总需求，从需求方面抑制通货膨胀。而利用提高法定存款准备金率等紧的货币政策减少商业银行的准备金，会使利率提高，投资下降，货币供给量减少，有利于抑制通货膨胀。由于紧的财政政策在抑制总需求的同时会使利率下降，而通过紧的货币政策使利率上升，从而不使利率的下降起到刺激总需求的作用。其结果可在利率不变的情况下，抑制经济过度繁荣。

② "双松"政策。"双松"政策能更有力地刺激经济。一方面通过减少税收或扩大支出规模等松的财政政策来增加社会总需求，增加国民收入，但也会引起利率水平提高。另一方面通过降低法定准备金率、降低再贴现率、买进政府债券等松的货币政策增加商业银行的储备金，扩大信贷规模，增加货币供给，抑制利率的上升，使总需求增加。其结果是在利率不变的条件下，刺激经济，使国民收入和就业机会大大增加，消除经济衰退和失业，比单独运用财政政策或货币政策更有缓和衰退、刺激经济的作用。

③ 扩张性财政政策和紧缩性货币政策。这种模式在刺激总需求的同时又能抑制通货膨胀，松的财政政策通过减税、增加支出，有助于克服总需求不足和经济萧条；而紧的货币政策会减少货币供给量，进而抑制由于松的财政政策引起的通货膨胀的压力。

④ 紧缩性财政政策和扩张性货币政策。同扩张性的财政政策和紧缩性的货币政策相反，这种政策组合的结果是利率下降，总产出的变化不确定。一方面，通过增加税收，控制支出规模，压缩社会总需求，抑制通货膨胀；另一方面，采取松的货币政策增加货币供应，以保持经济适度增长。

(2) 税收政策。

税收政策是在一定的理论指导下，根据国家一定时期的政治经济形势要求制定的指导思想和原则。税收政策对国家经济的影响非常广泛，合理的税收政策能够对社会经济活动产生积极的影响，既能满足国家的财政收入需要，又不对社会经济产生不良影响。

(3) 外汇政策。

外汇政策是货币政策的一种，是一国为实现国际收支平衡、维持汇价的基本稳定在外汇管理方面制定的有关准则。外汇政策的主要手段是制定和选择适当的汇率制度、干预外汇市场、实施外汇管制。

外汇政策的变动会给国际投资和贷款带来很大的影响，使一国经济在相对价格和财富状况发生变化时，无法作出灵活反应，从而使贸易条件恶化。

(4) 国有化政策。

国际经济中的国有化，是指将外国投资及资产收归投资地国家所有。国有化是政府的强制措施，它严重威胁投资者的利益，同时使投资者的投资决策有了顾虑。

(5) 其他的政策影响。

政治风险案例

美国：1950年12月，冻结中国在美全部资产，1980年1月31日解冻。

古巴：1959—1960年废除所有对美银行债务。

伊朗：1979—1980年冻结美国资产。

尼加拉瓜：1980年反美斗争推迟对美债务。

美国：2001年9月，冻结27个组织和个人资产。

### (三)社会因素分析

社会因素分析包括：单一民族还是多民族国家；是否有不同的宗教团体；财富分配是否存在两极分化；就业状况如何。

### (四)外部因素分析

一国的政治稳定与否，不仅仅取决于内部，还受到外部因素的影响。一国与其他国家的关系、与邻国有无边界之争、有无受到侵略或卷入战争的危险，都可能给外国银行或投资者的经营活动带来影响。外部因素包括以下三种情况。

(1) 一国与他国的关系

(2) 与邻国有无边界之争

(3) 有无受到侵略的危险

## 四、国家风险评级的两个层次

第一层次：对各国的国家风险进行评级，分为外部评级法和内部评级法。

第二层次：根据评级结果对不同风险等级的国家给予不同的交易信用额度，并拟订相应的风险管理方案。

## 五、中国首份国家风险分析报告

作为目前国内唯一经营政策性出口信用保险业务的机构，中国出口信用保险公司发布了中国首份《国家风险分析报告(2005)》，对包括美国、英国、韩国、日本、瑞士等60多个与中国外经贸交往密切的国家的基本情况、政治状况、社会安全、经济状况、投资环境和双边贸易等重要方面进行了分析、评估和预测，共划定1至9个等级，风险水平依次增高。

报告显示：瑞士等国家风险最低，在中国信保 9 级评估体系中其参考评级为 1 级；刚果和津巴布韦等国的国家风险最高，在 9 级评估体系中参考评级为 9 级；中国的最主要的贸易伙伴美国、日本、新加坡、德国、荷兰的国家风险在 9 级评估体系中居于 2 级(风险较低)；韩国的国家风险参考评级为 4 级(风险居中下水平)；俄罗斯则为 7 级(国家风险较高)。

根据《国家风险分析报告(2005)》得出以下结论。

(1) 新兴市场是国家风险高发区。

(2) 中国处于高风险国家包围圈中。中国周边邻国，如印度国家风险参考评级为 5 级，越南、巴基斯坦和哈萨克斯坦均为 6 级，老挝为 7 级，缅甸为 8 级，均属国家风险水平显著之列。

# 模块三　国家风险管理技术

## 一、国家风险管理的基本准则

国家风险与信用风险在风险损失补偿方面有很大区别。如果只是纯粹的信用风险，且交易双方处于同一法律制度约束下，那么当信用风险发生时，可以向当地破产法庭寻求法律保护。然而，如果发生国家风险，银行不可能找到一个国际破产法庭使其可以向某国政府索取补偿，则弥补风险损失的手段是非常有限的。向国外投资和借款的决策中，至少包括两个步骤：首先，与一般国内投资和贷款一样，对借款客户进行信用风险评级。其次，必须评估借款人的国家风险。在国际借款或投资决策中，国家风险的考察应当优于对单个的信用风险的考虑，对于发展中国家尤其如此。

## 二、设定国家信贷风险限额

### 1. 对信贷国家设定放款最大百分比

对任何国家的信贷，皆依其可供贷款的资金订立一个固定百分比，限定对任一国家的信贷不超过该百分比。在实际操作时，则依每个国家的风险、政治情况、借款人的偿债能力与其他因素等，在此最高限额内采取弹性信贷。

### 2. 按资本额设定放款百分比

按资本总额设定贷款给任一国家的最高百分比，通常是就各个国家的风险程度设定不同的百分比。

### 3. 按外债状况设定信贷百分比

依据一国的偿债能力，就其所能承担的外债程度，分别设定最高信用限额，实际信贷额不得高于此最高信贷限额。

### 4. 不预先设立信贷限额，而按交易性质个案决定信贷额度

对信用的核定是按个案性质审理，而非以年度为基础计算全年的信用限额。然而，此

种个案分析法仍须辅以全年度的审查，才能使当期的债务与当期偿债能力配合，并可按将来预期偿债能力，提供新的信贷额度。

## 三、国家风险的化解方法

### 1. 寻求第三者保证

国际性银行在从事跨国贷款时，为减少风险损失，一般均要求借款人寻求第三者对贷款提供保证。在实务上，担任此种贷款的保证者通常为借款国的政府或中央银行，以及第三国银行或金融机构。在由借款国政府保证的情况下，债权银行所面对的国家风险便转为主权风险，风险程度相对减轻。如果债权银行对主权风险仍有疑虑时，则往往要求借款人寻求第三国银行保证，而使国家风险转移至信誉较佳的第三国。

### 2. 采用银团贷款方式进行

当国际贷款金额庞大且不易取得第三者保证时，通常是以银团贷款方式实行，由参加银团贷款的银行共同承担风险，而减少个别银行单独放款的可能风险。商业银行亦可通过与世界银行或其他国际金融机构合作融资的方式，达到化解风险的目的。2007年，力拓集团为收购 Alcal，在全球筹足 400 亿美元银团贷款，中国银行是亚洲唯一以共同安排行及包销行的身份加入此笔银团贷款的银行。这是伦敦市场上第一大银团贷款项目(世界第四大)。2008 年，印尼 Indramayu 电站 5.92 亿美元出口买方信贷银团贷款项目，该项目由中国银行作为协调安排行、委任安排行、代理行，18 家国际银行共同参与。

### 3. 贷款力求多元化

多元化是指投资国别分散化和贷款对象多样化。银行一般不是从单个国家的角度来管理国家风险，而是从银行资产组合的总体安全性来把握国家风险。在分散化基础上，对于特定国家贷款项目的国家风险问题，应当做到数量化分析。

### 4. 转贷和债转股方式

当债务国发生债务危机，不再有能力偿还到期的公共及私人的国外债务时，银行的直接损失就已经发生了，但为控制损失的程度，借贷双方往往共同协商，就债务的支付安排作出变动。目前，债转股方法比较受债务国欢迎。虽然银行要接受比原有账面价值低得多的债权市场价值，但至少为债权银行和债务国解决债务问题提供了一个途径。

### 5. 利用金融衍生工具缓解国家风险

传统贷款的可转让性极低，交易费用高，加上许多银行贷款组合具有很大的相似性，因此贷款交易市场难以深入发展。同时，传统的利率浮动实质上不过是把利率风险由银行转移给债务国，一旦债务危机发生，对银行来说，结果是利率风险转化成为信贷风险。为提高债务的市场可转让性以及便于控制债务国利率风险，随着金融市场不断发展，西方银行趋于选择具有较高流动性的债务工具代替传统风险缓解手段。

### 6. 采取风险自留方式

对一些无法避免和转移的风险应采取一种积极务实的态度。在不影响国际投资者根本利益的前提下，承担所面临的国家风险。实际上，自留风险是一种主动的风险控制手段，它会使投资者为承受风险损失而事先做好各种准备工作，修改行为方式，努力将风险损失降到最低限度。

# 扩 展 阅 读

**1. 政府或国家也会破产吗**

1981 年 3 月　波兰政府宣布无力偿还外债本息。

1982 年 8 月　墨西哥政府宣布无法偿还到期债务，随后，巴西、阿根廷、委内瑞拉等拉美国家相继纷纷效仿。

2001 年 12 月 23 日，阿根廷宣布停止偿还 1500 多亿美元外债，成为世界上有史以来最大的倒账国。

发达国家也有国家风险：

1980 年，法国推行国有化。

1980 年，加拿大采取的新能源政策挤出了外国资本。

**2. 十大黄金储备国**

美国的黄金储备为 8133.5 吨，占到世界黄金储备的 30%。美国国库是美国黄金的标志性的储备地，事实上，更多的黄金储备在美联储的地下金库中，但它并非全部归属美国政府。

德国拥有欧元区最大的黄金储备 3401 吨，黄金储备占其官方储备的 71.4%，其黄金储量的占比仅次于美国、希腊和葡萄牙。

意大利的黄金储备位列第三，意大利是欧洲有主权债务危机问题的"PIGS"国家中唯一一个黄金储备位列前十的国家。意大利的黄金储备达到 1470 亿美元。

法国国家银行——法兰西银行持有着国家的黄金储备，拥有黄金储备 2435.4 吨，共计达 1460 亿美元。

中国的黄金储备量位居第五，中国的黄金储备为 1054.1 吨，占比 1.6%，仅有 630 亿美元，而其拥有 3 万亿的美元储备。

除了手表、巧克力和军刀之外，瑞士也是世界著名的金融中心。瑞士国家银行制定国家的货币政策，拥有 1040 吨黄金，价值达到 620 亿美元。

作为世界上第五大黄金产量国，俄罗斯的黄金储备量在过去几年增长很快，俄罗斯国家中央银行掌管着 836.7 吨的黄金，价值达 500 亿元。

日本拥有 765.2 吨黄金储备，但黄金仅仅占到国家总储备的很少一部分。像其他亚洲国家一样，日本也持有大量的美元储备。日本的黄金储备价值约 450 亿美元。

荷兰在其金融储备上非常保守，黄金储备占比达 58.9%。荷兰银行管理着国家的金融，包括黄金储备，共计 360 亿美元。

印度是世界上人口第二大国家，但其黄金储备仅位居第 10 位。尽管印度的黄金消费量最大，但其黄金储备仅占其官方储备的 8.7%，价值 330 亿美元。

# 项 目 总 结

　　国家风险是指跨越国境，从事信贷、投资和金融交易所可能蒙受损失的风险。国际社会经常按发生事件的性质，把国家风险分为政治风险、社会风险、经济风险三种类型。在国际经济活动中，国家风险具有较大的危害性，对其进行评估、管理已成为政府和金融机构的重要任务。一般来说，国家风险评估的重点是对政治、社会和经济三大要素进行评估，具体评估方法可分为定性评估和定量评估两大类。在对国家风险进行监测和评估的基础上，金融机构可采取不同方法把风险造成的损失降到最低限度，如寻求第三者保证、采用国际银团贷款和力求贷款形式多样化等。

# 单 元 练 习

1. 简述国家风险的概念。
2. 理解国家风险的特征。
3. 如何进行国家风险等级的评定？
4. 试述减少国家风险造成损失的主要措施。

# 项目十一 金融衍生工具风险管理

案例导入：

## 巴林银行倒闭事件回顾

1995年2月，英国巴林银行宣布倒闭，这一消息在国际金融界引起了强烈震动。巴林银行是一家具有230多年历史、名声显赫的英国老牌贵族银行，世界上最富有的女人——伊丽莎白女王也信赖它的理财水准，是它的长期客户。

巴林银行的倒闭是由于该行在新加坡的期货公司交易形成巨额亏损引发的。时任巴林银行驻新加坡巴林期货公司总经理、首席交易员尼克•里森曾被人誉为国际金融界的"天才交易员"，素以稳健、大胆著称。在日经225期货合约市场上，他被誉为是"不可战胜的里森"。

自1994年下半年起，里森认为日经指数即将上涨，于是逐渐买入日经225指数期货。不料1995年1月17日日本关西大地震后，日本股市反复下跌，里森的投资损失惨重。里森认为股票市场对神户地震反应过激，股价将会回升，为弥补亏损，里森一再加大投资，在1月16日至26日再次大规模多头建仓，以期翻本。里森继续买入日经225期货，其日经225期货头寸从1995年1月1日的1 080张9503合约多头增加到2月26日的61 039张多头(其中9503合约多头55 399张，9506合约5 640张)。据估计，其9503合约多头平均买入价为18 130点，到2月23日，日经指数急剧下挫，9503合约收盘价跌至17 473点以下，导致无法弥补损失，累计亏损达到了480亿日元。

由于里森主观地认为日本股票市场股价将会回升，而日本政府债券价格将会下跌，因此在1995年1月16日至24日大规模多头建仓日经225指数期货的同时，又卖出大量日本政府债券期货。但1月17日关西大地震后，在日经225指数出现大跌时，日本政府债券价格出现了普遍上升，使里森日本政府债券的空头期货合约也出现了较大亏损，在1月1日到2月27日期间就亏损1.9亿英镑。

里森在进行以上期货交易时，还同时进行日经225期货期权交易，大量卖出鞍马式选择权。鞍马式期权获利的机会是建立在日经225指数小幅波动上。但是日经225指数出现大跌，里森作为鞍马式选择权的卖方出现了严重亏损。到2月27日，期权头寸的累计账面亏损已经达到184亿日元。

2月24日，当日经指数再次加速暴跌后，里森所在的巴林期货公司的头寸损失已接近其整个巴林银行集团资本和储备之和。融资已无渠道，亏损已无法挽回，里森畏罪潜逃。

巴林银行面临覆灭之灾，银行董事长不得不求助于英格兰银行，希望挽救局面。然而这时的损失已高达14亿美元，并且随着日经225指数的继续下挫，损失还将进一步扩大。因此，各方金融机构竟无人敢伸手救助巴林这位昔日的贵宾，巴林银行轰然倒闭。截至1995年3月2日，巴林银行亏损额达9.16亿英镑，约合14亿美元。3月5日，国际荷兰集团与巴林银行达成协议，接管其全部资产与负债，更名为"巴林银行有限公司"。3月9日，此方案获英格兰银行及法院批准。至此，巴林银行230年的历史终于画上了句号。

巴林事件惊动了全世界，对金融期货领域的冲击尤其巨大。金融期货及其衍生产品的高风险性再一次受到广泛重视。人们认识到，严格的风险控制和完善的管理制度对从事金融期货及其衍生产品交易是何等的重要。如何控制由于采取金融期货财务杠杆原理交易产生的高风险，以及如何约束交易机构内部成员的个人行为，避免"里森案件"重演已经成为全球金融界共同关注的课题。

(资料来源：宗源. 交易之门：明道·感悟交易的真谛. 地震出版社，2012 年 1 月 1 日)

**问题：**

1. 金融衍生工具风险有什么特点？
2. 如何有效地防范金融衍生工具风险的发生？

**知识目标：**

1. 掌握金融衍生工具风险的分类。
2. 了解金融衍生工具风险的特点。
3. 了解商业银行金融衍生工具风险的控制措施。

**能力目标：**

1. 熟悉金融衍生工具。
2. 熟悉金融衍生工具风险管理的一般步骤。

**关键词：**金融衍生工具、金融期货、金融期权、金融衍生工具风险

# 模块一　金融衍生工具

近年来，衍生金融工具在国际银行业经营中的地位和作用日益凸显，衍生金融工具促进了经济和金融发展，制造了无数市场传奇。

## 一、金融衍生工具概述

金融衍生工具是 20 世纪 70 年代全球金融创新浪潮下产生的金融创新产品。金融衍生工具是在一定的客观背景下，受一系列因素的促动而产生和发展的。1973 年布雷顿森林体系完全崩溃后，以美元为中心的固定汇率制解体，西方主要国家纷纷实行浮动汇率制。70年代国际资本流动频繁，特别是欧洲美元和石油美元的冲击，使得外汇市场的汇率大起大落。同时期，西方国家的利率开始上升，70 年代的两次石油危机更使国际金融市场的利率水平扶摇直上，加之政府放松对利率的管制，利率变动频繁。汇率、利率及相关股市价格的频繁变动，使企业、金融机构和个人时时刻刻生活在金融市场价格变动的风险之中，迫切需要一种低成本、高效率、高流动性的金融工具来规避市场风险。与此同时，计算机与通信技术得到长足发展，金融理论的突破也使金融机构的创新能力突飞猛进，金融衍生工具就是在这样一个背景下登上世界经济舞台的。

### (一)金融衍生工具的概念

金融衍生工具，又称"金融衍生产品"，是与基础金融产品相对应的一个概念。简单来说，指建立在基础产品或基础变量之上，其价格随基础金融产品的价格(或数值)变动的派生金融产品。这里所说的基础产品是一个相对的概念，不仅包括现货金融产品(如债券、股票、银行定期存单等)，也包括金融衍生工具，在其基础上形成再衍生工具，如复合期权(以金融期权合约本身作为金融期权的标的物)。作为金融衍生工具的基础变量则包括利率、汇率、各类价格指数甚至天气(温度)指数等。

在实践中，为了更好地确认衍生工具，各国及国际权威机构给衍生工具下了比较明确的定义。1998 年，美国财务会计准则委员会(FASB)发布第 133 号会计准则——《衍生工具与避险业务会计准则》。作为首个具有重要影响的文件，该准则将金融衍生工具划分类别，并给出了较为明确的识别标准和计量依据。2001 年，国际会计准则委员会发布的第 39 号会计准则——《金融工具：确认和计量》，以及 2006 年 2 月我国财政部颁布的《企业会计准则第 22 号——金融工具确认和计量》，均基本沿用了 FASB133 的衍生工具定义。具体如下。

第一类，衍生工具。包括远期合同、期货合同、互换和期权，以及具有远期合同、期货合同、互换和期权中一种或一种以上特征的工具。符合以下特性。

(1) 其价值随特定利率、金融工具价格、商品价格、汇率、价格指数、费率指数、信用等级、信用指数或其他类似变量的变动而变动。变量为非金融变量的，该变量与合同的任一方不存在特定关系。

(2) 不要求初始净投资，或与对市场情况变化有类似反应的其他类型合同相比，要求很少的初始净投资。

(3) 在未来某一日期结算。

第二类，嵌入衍生工具。嵌入衍生工具指嵌入到非衍生工具(即主合同)中，使构成的混合工具的全部或部分现金流量对特定利率、金融工具价格、商品价格、汇率、价格指数、费率指数、信用等级、信用指数或其他类似变量的变动而变动的衍生工具。典型如可转换公司债。

### (二)金融衍生工具的基本特征

(1) 交易跨期。金融衍生工具是交易双方通过对基础工具或基础变量等因素变动趋势的预测，约定在未来某一时间按照一定条件进行交易或选择是否交易的合约。因此，无论为何种特定衍生工具的交易，都会使交易者在未来一段时间内或未来某一时点上的现金流发生变化，跨期交易的特点十分突出。这就要求交易者对利率、汇率、股价等因素的未来变动趋势作出果断的判断，而判断的准确与否直接决定交易盈亏。

(2) 价格联动。衍生工具合约中对相关基础产品或基础变量与其之间的联系方法有明确规定，决定了衍生工具的价格与基础产品或基础变量密切相关。这种价格联动关系可以是简单的线性关系，也可以表达为非线性函数或者分段函数。这也是能够通过操作金融衍生工具回避基础产品价格变动的风险的原因所在。

(3) 杠杆效应。金融衍生工具交易一般只需缴纳少量保证金或支付获得权利的费用，就可以签订远期大额合约或是互换不同的金融工具。举个简单的例子，假设某期货交易保证金为合约金额的 10%，如果合约基础资产价格以 10 万元计，则意味着交易者只需缴纳 1 万元的保证金，就可以控制 10 倍于投资金额的合约资产。此时与合约对应的基础产品价格或基础变量的轻微变化，就会牵动合约价格的变化，再通过保证金制度的放大镜作用，将投资合约的收益或损失成倍放大。这种以小博大的杠杆效应在一定程度上决定了衍生工具交易的高投机性和高风险性。

(4) 风险巨大。交易者对基础产品价格或基础变量未来走势预测的准确程度决定了金融衍生工具交易的盈亏。而基础产品价格或基础变量的变动往往会超出市场预期变幻莫测，这种不稳定性为金融衍生工具交易带来了高风险。而保证金制度就像一把双刃剑，可能使投资者大盈也可能使其大亏，进一步放大风险。

(5) 保值与投机机会共存。金融衍生工具产生的直接动因是规避风险，进行保值。它在集中了社会各种经济风险后，需要释放。而衍生工具的杠杆效应具备了吸引投机者的条件，这种低成本、潜在高收益的交易使相当多的人甘冒风险一试高低。无论出于何种目的，投机者确实成为衍生工具市场不可或缺的角色，他们带有赌博色彩的交易行为承担了市场集中的风险，为市场注入了活力，提高了市场运作效率，所以避险者才能在这个市场上转移风险。正是保值者和投机者在市场上的"互相利用"，使金融衍生工具得以生存和发展。

综合以上，金融衍生工具相对于基础产品显得复杂得多。这是因为由于采用多种技术组合，因此设计工具时需要高深的数学方法，所以大量金融衍生工具是出自于精通数学的专家之手。同时也导致很多金融衍生工具难为一般投资者所理解，难以明确风险所在，更不容易正确地掌握和驾驭。

### (三)金融衍生工具的分类

#### 1. 按照基础工具种类的不同划分

(1) 股权式衍生工具。指以股票或股票价格指数为基础工具的金融衍生工具，主要包括股票期货(权)、股指期货(权)以及上述合约的混合交易合约。

(2) 货币衍生工具。指以各种货币作为基础工具的金融衍生工具，主要包括远期外汇合约、外汇期货(权)、货币互换以及上述合约的混合交易合约。

(3) 利率衍生工具。指以利率或利率的载体——有息资产为基础工具的金融衍生工具，主要包括远期利率协议、利率期货(权)、利率互换以及以上合约的混合交易合约。

(4) 信用衍生工具。指以基础产品所蕴含的信用风险或违约风险为基础变量的金融衍生工具，用于转移或防范信用风险，是 20 世纪 90 年代以来发展最为迅速的一类衍生产品。主要包括信用互换、信用联结票据等。

(5) 其他衍生工具。除以上四类金融衍生工具之外，还有相当数量的金融衍生工具是在非金融变量的基础上开发的，例如用于管理气温变化风险的天气期货、管理政治风险的政治期货、管理巨灾风险的巨灾衍生产品等。

#### 2. 按照金融衍生工具交易性质的不同划分

(1) 远期类工具。在这类交易中，交易双方均负有在未来某一日期按一定条件进行交易的权利与义务，双方的风险与收益是对称的。属于这一类的有远期合约、期货合约、互换合约等。

(2) 选择权类工具。在这类交易中，合约的买方获得根据市场情况选择的权利，即买方有权选择执行或不执行合约，而合约的卖方则负有配合买方的义务。因此，双方的权利义务以及风险收益是不对称的。属于这一类的有期权合约，另有期权的变通形式如认股权证、可转换债券等。

### 3. 按产品形态和交易场所不同划分

(1) 内置型衍生工具。指嵌入到非衍生合同——主合同中的金融衍生工具，该衍生工具使主合同的部分或全部现金流量将按照特定利率、金融工具价格、汇率、价格指数或利率指数、信用等级或信用指数，或类似变量的变动发生调整。例如，目前某些公司债券中包含的赎回条款、转股条款等。

(2) 场内交易衍生工具。指在制定统一规则的交易所上市交易的衍生工具。在期货(权)交易所交易的各类期货(权)合约均属此列。一般来说，期货合约是(权)以集中竞价的方式买卖交易所事先制定的具有统一标准、格式的合约。

(3) 场外交易衍生工具。场外交易(OTC，Over The Counter)，也称柜台交易，指不在集中的交易所，而是通过各种通信方式，实行分散的、一对一的大宗买卖金融工具的行为。OTC 衍生工具交易主要以金融远期和金融互换为代表，例如金融机构之间、金融机构与大规模交易者之间进行的各类互换交易和信用衍生品交易。与场内交易相对应，交易双方根据实际情况制定交易合约，协定价格。从近年来的发展看，这类衍生品的交易量逐年增大，已经超过交易所市场的交易额，市场流动性也得到增强，还发展出专业化的交易商。

### 4. 按照金融衍生工具自身的交易方法及特点分类

以金融衍生工具的交易方法及特点划分是最基本、最常见的分类方法。

(1) 金融远期，指合约双方同意在未来日期按照固定价格交换金融资产的合约。金融远期合约规定了将来交换的资产、交换的日期、交换的价格和数量，合约条款因合约双方的需要不同而不同。金融远期合约主要有远期利率协议、远期外汇合约(远期外汇交易由来已久，使用非常广泛，因此也有将其视为传统的外汇交易)、远期股票合约。

(2) 金融期货，指买卖双方在有组织的交易所内以公开竞价的形式达成的，在将来某一特定时间交割标准数量特定金融工具的协议。主要包括外汇期货、利率期货、股指期货和股票期货四种。

(3) 金融期权，指合约双方按约定价格、在约定日期内就是否买卖某种金融工具所达成的契约。包括现货期权和期货期权两大类。

(4) 金融互换，指两个或两个以上的当事人按共同商定的条件，在约定的时间内，交换不同金融工具的一系列支付款项或收入款项的合约，主要有货币互换和利率互换两类。

在这四类衍生工具中，远期合约是其他三种衍生工具的始祖，其他衍生工具均可以认为是远期合约的延伸或变形。它们可以称作第一代的衍生工具，这些衍生工具的结构与定价方式已经基本标准化和市场化。

随着金融衍生工具日新月异的发展，由两种、三种甚至更多不同种类的金融衍生工具，经过变化、组合以及合成这几种方式创造出来的再衍生工具和合成衍生工具正在出现，使衍生工具的传统分类模糊难辨。如由期货和期权合约组成的期货期权；由期权和互换合成的互换期权；由远期和互换合成的远期互换等；在 2007 年金融危机中反复提到的担保债务凭证(Collateralized Debt Obligation，CDO)。(CDO 是以抵押债务信用为基础，基于各种资产证券化技术，对债券、贷款等资产进行结构重组，重新分割投资回报和风险，以满足不同投资者需要的创新性衍生证券产品。)复合型衍生工具大多是银行专门为满足客户的特殊需要或出于自身造市获利及推销包装的目的，根据银行对金融市场走势的判断，运用数学模型进行推算而制作的。由于复合型衍生工具的内部结构一般被视为是一种"知识产权"而不向外界透露，因而其价格与风险都难以从外部加以判断与分析。

## 二、金融衍生工具的功能

### 1. 避险保值

人们创设金融衍生工具的初衷就是避险，也正是由于这个功能，金融衍生工具被广泛应用。金融衍生工具有助于投资者或储蓄者认识、分离各种风险构成和正确定价，使他们能根据各种风险的大小和自己的偏好更有效地配置资金，有时甚至可以根据客户的特殊需要设计出特制的产品。衍生市场的风险转移机制主要通过套期保值交易发挥作用，通过风险承担者在两个市场的相反操作来锁定自己的利润。一般那些以适当的抵消性金融衍生工具交易活动来减少或消除某种基础金融工具或商品风险的个人或企业称为套期保值者。此类主体的活动是金融衍生市场较为主要的部分，也充分体现了该市场风险管理的作用。商业银行可以利用金融衍生工具管理利率风险、汇率风险，甚至传统金融工具无法防范的系统性风险，从而增强银行以及金融体系的整体抗风险能力。

### 2. 投机

与避险保值正相反的是，投机的目的在于多承担一点风险去获得高额收益。金融衍生工具市场中保值者的头寸并不恰好互相匹配能对冲，投机者利用这个机会，承担保值者想转嫁出去的风险，博取高额投机利润。还有一类主体是套利者，他们的目的与投机者差不多，但不同的是套利者寻找的是几乎无风险的获利机会。由于金融衍生市场交易机制和衍生工具本身的特征，尤其是杠杆性、虚拟性特征，使投机功能得以发挥。可是，如果投机活动过盛的话，也可能造成市场内不正常的价格震荡。但正是投机者的存在才使得套期保值者意欲回避和分散的风险有了承担者，金融衍生工具市场才得以迅速完善和发展。在传统存贷款业务竞争越来越激烈的背景下，金融衍生品的投资被视作是银行利润的一个新的增长点。

### 3. 价格发现

如果以上两方面是金融衍生市场的内部性功效，价格发现则是金融衍生市场的外部性功效。在金融衍生工具的价格发现中，其中心环节是价格决定，这一环节是通过供给和需求双方通过公开竞价的方式达成的，所形成的价格反过来又指导金融衍生工具的供给和需求，从而影响下一期的价格决定。因为该市场集中了各方面的市场参与者，带来了成千上万种基础资产的信息和市场预期，通过交易所内类似拍卖方式的公开竞价形成一种市场均衡价格，这种价格不仅有指示性功能，而且有助于金融产品价格的稳定。

### 4. 降低交易成本

由于金融衍生工具具有以上功能，从而进一步形成了降低社会交易成本的功效。市场参与者一方面可以利用金融衍生工具市场，减少以至消除现货商品市场上的价格风险；另一方面，又可以根据金融衍生工具市场所揭示的价格趋势信息制定经营策略，从而降低交易成本，增加经营的收益。同时，拥有不同目的的市场参与者可以在市场交易中满足自己的需求，最终形成双赢的局面。对于商业银行来说，无论是现金成本、佣金成本、监管成本还是资产组合策略实施的速度来说，金融衍生工具的交易成本都比现货交易更低。

# 模块二　金融衍生工具风险识别

20 世纪 90 年代以来，全球的几乎每场金融风险事件都与衍生金融工具有关。2004 年澳大利亚国民银行因外汇期权交易损失 3.6 亿澳元；2005 年奥地利工会下属的就业与商业银行(奥地利第四大银行)因衍生品交易在过往 5 年中累计亏损达 13 亿欧元；2006 年瑞士信贷集团因韩国股票衍生品交易损失约 1.2 亿美元；2008 年 1 月，法国兴业银行因股指交易巨亏 49 亿欧元，刷新了所有的记录，震惊了全球的监管机构和银行。据统计，每笔超过 10 亿美金的金融巨亏都是由复杂的衍生金融工具引起的，特别是目前以美国次级贷款衍生金融工具引起的金融海啸，正震撼着全球的金融体系，虚拟经济饱受煎熬，对实体经济的影响也日益显现。2012 年，受金融危机的影响，在全球衍生品市场较为低迷的情况下，据美国期货业协会(FIA)对全球 84 家衍生品交易所的最新统计，全球衍生品场内期货和期权合约成交约 211.7 亿手，其中金融期货和期权交易量占 84.5%，其他期货和期权交易量占全球衍生品交易量的 1.1%。金融衍生工具仍然主导市场交易，金融衍生工具风险从未消失。统计显示，市场风险引起的所有金融损失的 31%是由于商业银行使用衍生金融工具不当所致。

## 一、金融衍生工具风险形成的原因

### 1. 金融衍生工具风险客观存在

金融衍生工具的特征决定了其风险客观存在性。首先，衍生金融工具价格是由其基础产品价格变动引起的，因此比传统金融工具对价格变动更敏感。另外，金融衍生工具市场中存在着以追求利润为目的的投资者，采用高抛低吸方式，加剧合约的价格波动。其次，衍生金融工具交易成本比较低，潜在亏损很大。衍生金融工具交易要求的初始净投资额很少，参与者只需支付较少数量的保证金即可控制全部合约的资产。这种交易机制极大地放大了交易风险，一旦失利则损失惨重，甚至造成致命的打击。最后，衍生金融工具交易是一种未来交易，不确定因素影响大，很难准确判断基础工具价格走势。从合约的签订到履行，金融工具价格、利率、汇率、股价等因素都可能发生变动，合约价值或是价格变动大多是人们无法控制的，它受政治、经济、市场、环境等诸多因素的影响，各因素的变动可能会造成合约价值的剧烈变化。因此，金融衍生工具风险客观存在。

### 2. 交易双方非对称性的信息披露

一种金融衍生工具所签的合约，尽管涉及的金融资产不尽相同，但它所包含的基本内容大致相同，主要有合约单位、合约月份、交易时间、合约到期日和报价方式等。而大量重要的信息都是以表外形式存在，比如商业银行需要掌握的对方有关会计、交易战术、衍生工具真实质量等信息均未在合约中得到充分的披露。通常，有关金融衍生工具使用者双方披露的信息量越多、透明度越高越好。但由于双方各自追逐的风险利润和切身利益决定了一些重要信息很难得到，或获得这些信息的成本太高，这势必影响双方掌握真实的、全面的情况，在很大程度上将增加由双方信息披露的非对称性所带来的资金损失。即使双方在签约时拥有的信息基本对称，也会产生合约执行的非对称信息。例如，签约以后一方对另一方的道德和市场经济行为无法直接监督和约束，虽然签约双方应承担法律责任，但由于一方交易动机或交易手段不正当会导致信用状况下降，使得与合约有关的道德或信用风险客观存在；另外，只要签约一方经济效益滑坡而无法挽救时，则违约事件也就不可避免地发生。

### 3. 公允价值计量不当诱发风险

长期以来，传统会计计量资产采用历史成本计量模式，其理论依据是，采用历史成本有原始凭证作为基础，能够客观地反映经济业务的实际成本。根据历史成本原则，交易活动一旦按历史成本入账后一般不得变动，直至耗费或出售。而金融衍生工具是一种合约，约定未来的交易，尚未实际发生，无法以历史成本计量，所以选择以公允价值计量金融衍生工具。如何选择以保证公允价值的真实、可靠成为关注的焦点。公允价值并非价值，而是价格，是对价值在某一时点的估计。价值虽然客观存在，但无法直接获取，只能获取近似或是趋近真实的价值。公允价值一旦"不公允"，核算基础不准确，则难以正确估算由金融衍生工具所带来的风险。

### 4. 内控制度不完善及专业人员匮乏形成风险

金融衍生工具交易复杂，资金流动隐蔽给商业银行风险管理部门带来一定困难。内部控制薄弱，对交易员缺乏有效的监督，是造成商业银行金融衍生产品风险的一个重要原因。巴林银行倒闭事件说明：首先，巴林银行内部缺乏基本的风险防范机制，里森一人身兼清算和交易两职，缺乏制衡，很容易通过改写交易记录来掩盖风险或亏损。同时，巴林银行也缺乏一个独立的风险控制检查部门对里森所为进行监控。其次，巴林银行管理层监管不严，风险意识薄弱。在日本关西大地震之后，里森因其衍生合约保证金不足而求助于总部，总部竟然还将数亿美元调至新加坡分行，为其提供无限制的资金支持。再者，巴林银行领导层分裂，内部各业务环节之间关系紧张，令许多知情管理人员忽视市场人士和内部审检小组多次发出的警告，以致最后导致整个巴林集团的覆没。

专业人才的缺乏在一定程度上加大了商业银行交易营运风险。优秀的衍生金融工具专业人才除了具备金融专业知识外，需要具备计量统计技术，有较高的分析能力和逻辑能力，良好的前瞻决策判断力。另外，擅长衍生金融工具审计的会计师也比较缺乏，不能适应商业银行金融衍生工具业务开展的需要。

### 5. 过度投机导致风险

在金融衍生工具所带来的巨大利润面前，商业银行放松了监管，风险伴随收益产生。次贷危机的根源之一就是金融机构为追求巨大利润而过度投机，过分迷信资产证券化等金融衍生工具的风险分散作用，从而使其偏离了银行业经营的基本准则。"9·11"事件后，为了刺激经济的发展，美国政府寄希望于房地产市场的发展来拉动经济增长，暗示信贷机构放宽贷款条件，为次贷业务的发展以及实施次贷衍生产品等高杠杆投资创造了有利条件。正是在此背景下，美国证券公司平均的总财务杠杆(总资产/股东权益)超过 20 倍，而净财务杠杆[(总资产-低风险资产)/有形股东权益]达到 15 倍左右。投行杠杆更高，以贝尔斯登为例，其总杠杆率、净杠杆率分别为 30 倍和 16 倍。高杠杆虽然提高了资本回报率，却也对风险的估算提出了更高的要求。一旦金融机构低估了风险，导致拨备额不足，就使单一业务的风险在 20 倍，甚至 30 倍的杠杆作用下，放大至整个集团，并且在全球化加速的背景下将这种风险迅速传染给世界各主要金融市场。

## 二、金融衍生工具风险分类

基础金融工具价格不确定性仅仅是金融衍生工具风险的一个方面，国际证监会组织在 1994 年 7 月公布的一份报告中，认为金融衍生工具还伴随着以下几种风险。

因交易中对方违约，没有履行所作承诺造成损失的信用风险。

因资产或指数价格不利变动可能带来损失的市场风险。

因市场缺乏交易对手而导致投资者不能平仓或变现所带来的流动性风险。

因交易对手无法按时付款或交割可能带来的结算风险。

因交易或管理人员的人为错误或系统故障、控制失灵而造成的操作风险。

因合约不符合所在国法律，无法履行或合约条款遗漏及模糊导致的法律风险。

(1) 信用风险。信用风险是指因交易的一方不能履行合同规定的责任和义务而给另一方带来的风险。信用风险可以分为两类：一类是对手风险，指衍生合约交易的一方可能出现违约而给另一方造成损失的可能性；另一类是发行者风险，指标的资产的发行者出现违约而给另一方造成损失的可能性。一般来说，这两类风险中，前者比后者更严重。在场内交易中，由于交易所对于交易行为有严格的履约、对冲、保证制度约束，因而一般不存在信用风险。在场外交易市场中，由于没有严格的制度约束，发生信用风险的可能性较大，特别是交易对手的信用风险。金融衍生工具信用风险的成因是多方面的，其主要因素包括三种：交易对手的资信等级、衍生工具交易的场所和结算方式、交易对手的动机和策略。

(2) 市场风险。市场风险是指市场价格变动或交易者不能及时以公允价值的价格出售衍生金融工具而带来的风险。通过预测价格变动到某一价位的概率，可以比较不同的风险。市场风险是最普遍的风险，它存在于各种衍生金融工具之中。因为每一种衍生金融工具的交易都以这种基础金融产品价格变化的预测为基础，当实际价格的变化方向或波动幅度与交易商的预测出现差异时，会随之带来市场风险。

根据衍生工具价格变动的不同原因，又可以将市场风险分为以下四种。

① 利率风险，由于利率变化而引起损失的可能性。

② 汇率风险，由于汇率的不利变动而引起损失的可能性。

③ 权益风险，市场总的股票价格变动或单只股票价格变动所带来的风险。

④ 商品风险，由于商品价格的不利变动所带来的风险。

(3) 流动性风险。金融衍生工具的流动性风险主要包括两类：一类是与市场状况有关的市场流动性风险；另一类是与总的资金状况有关的资金流动性风险。

市场流动性风险，是指由于缺乏合约对手而无法变现或平仓的风险。资金流动性风险，是指交易方因为流动资金的不足，造成合约到期时无法履行支付义务，被迫申请破产，或者无法按合约要求追加保证金，从而被迫平仓，造成巨额亏损的风险。一般来说，采用在价格不变或较小价位波动的情况下，能够卖出或买入衍生工具的数量或金额来衡量流动性的大小。如果能够卖出或买入的数量或金额较大，则该衍生工具的流动性较好；反之，流动性则较差。

(4) 证券结算风险。证券结算风险主要是指在证券交易的结算过程中交易一方或各方不能按照约定条件足额、及时履行交收义务，造成交收延迟或交收失败从而导致结算对手方资金损失或整个结算系统不能正常运转的可能性。结算风险的大小与市场结算制度、结算系统软硬件配置、信用制度等方面的完善程度密切相关。中央结算公司、证券无纸化、净额清算、货银兑付、滚动交收等制度都为防范和化解结算风险提供了组织与制度保证。

(5) 营运风险。营运风险又称操作风险，是指在金融衍生交易和结算中，由于内部控制系统不完善或缺乏必要的后台技术支持而导致的风险。具体包括两类：一是由于内部监管体系不完善、经营管理上出现漏洞、工作流程不合理等带来的风险；二是由于各种偶发性事故或自然灾害，如计算机系统故障、通信系统瘫痪、地震、火灾、工作人员差错等给衍生品交易者造成损失的可能性。决定营运风险的形成及大小的主要因素包括管理漏洞和内部控制失当、交易员操作不当以及会计处理偏差等。

(6) 法律风险。法律风险是指因合约在法律上的缺陷或无法履行导致损失的风险。法律风险的形成来自两个方面的原因：一是衍生金融工具合约文件不充分，交易对手没有法律授权或超越权限，或合约不符合某些法律规定，法院依据有关规定宣布衍生金融工具合约无效；二是交易对方因破产等原因不具有清偿能力，破产方的未清偿合约不能依法进行对冲平仓，从而加大风险导致损失。法律风险主要发生在场外市场交易中。

总之，金融衍生工具各种风险的侧重点是不同的，信用风险主要考察风险暴露及对方违约的概率；市场风险关注的是合约市值的变动及其对冲策略的合理性；流动性风险主要关注的是因流动资金不足而无法履约而带来的风险；结算风险主要考察交收责任不能正常履行的风险；操作风险主要考察主观因素造成的风险；而法律风险关心的是合约是否具有可实施性的问题。在金融衍生工具市场上，市场风险在整个风险体系中具有基础性的地位，其他风险既是市场风险的结果，又能够进一步加重市场风险的程度。

## 三、金融衍生工具风险特征

近年来，金融衍生工具交易越来越从套期保值的避险功能向高投机、高风险转化，具有下述突出特征。

(1) 风险更加隐蔽、集中。金融衍生工具种类繁多，可以根据客户所要求的时间、金额、杠杆比率、价格、风险级别等参数进行设计，让其达到充分保值避险等目的。但是，由此也造成这些金融衍生合约难以在市场上转让，流动性风险极大。另外，由于国内的法律及各国法律的协调赶不上金融衍生工具发展的步伐，因此，某些合约及其参与者的法律地位往往不明确，其合法性难以得到保证，而要承受很大的法律风险。金融衍生工具的功能和风险是与生俱来、相辅相成的两个方面。任何收益都伴随着一定的风险，衍生合约只是将风险和收益在不同偏好客户之间重新分配，并不能消除风险。金融衍生工具在为单个经济主体提供市场风险保护的同时，将风险转移到另一个经济主体身上。这样就使得金融衍生工具风险更加集中、更加隐蔽、更加猝不及防，加剧了金融体系的破坏力。

(2) 风险发生的突然性和复杂性。一方面，金融衍生工具交易是表外业务，不在资产负债表内体现；另一方面，它具有极强的杠杆作用，这使其表面的资金流动与潜在的盈亏相差很远。同时，由于金融衍生工具交易具有高度技术性、复杂性的特点，会计核算方法和监管一般不能对金融衍生工具潜在风险进行充分的反映和有效的管理，因此，金融衍生工具风险的爆发具有突然性。把基础商品、利率、汇率、期限、合约规格等予以各种组合、分解、复合出来的金融衍生工具，日趋艰涩、精致，不但使业外人士如坠云里雾中，就是专业人士也经常看不懂。近年来一系列金融衍生品产生危机的一个重要原因，就是对金融衍生产品的特性缺乏深层了解，无法对交易过程进行有效监督和管理，操作风险在所难免。

(3) 风险迅速蔓延的网络效应。由于投资者只需投入一定的保证金，便有可能获得数倍于保证金的相关资产的管理权，强大的杠杆效应诱使各种投机者参与投机。金融衍生工具交易既能在一夜之间使投资者收获巨额收益，也能使投资者弹指间血本无归、倾家荡产。金融衍生工具交易风险会通过自身的特殊机制及现代通信传播体系传播扩展，导致大范围甚至是全球性的反应，轻则引起金融市场大幅波动，重则酿成区域性或全球性的金融危机。网络传播效应加大了金融衍生工具的风险。

# 模块三　金融衍生工具风险管理与控制

## 一、金融衍生工具风险管理程序

金融衍生工具风险管理，是指商业银行通过对金融衍生工具风险的分析，选择相应的手段，以最小的成本，努力消除或减轻资金流动中不确定因素的消极影响，以达到最优目标的过程。商业银行金融衍生工具风险管理分为三个程序，它包括风险的分析、方案设计、实施和评估。

### (一)金融衍生工具风险的分析

金融衍生工具风险的分析就是认识和鉴别金融衍生工具交易活动中各种损失的可能性，估计可能损失的程度，它是金融衍生工具风险管理决策的基础。由于金融衍生工具风险具有普遍性和损失大等特点，所以金融衍生工具风险的识别和分析十分重要。

(1) 分析各种裸露因素。①分析哪些项目存在金融衍生工具风险，受何种金融衍生工具风险的影响。②分析各种资产或负债受到金融衍生工具风险影响的程度。通过对裸露因素的分析，银行风险管理者就能够决定哪些项目需要加强风险管理，并根据不同的风险制订不同的管理方案，以取得最经济、最有效的结果。

(2) 分析金融衍生工具风险成因。通过对风险成因的诊断，就可以分清哪些风险可以回避，哪些风险可以分散，哪些风险可以减轻。例如，贷款对象引起的信用风险可以回避，公司业绩引起的证券市场风险可以分散等，从而作出相应的决策。

(3) 进行金融衍生工具风险的衡量和预测。衡量风险的大小，确定各种金融衍生工具风险的相对损失及紧迫程度，并对未来可能发生及其变化的趋势作出分析和推断，为决策提供根据。进行金融衍生工具风险的衡量和预测，可以通过制定模型等方法进行。目前使用的方法和模型主要有以下几个。

① 蒙特卡罗方法(Monte Carlo Simulation)。蒙特卡罗方法是一种高级而复杂的工具，利用计算机模拟成千上万种潜在的状况，进行单一的仿真，计算出可能的投资结果。蒙地卡罗方法的基本原理是将所有可能结果发生的概率定义出一个概率密度函数。将此概率密度函数累加成累积概率函数，调整其值最大值为 1，此称为归一化。这将正确反映出所有事件出现的总概率为 1 的概率特性，为随机数取样与实际问题仿真建立起联结，即将计算机产生的均匀分布于［0，1］之间的随机数，通过仿真的过程形成概率分布函数，仿真出现实最可能出现的结果。蒙地卡罗模拟法要求使用一些合理的假设、预期投资回报和通货膨胀率，但如果输入脱离现实的数据，得到的也只能是脱离现实的结果。

② 统计模型。目前专门针对衍生金融工具风险建立预警模型的研究较少，一般选取静态财务指标建立统计模型，来预测商业银行未来发生财务困境的可能性。此模型有一个缺陷，就是统计模型往往建立在严格的定量分析的基础上，而忽视现实宏观调控与产业经济供需及许多不确定因素对价格的影响，例如经济结构、信用制度、特殊事件、国家风险以及不同经济区域风险的传递效应等。这些因素大多不可精确计量，但是如果忽略这些因素的影响，预测结果可能与现实背离，丧失预警的意义。

## (二)金融衍生工具风险管理方案的设计

根据金融衍生工具风险的分析，确定了金融衍生工具风险管理的目标之后，就必须考虑风险管理的对策，拟订防范方案。在市场风险控制方面，精确衡量市场风险需要依赖高层次的数学和统计技术、资料库以及计算机程序。在信用风险控制方面，应确定与每一交易对象应有的交易额度，建立独立的信用管理体系，以便分析客户信用风险，决定信用额度，也可以采用对冲合约来降低个别交易对象的信用风险。流动性风险的控制可以通过投资金融工具的多元化来实现风险的分散，还可以针对各种金融衍生工具实行额度限制。同时，商业银行交易人员还需要与风险管理人员加强交流和配合，对市场出现的各种不利预兆及时作出反应。操作风险的管理必须依赖健全的制度程序及控制，确保上述各类风险的有效管理，包括交易的适当记录、风险的衡量、交易的程序及限额等。法律风险控制，主要依赖定期聘请法律专家评估金融衍生工具交易合约的法律效力。在选择恰当的金融衍生工具风险管理对策时，必须确定每一种对策或组合对策的成本和效果，探索和拟订各种可能的方案。为了使金融衍生工具风险管理取得最好的效果，管理者必须根据各种风险和裸露因素的特征、经营目标、经济环境、技术手段等特点，对拟订的方案进行可行性研究，然后再综合比较和分析，从中选取最理想的方案。

## (三)金融衍生工具风险管理的实施和评估

金融衍生工具风险管理方案确定实施后，实施效果直接决定了金融衍生工具风险管理过程中内在风险的大小，是一项技术性很强的工作。在执行决策的过程中，对决策的评估也是相当重要的。通过评估，可以检测管理措施是否收到预期的效果，也可根据需要随时调整风险管理对策，以适应变化了的实际情况，达到进行风险管理的目的。

## 二、金融衍生工具风险的管理与控制

根据对金融衍生工具风险种类和特点的分析可以看出，金融衍生工具是比较特殊的金融产品，它的风险控制既需要遵循风险控制的基本原理和准则，又要抓住其特殊之处，制定有针对性的风险控制措施。

商业银行针对金融衍生工具风险实施有效控制，必须建立全面的风险控制体系。全面风险控制体系能够将不同类型的风险、不同性质客户的风险、不同金融工具的风险都纳入统一的风险管理范围，并将承担这些风险的各个业务单位纳入到统一的管理体系中。

### (一)建立审慎的风险管理理念

首先，商业银行决策层和高级管理层应始终树立"审慎经营"的风险管理理念，投资金融衍生工具应以保值和降低风险为主要目的，避免对金融衍生工具的过度投机交易。为追求高额利润而过度投机往往会造成致命的后果。美国对冲基金 Amaranth，2005 年豪掷10 亿美元，打赌能源价格上扬，起初收益颇丰，截至 2006 年 8 月底回报高达 22%。但随着天然气价格见顶回落，该基金踏入 9 月遭遇滑铁卢，最终导致亏损 60 亿美元。

其次，商业银行管理层要对金融衍生工具的风险进行全面深入的分析。金融衍生工具只有在一定条件下，才能实现复杂的风险管理和降低交易成本的目标。如果没有认识到这一点，就会对金融衍生产品的潜在风险估计不足，必须准确研究交易的具体细节，对交易的产品种类、期限、杠杆系统、时机以及未来趋势等进行充分和深入的分析研究。当金融衍生产品潜在的风险变成实际损失时，往往无法挽回。

### (二)建立健全的组织机构体系

商业银行要根据自己的实际情况设计内部控制组织体系，在组织机构上保障对金融衍生工具风险各个环节的控制。一个适当的内部控制组织体系至少应包括以下两个方面。

#### 1. 完善的法人治理组织机构

建立以股东大会、董事会、监事会和高级管理层为主体的法人治理结构，并设立风险管理、审计、薪酬管理等专门委员会。

董事会负责审批商业银行的总体风险控制战略和原则，确定可以接受的风险水平，批准开展金融衍生业务的政策、制度和程序，对风险控制的有效性进行监督。董事会应当就风险控制的有效性定期与管理层进行讨论，及时审查管理层、审计机构和监管部门提供的风险控制评估报告，督促管理层落实整改措施。

高级管理层负责执行董事会批准的各项战略、政策、制度和程序，负责建立授权和责任明确、报告关系清晰的组织结构，建立识别、计量和管理金融衍生工具风险的程序，并建立和实施健全、有效的内部控制，采取措施纠正内部控制存在的问题。

监事会在实施财务监督的同时，负责对商业银行董事会、管理层履行职责的情况进行监督，要求董事会、管理层纠正可能给银行带来损失的行为。

#### 2. 独立的、专门的风险管理和内部审计部门

设立属于董事会领导的风险管理部门和内部审计部门。风险管理部门具体负责制定和

实施金融衍生工具风险识别、计量、监测和控制的制度和方法，定期将风险情况向决策层和高级管理层报告。内部审计部门是风险控制的监督、评价部门，负责检查、评价风险控制的健全性、合理性和遵循性，督促各部门解决风险控制存在的问题，并定期开展对风险战略、政策和程序的评估。

### (三)建立健全的内部控制制度体系

内部控制制度包括商业银行内部的规章制度、岗位职责、岗位操作规范、业务操作流程，这些制度应覆盖金融衍生工具涉及的所有业务品种、岗位、环节，应当明确划分相关部门之间、岗位之间、上下级机构之间的职责，建立横向与纵向的职责分离、相互监督制约机制。具体制度一般包括以下内容。

(1) 金融衍生工具交易业务的指导原则。它包括金融衍生工具交易的总体规划、风险控制的基本准则、可以接受的总体风险水平、可以交易的产品品种、可以采取的风险缓解策略和方法等。

(2) 业务操作规程。业务操作规程应体现交易前台、中台与后台分离的原则，负责金融衍生工具业务风险管理和控制的高级管理人员必须与负责金融衍生工具交易高级管理人员分开，不得相互兼任。从事风险计量、监测和控制的工作人员必须与从事金融衍生工具交易人员分开，不得相互兼任；风险计量、监测或控制人员有权直接向高级管理层报告风险状况。

(3) 分级授权制度。商业银行应当书面明确与金融衍生工具交易相关的部门和人员的权限以及责任，各业务部门和岗位应在授权的权限范围内开展业务活动，严禁越权从事业务活动，并建立严格的问责制。

(4) 限额管理制度。商业银行应当对金融衍生工具交易实施限额管理，限额包括交易限额、风险限额及止损限额等。制定对各类和各级限额的内部审批程序和操作规程，根据业务性质、规模、复杂程度和风险承受能力设定、定期审查和更新限额。

(5) 金融衍生工具交易的风险模型及量化管理指标。商业银行应当根据自身的业务性质、规模和复杂程度，选择适当的、普遍接受的风险计量模型和量化指标，基于合理的假设前提和参数，计量评估金融衍生工具可能带来的所有风险。

(6) 风险报告制度。规定不同层次和种类的报告应当遵循的发送范围、程序和频率。规定金融衍生工具风险状况报告应当定期、及时向董事会、高级管理层和其他管理人员提供。

(7) 内部审计和外部审计制度。规定内部审计的职责，内部审计人员的基本要求，内部审计和外部审计的内容、程序、频率和报告渠道等。

(8) 针对突发事件的应急计划。应急计划应对可能发生的与金融衍生工具相关的突发事件进行分类，针对各类突发事件分别制定相应的解决方案和工作程序。在突发事件实际发生时，通过应急计划将风险降到最低限度。

(9) 金融衍生工具交易主管和交易员实行定期轮岗和强制带薪休假制度。明确需要定期轮岗和强制带薪休假的具体岗位，明确轮岗和强制带薪休假的操作程序，这是防范操作风险的一项有效手段。

(10) 对前、中、后台主管人员及工作人员的培训制度。明确需要培训的岗位，每个岗位应具备的要求，明确需要培训的内容和频率。加强人员培训，能够提高人员识别风险和防范风险的能力。

### (四)建立科学的激励约束机制

商业银行在使用金融衍生工具的过程中应对金融衍生产品交易人员实行适度的奖惩机制，而不能将交易人员的薪酬与衍生产品交易盈利简单挂钩，避免其过度追求利益而增加交易风险。激励机制的过度使用会给银行带来巨大的风险隐患。商业银行可以运用风险管理中的"经风险调整收益率"的管理思想，建立科学的激励约束机制。经风险调整收益率(RAROC)=(收益-预期损失)/经济资本(或非预期损失)，这种管理思想克服了传统绩效考核中盈利目标未充分反映风险成本的缺陷，综合考核盈利和风险，使收益与风险直接挂钩、有机结合。

### (五) 建立熟悉金融衍生工具的专业人才队伍

金融衍生工具是建立在基础产品之上的综合性交易产品，其产品结构比普通产品复杂得多，金融衍生工具的定价和风险的计量都需要较深的专业知识。影响金融衍生市场的因素众多，从事金融衍生产品交易需要分析政治、经济、行业、企业等多方面因素。如果商业银行没有高素质的专业人才队伍，就容易被市场误导，作出错误的决策，造成巨大的损失。因此，金融衍生产品交易对人员素质要求很高，拥有高素质的专业人才队伍是开展金融衍生产品交易的前提条件。

# 案 例 讨 论

## 雷曼兄弟银行倒闭案

2008 年注定是不平凡的一年，对于全球金融市场来说也是多事之秋。"9·11"事件 7 周年后的这一周，成为了华尔街历史上最惊心动魄的一周。9 月 15 日，美国第四大投资银行——雷曼兄弟根据破产法第 11 款条例进入破产保护程序，意味着这家具有 158 年历史的投资银行走进了历史。雷曼兄弟的成长史是美国近代金融史的一部缩影，其破产是世界金融史上一个极具指标意义的事件。

**一、雷曼兄弟兴衰史**

成立于 1850 年的雷曼兄弟公司是一家国际性的投资银行，总部设在纽约。雷曼兄弟公司成立迄今，历经了美国内战、两次世界大战、经济大萧条、"9·11"袭击和一次收购，一直屹立不倒，曾被纽约大学金融教授罗伊·史密斯形容为"有 19 条命的猫"。

1994 年，雷曼兄弟通过 IPO 在纽约交易所挂牌，正式成为一家公众公司。2000 年正值雷曼兄弟成立 150 周年之际，其股价首次突破 100 美元，并进入标普 100 指数成分股。2005 年，雷曼兄弟管理的资产规模达到 1750 亿美元，标准普尔将其债权评级由 A 提升为 A+。同年，雷曼兄弟被 Euromoney(欧洲货币杂志)评为年度的最佳投资银行。

雷曼公司曾在住房抵押贷款证券化业务上独占鳌头，但最后也恰恰败在了这个业务引发的次贷危机上。2008 年 9 月 9 日，雷曼公司的股票开始狂跌不止，一周内股价暴跌 77%，公司市值从 112 亿美元大幅缩水至 25 亿美元，直至最后倒闭破产。雷曼的破产，使美林公司老总也吓破了胆，赶紧以 440 亿美元的价格将美林公司卖给了美国银行。

### 二、出事的为什么总是投资银行

在美国的五大投资银行中，雷曼倒闭，美林被收购，再加上被摩根收购的贝尔斯登，在半年时间内华尔街五大投资银行就只剩下摩根士丹利和高盛两家了。投资银行，也就是券商，一度非常神气，大有主宰金融界的势头。传统意义上的投行主要从事证券发行、交易、企业重组、兼并与收购、投资分析、风险投资、项目融资等业务，是资本市场上的主要金融中介。近年来，投行成为了金融创新的一个重要发源地。从为贸易融资、为基础设施融资，发展到今天强力介入企业重组、证券期货市场。实际上，当金融创新愈演愈烈后，投行就越来越像一个高级赌徒了。投行们设计出了一个个美妙的金融奇思并将其实施，催生出一个个市场奇迹。在创新的招牌下，在巨额高利的引诱下，投行满怀激情，不遗余力。投行的奖金激励方式极大地助长了高管层的道德风险，为追求高额奖金和红利，无视审慎性要求，盲目创新业务，甚至铤而走险。

次贷危机爆发前，国际金融机构大肆盲目利用"证券化"、"衍生工具"等高杠杆率结构性产品追求投行式收益，整个金融业都沉浸在高杠杆率带来的财富盛宴的欢欣之中，而忘却了金融创新其实是一把"双刃剑"，市场泡沫终会破灭。次贷危机实际上就是过度扩张信用的产物。各种住房信用贷款大肆扩张，置实际承受能力于不顾。它在营造出一种虚幻的美妙前景的同时，也在刺激着贪婪与投机的欲望。

近年来，有着严格假设条件和繁杂理论结构的数理模型深受全球投资银行、对冲基金、评级机构的追捧，成为度量金融风险的主要工具。然而，在这次次贷危机中，尽管金融机构对次贷衍生产品建立了精巧繁杂的定价和评级模型，但面对美国房地产市场价格突然逆转的实际情况，模型的前提假设和市场现实风险严重偏离，导致风险定价功能失效，引发投资者的恐慌，并通过"羊群效应"传导放大风险，最后酿成全面性的金融危机。现实经济生活总是千变万化的，数理模型不论多么精巧庞大，也难以涵盖所有的情况和风险特征，如果过度崇拜数理模型，以若干参数来完全描述市场风险的变化，替代理性的市场投资决策，必将导致危机的发生。

同时，金融创新的结果是买卖的链条越拉越长，分散的范围越来越广，交易完成后，最终的投资者和最初的借款人之间已经相隔万水千山，彼此毫不了解。例如，引发本轮危机的房屋次贷产品，从最初的房屋抵押贷款到最后的 CDO(担保债务凭证)等衍生产品，中间经过借贷、打包、信用增持、评级、销售等繁杂程序，有数十个不同机构参与，信息不对称的问题非常突出。

### 三、雷曼栽在了自己的豪赌上

雷曼兄弟在次贷危机爆发前，持有大量的次级债金融产品，包括 MBS(抵押支持债券)和 CDO，以及其他较低等级的住房抵押贷款金融产品。除此之外，雷曼还豪赌 CDS(信贷违约掉期，是一种转移定息产品信贷风险的掉期安排)，雷曼在 CDS 上涉及的金额高达 8000 亿美元。次贷危机爆发后，由于次级抵押贷款违约率上升，造成次级债金融产品的信用评级和市场价值直线下降。随着信用风险从次级抵押贷款继续向外扩展，则较低等级的住房抵押贷款金融产品的信用评级和市场价值也开始大幅下滑。雷曼兄弟持有的产品都出现了问题，金融产品成为坏账，到了病入膏肓的时候，政府想救也难了。

瑞士信贷结构性金融产品交易部主任 Jay Guo 表示，"美林银行及雷曼兄弟等大型投资银行之所以纷纷在瞬间倒下，本质上是因为他们投资了大量的与次级债有关的证券产品，而且这些产品的投资一般都有大比例的投资杠杆，即这些产品的投资收益与亏损都是被大比例放大的——赚就会赚得更多，亏也会亏得更多。这个时候已没有什么大银行与小银行的实力区别。现在哪家银行能在这场金融危机中生存下来，取决于他们与次级债有关的金融产品的距离。"

**四、美国政府为什么不救援雷曼兄弟**

雷曼兄弟的规模比贝尔斯登更大，为什么美国政府在先后救援了贝尔斯登以及两房之后，却拒绝为拟收购雷曼兄弟的美洲银行以及巴克莱提供信贷支持，从而导致雷曼兄弟申请破产呢？美国政府的这种做法是否有厚此薄彼之嫌？

其实，美国政府在救援了贝尔斯登之后，美联储受到了大量的批评。最具有代表性的意见是，为什么政府要用纳税人的钱去为私人金融机构的投资决策失误买单？政府救援私人金融机构会不会滋生新的道德风险，即鼓励金融机构去承担更大的风险，反正最后有政府兜底？因此，当雷曼兄弟出事之后，美国政府就不得不更加慎重了。一方面，次贷危机已经爆发一年有余，市场投资者对于次贷危机爆发的原因和可能出现的亏损都有了比较清楚的认识。与此同时，美国政府采取的一系列救市措施也开始发挥作用。在这一前提下，一家投资银行的倒闭不会引发金融市场上更大的恐慌。另一方面，在对政府救市的如潮批评下，美国政府也需要来澄清自己的立场，即除非引发系统性风险，美国政府不会轻易利用纳税人的钱去救援私人机构。私人机构应该为自己的决策承担责任，这不仅包括管理层，也包括股东。这也是为什么美国政府在接管两房时表示只保护债权人利益，而撤换了管理层严重稀释了两房股东的股权价值的原因。投资失败就得承担责任，这是自由市场的核心原则之一。

(资料来源：证券业长期价值报告之五：雷曼兄弟沉浮录.腾讯财经，2013-06-28.)

**问题：**
1. 详细说明雷曼兄弟银行业务模式的主要风险。
2. 描述针对这场危机，美国政府的干预措施。
3. 简述在金融衍生工具风险管理和监管方面吸取的可吸收的经验。

# 扩展阅读

担保债务凭证(Collateralized Debt Obligation，CDO)是一种固定收益证券，现金流量的可预测性较高，不仅提供投资人多元的投资渠道以增加投资收益，更强化了金融机构的资金运用效率，转移不确定风险。凡具有现金流量的资产，都可以作为证券化的标的。通常创始银行将拥有现金流量的资产汇集，然后作资产包装及分割，转售给特殊目的载体(Special Purpose Vehicle)，以私募或公开发行方式卖出固定收益证券或受益凭证。CDO 背后的支撑是一些债务工具，如高收益的债券、新兴市场公司债或国家债券等。最早的 CDO 是由 Drexel Burnham Lambert I 在 1987 年发行的。十几年后，CDO 成为快速发展的资产证券之一。

抵押支持债券或者抵押贷款证券化(Mortgage-Backed Security, MBS)是最早的资产证券化品种。最早产生于 60 年代的美国。它主要由美国住房专业银行及储蓄机构利用其贷出的住房抵押贷款，发行的一种资产证券化商品。其基本结构是，把贷出的住房抵押贷款中符合一定条件的贷款集中起来，形成一个抵押贷款的集合体(Pool)，利用贷款集合体定期发生的本金及利息的现金流入发行证券，并由政府机构或政府背景的金融机构对该证券进行担保。因此，美国的 MBS 实际上是一种具有浓厚的公共金融政策色彩的证券化商品。

# 项 目 总 结

金融衍生工具是 20 世纪 70 年代全球金融创新浪潮下产生的金融创新产品，是建立在基础产品或基础变量之上，其价格随基础金融产品的价格(或数值)变动的派生金融产品。

金融衍生工具主要分为金融远期、金融期货、金融期权、金融互换。金融创新不断催生新型的更加复杂的金融衍生工具。

金融衍生工具风险主要涉及信用风险、市场风险、流动性风险、证券结算风险、操作风险、法律风险。各种风险的侧重点不同。

金融衍生工具风险管理对商业银行来说是个挑战。商业银行要树立审慎的风险管理理念，建立健全的组织机构体系和内部控制制度体系，通过科学的激励约束机制对金融衍生工具风险加强管理。同时，建立熟悉金融衍生工具的专业人才队伍，不断提高金融衍生工具风险管理能力。

# 单 元 练 习

## 一、单项选择题

1. 金融衍生工具产生的直接动因是(　　)。
   A. 规避风险和套期保值
   B. 金融创新
   C. 投机者投机的需要
   D. 金融衍生工具的高风险高收益刺激

2. 金融衍生工具依照(　　)可以划分为股权类产品的衍生工具、货币衍生工具和利率衍生工具、信用衍生工具以及其他衍生工具。
   A. 基础工具分类
   B. 金融衍生工具自身交易的方法及特点
   C. 交易场所
   D. 产品形态

3. 关于金融衍生工具的基本特征叙述错误的是(　　)。
   A. 无论是哪一种金融衍生工具，都会影响交易者在未来一段时间内或未来某时点上的现金流，跨期交易的特点十分突出
   B. 金融衍生工具交易一般只需要支付少量的保证金或权利金，就可签订远期大额合约或互换不同的金融工具
   C. 金融衍生工具的价值与基础产品或基础变量紧密联系、规律变动
   D. 金融衍生工具的交易后果取决于交易者对衍生工具(变量)未来价格(数值)的预

测和判断的准确程度

4. 金融期货是以( )为对象的期货交易品种。

    A. 股票                     B. 债券

    C. 金融期货合约              D. 金融证券

5. 以下不属于金融衍生工具市场风险的是( )。

    A. 利率风险     B. 汇率风险     C. 权益风险     D. 操作风险

6. ( )主要考察风险暴露及交易对手违约的概率。

    A. 信用风险     B. 流动性风险     C. 结算风险     D. 法律风险

7. 金融衍生工具交易是表外业务，不在资产负债表内体现，会计核算方法和监管一般不能对金融衍生工具潜在风险进行充分的反映和有效的管理，因此，金融衍生工具风险的爆发具有( )。

    A. 隐蔽性                     B. 集中性

    C. 突然性和复杂性             D. 传导性

## 二、判断题

1. 金融衍生工具的杠杆效应一定程度上决定了它的高投机性和高风险性。     ( )

2. 基础工具价格的变幻莫测决定了金融衍生工具交易盈亏的不稳定性，是金融衍生工具高风险性的重要诱因。     ( )

3. 金融衍生工具是一种合约，约定未来的交易，尚未实际发生，无法以历史成本计量，所以选择以公允价值计量金融衍生工具。     ( )

4. 从一定意义上说，金融期权是金融期货功能的延伸和发展，具有与金融期货相同的套期保值和发现价格的功能，是一种有效地控制风险的工具。     ( )

5. 金融衍生工具的操作风险指的是在金融衍生交易中，由于缺少交易对手从而造成交易不能顺利完成的风险。     ( )

6. 金融衍生工具设计复杂，风险表现相比一般金融工具更加明显、突出。     ( )

7. 近年来金融衍生工具交易越来越从保值的避险功能向高投机、高风险转化。( )

8. 金融衍生工具为商业银行带来高收益，所以银行应该加大金融衍生工具的投资力度，广泛投资各种衍生工具产品。     ( )

## 三、问答题

1. 金融衍生工具包括哪些？

2. 金融衍生工具风险具体有哪些类型？

3. 金融衍生工具风险的特征是什么？

4. 金融衍生工具风险的管理措施有哪些？

# 课外活动

搜集有关商业银行金融衍生工具风险管理的案例进行分析，讨论造成银行金融衍生工具风险的原因，以及在事件发展过程中管理者哪些措施应对得当，哪些措施有待改进。

# 项目十二　金融机构全面风险管理

**案例导入：**

## 中国银行开平支行巨额资金被盗案

2001 年 10 月 12 日，中国银行为加强管理，将全国 1040 处计算机中心统一成一套系统，集中设置在 33 个中心。一联网，计算机中心反映出账目上亏空 8000 万美元，很快又飙升到 4.83 亿美元。数字过于巨大，以至于工作人员最初以为是计算机系统出现了技术故障。经过几番复算之后，结论仍然相同。至此，中行发生了新中国成立以来规模最大的银行资金盗用案。

被认为是该案首犯的许超凡，从 1993 年开始，就利用职务之便，假借开平中行客户名义，以代客买卖的形式进行外汇交易，大肆贪污挪用银行资金，结果血本无归，亏损 1 亿多美元。许超凡还沉迷于赌博，他到澳门赌场 4 个小时就输了 6000 多万元人民币。之后许超凡又与手下的副行长余振东、下属公司经理许国俊联手，先后从银行账户中拆借大量资金，以贷款名义转出并转至设在香港的潭江实业有限公司等名下。资金转移的路数大同小异。潭江实业的注册人为许超凡的堂兄许日成，实际上由许超凡、余振东和许国俊三人控制，主要功能就是接收由开平源源不断转移而来的资金流。

自 1998 年 3 月起的两年间，许超凡等人将 16 笔款项利用假贷款转移至潭江实业，进而转至香港或海外的私人账户，总额高达 7500 万美元。许超凡后升任中国银行广东省分行公司业务处处长，余振东、许国俊相继接替他的位置。三人相互勾结掩护，盗窃流水线一直在顺利运行。三任行长在 8 年里，转移资金竟达几十亿元。

在事情败露前，三人早已将配偶、子女转移到北美。涉案款项在被盗用、非法流出境外的过程中，大批的银行、企业具体经办人员被利用，结果开平案发之后，开平支行股长以上人员被全部调换。

（资料来源：张继伟. 开平之劫. 财经杂志，2002-05-13.）

**问题：** 银行如何管理内部人作案的操作风险？

**知识目标：**

1. 了解全面风险管理的目标和要素。
2. 了解金融机构开展全面风险管理的流程。

**能力目标：**

了解全面风险管理在我国金融机构的现状。

**关键词：** 全面风险管理、全面风险管理框架

# 模块一  全面风险管理

## 一、全面风险管理的定义

现在世界上最先进的体系化风险防范机制是在企业建立全面风险管理体系，全面风险管理代表着风险管理的最前沿的理论和最佳实务。

COSO(the Committee of Sponsoring Organizations of the Treadway Commission)是美国政府机构"反对虚假财务报告委员会"特别委员会下属的机构，由美国注册会计师协会、美国会计协会、美国内部审计协会、财务官协会国际联合会和美国管理会计协会共同组成。其主要职责是对美国经济监管部门，如财务监督、审计等部门进行建议性指导。2001 年秋，COSO 委员会开始《全面风险管理框架》(*Enterprise Risk Management Framework*，ERM 框架)的研究，于 2003 年 7 月完成了 ERM 框架草案，并公开向业界征求意见。

ERM 框架对全面风险管理框架的定义、目标类别、组成部分、基本原则以及其他要素进行了全方位的深入描述，是全面风险管理最佳实践的高度总结，为银行及其他组织决定如何完善其风险管理构架指出了方向，同时提供了在现实环境下全面风险管理框架应用模式及背景。ERM 框架对于全面风险管理的定义是：企业风险管理是一个过程，它由一个主体的董事会、管理当局和其他人员实施，应用于战略制定并贯穿于企业之中，旨在识别可能会影响主体的潜在事项，管理风险以使其在该主体的风险容量之内，并为主体目标的实现提供合理保证。

## 二、全面风险管理的发展历程

《全面风险管理框架》的出台是对以往企业风险管理所有经验教训的总结，是风险管理理论逐渐成熟的结果。内部控制和风险管理主要经历了以下五个阶段。

(1) 内部牵制阶段：主要以流程设计和岗位分工为主，辅之以交叉检查，达到防范操作失误和内部人操纵等的目的。

(2) 内部控制制度阶段：分为内部会计控制和内部管理控制两个部分，前者在于保护企业资产，检查会计数据的准确性和可靠性；后者在于提高经营效率，促使有关人员遵守既定的管理方针。

(3) 内部控制结构阶段：包括三个方面，分别是控制环境、会计控制制度和控制程序。

(4) 内部控制整合框架：1992—1994 年 COSO 报告中的 5 大部分，包括控制环境、风险评估、控制活动、信息沟通和内部监督

(5) 企业风险管理整合框架：2004 年 COSO 委员会发布《企业风险管理整合框架》，在(4)的基础上，拓展为 8 个相互关联的整体，即内部环境、目标设定、事项识别、风险评估、风险反应、控制活动、信息和沟通、内部监督。

## 三、全面风险管理在我国的发展过程

风险管理的理论研究引入我国是近三十年的事情，但是对于风险管理的实践我国从政

府层面或是企业层面均给予很高重视，这可以体现在多部法律、法规的制定实施中，具体如下。银监会自 2003 年成立时起，在它发布的多项文件中也提及全面风险管理的问题。

- 1999 年的《会计法》。
- 2001 年财政部 7 项内部会计控制规范。
- 2001 年证监会《证券公司内部控制指引》。
- 2002 年中国人民银行《商业银行内部控制指引》。
- 2003 年审计署《审计机关内部控制测评准则》。
- 2005 年证监会《关于提高上市公司质量意见》。
- 2006 年证监会《首次公开发行股票并上市管理办法》。
- 2006 年上交所《上市公司内部控制指引》。
- 2006 年国务院《中央企业全面风险管理指引》。
- 2006 年深交所《上市公司内部控制指引》。
- 2007 年证监会《关于开展加强上市公司治理专项活动有关事项的通知》。
- 2007 年银监会《商业银行内部控制指引》。
- 2008 年财政部、银监会、审计署、证监会、保监会等五部委《企业内部控制基本规范》。

## 四、全面风险管理的内涵

全面风险管理是使企业在实现其未来战略目标的过程中，将企业面临的不确定性和变化所产生的影响控制在可接受范围内的过程和系统方法。正确认识全面风险管理的内涵和外延是构建 COSO 内部控制体系的基础。

(1) 全面风险管理是一种态度。全面风险管理是积极、主动地管理风险，而不是被动、消极地管理风险。

(2) 全面风险管理是一种理念。①对企业的认识：企业的使命是实现企业利益相关人的利益最大化。也是全面风险管理的目标。②对企业环境的认识：在企业实现战略目标的过程中，企业处于不确定的环境之中。风险具体内容处于变化之中，当内外部环境发生改变时，风险也随之改变。③对企业管理的认识：强调战略、风险与流程活动的统一。即需要构建支持战略目标实现的全面风险管理体系。

(3) 全面风险管理的全面性体现。全面风险管理的全面性体现在以下几个方面：①风险的全面性，管理企业面临的所有重大风险；②人员的全面性，从公司 CEO 到基层员工全面参与；③应对方法的全面性，采取多样化、系统的应对方法管理风险。

(4) 全面风险管理的本质。

① 全面风险管理是基于未来对企业现状的管理；②全面风险管理是目标管理；③全面风险管理是对企业内外部环境的管理。

(5) 全面风险管理与传统风险管理的区别，见表 12-1。

表 12-1　全面风险管理与传统风险管理的区别

| 全面风险管理 | 传统风险管理 |
| --- | --- |
| **整合的风险观** | **分散的风险观** |
| 从公司总体上把握分散于各部门的风险，并考虑各风险间的交互影响 | 各部门仅考虑各自所辖风险，不考虑风险对公司整体的影响以及风险间的相互影响 |
| **风险与机会** | **风险** |
| 同时考虑风险与机会因素，在控制风险的同时抓住机会 | 只强调防范风险，未考虑带来机会的不确定性 |
| **风险管理** | **风险管理** |
| 在风险控制层面的基础上，通过综合量化等环节，选择具有最佳回报的战略，实现风险与收益的平衡 | 仅为基本层次的风险管理，在既定的战略下将风险维持的一定的水平 |

# 模块二　金融机构全面风险管理

## 一、全面风险管理的目标和要素

### (一)全面风险管理的目标

COSO(2004)认为，主体的目标包括四个：①战略目标，是高水平的目标，它应与组织的使命一致并支持该使命；②经营目标，组织应当有效率和效果地使用资源；③报告目标，组织应当提供可靠的报告；④遵循目标(合规性目标)，即组织应当遵循相关的法律规章。

企业风险管理实际就是为实现上述目标提供合理的保证。

### (二)全面风险管理的要素

企业风险管理包含八个相互关联的要素。这些要素来源于管理层管理企业的方法，并与管理过程合成一个整体。这些要素包括：

(1) 内部环境。内部环境包含了组织的风格，它确定了组织人员如何看待和处理风险的基础，是其他要素的基础。内部环境具体包括风险管理哲学、风险偏好、董事会、诚实度和道德价值观、组织结构、胜任能力、人力资源政策与实务、权责分配。

(2) 目标设定。企业风险管理要求管理层设定目标，选择的目标需要能够支持组织的使命并与组织使命相一致，并与其风险偏好相一致。

(3) 事件识别。即识别那些影响组织目标实现的内外部事项，并区分为风险和机会。机会将被考虑进管理层的战略或目标设定过程中。

(4) 风险评估。必须对风险加以分析，考虑其发生的可能性以及影响，并作为确定这些风险应如何加以管理的基础。

(5) 风险应对。管理层应在不同的风险应对(包括回避、接受、降低、分担风险)中作出选择，从而采取一系列与组织的风险容忍度(Risk Tolerances)和风险偏好相一致的行动。

(6) 控制活动。应建立相关的政策和程序，以确保风险应对策略得到有效的执行。控制活动通常包括两个要素：确定应从事何种活动的政策、执行政策的程序。

(7) 信息与沟通。应当按照特定的格式和时间框架来识别、捕捉相关信息并加以传递沟通，从而使人们可以履行其职责。有效的沟通存在于较广泛的意义上，包括向下、向上以及平行交互沟通。

(8) 监控。整个企业风险管理都应当加以监控并根据需要作出调整。监督可以通过持续性的管理活动、单独评价或者二者同时来实现。

对于这八个要素，COSO(2004)指出，企业风险管理不是一个严格的序列过程，即一个要素仅影响下一个要素，而是一个多方向的、相互影响的过程，任何要素都可以并且确实影响其他的要素。

### (三)全面风险管理目标与要素的关系

COSO(2004)认为，目标是主体要实现什么，企业风险管理的要素则意味着需要什么来实现它们，因此，风险管理的目标与要素之间存在密切的直接联系。这样，企业目标、风险管理要素与企业各个层级之间就形成一个三维立体图，如图 12-1 所示。

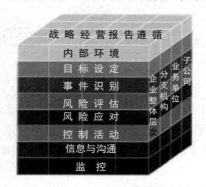

**图 12-1    全面风险管理框架图**

## 二、金融机构开展全面风险管理的现状

### (一)国外金融机构全面风险管理状况

近年来国际金融服务业不断变革，以应对由新技术和业务流程、新金融工具、金融机构规模和经营范围扩大、监管环境变化带来的挑战。作为美国州立银行的主要监管当局和金融控股公司的监管当局，美联储与其他监管机关及金融机构保持合作，提高监管的有效性和针对性。美联储一直强调被监管金融机构要建立适当、有效的内部控制制度，并不断完善风险为本监管的方法。这些年来，银行内部跨部门的全面风险管理也备受重视。

某些情况下，银行可能对每一笔业务都进行良好的风险管理，但对整体风险的重视不够。银行的快速成长可能给许多方面带来巨大压力，如管理信息系统、变革管理控制体系、战略计划、信贷集中度、资产/负债管理等。银行必须了解各项业务如何相互作用，其中一些业务可能相当复杂。成功的全面风险管理方法可以帮助银行应对这些挑战。

全面风险管理包括：
- 把企业的风险承受力和战略联系起来。

- 提高企业应对风险、准确决策的能力。
- 降低操作意外事件和损失的频率和严重性。
- 识别和管理多种和跨企业风险。
- 主动抓住机会。
- 提高企业资本配置的有效性。

目前国外银行机构全面风险管理框架可以总结为三道防线，如图 12-2 所示。

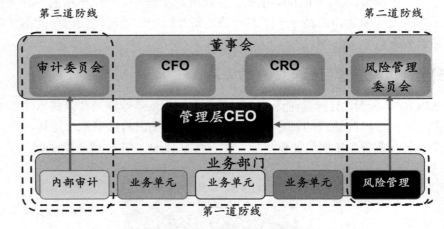

图 12-2　全面风险管理的三道防线

美联储认为，所有的银行都需要良好的风险管理，以有助于设定整体目标、灌输企业文化、保证对主要的业务和风险经常进行监控。高级管理层必须参与全面风险管理，因为他们决定银行承受风险的水平和类型，以及采取哪些控制和降低风险的办法把风险暴露维持在既定的水平。

此外，银行不应忽视或偶然忽视那些可能隐藏重大风险的低风险业务，比如财务报表报告、信息安全及后台系统。操作风险带来的危害可能导致公司价值的损失。解决这些问题通常要从基础做起，比如培训、建立内部控制、合适的公司文化。因此，银行应把全面风险管理的原则看作确保其有效应对不确定性、风险和机会的办法。

## (二)国内金融机构全面风险管理的现状

近些年来，我国的银行在全面风险管理方面取得了长足进步，各银行高级管理层不再只盯着贷款业务，风险部门不再只擅长于管理风险。但是与国外同行相比，我国银行还存在较大的差距。主要表现在以下几个方面。

(1) 银行全面风险管理的组织架构还不完善。

在我国，许多银行并没有制订科学合理的全面风险治理规划，一些银行在组织结构设计上也存在缺陷。尽管大多数银行在表面上已经建立了多种风险类型的管理委员会，但它们的风险管理委员会在数量上要么太多，要么不足，而且都没有明确各自的管理范围。由于各委员会的管理范围不明确，导致不能对整个银行内各个层次的业务单位、各种风险的通盘管理，也就难以避免管理上的重叠与缺口。

(2) 全面风险管理信息系统建设滞后。

全面风险管理信息系统是风险管理的主要依据，是提高全面风险管理水平的有力的技术保证。但是，由于我国商业银行风险管理的起步时间较晚，导致积累的相关基础数据不足。同时，由于我国还没有建立起完善的公司治理结构和信息披露制度，使得不少企业的财务数据存在基础数据收集困难、公布出来的数据存在一定程度的失真等问题。而且，我国商业银行在信息系统开发上缺乏前瞻性和不连续性，这些都制约了风险管理模型的建立。

(3) 全面风险管理工具缺乏。

自20世纪70年代以来，国际金融衍生产品市场发展迅速，已成为商业银行规避风险、获取收益的重要工具，促进了金融市场稳定发展和金融创新的开展。然而，目前我国既缺乏成熟的金融衍生品市场为商业银行提供对冲利率风险、汇率风险、信用风险的平台，也没有成熟的资产证券化市场供商业银行通过贷款证券化、贷款出售转移风险。衍生金融产品的缺乏，极大地限制了我国商业银行通过多样化资产组合来降低风险的可能性，明显制约了我国商业银行全面风险管理的现代化进程。

我国金融机构加强全面风险管理可以采取的措施如下。

(1) 树立正确的全面风险管理理念。

我国商业银行需要采取多种方法加强全面风险管理知识教育，树立"全面风险管理、全员风险管理"的理念，让员工充分认识商业银行风险存在的客观必然性和风险管理的持久性，真正理解商业银行能够识别、监测、度量和控制风险，但不能回避风险，商业银行能够通过主动的风险管理来实现风险和收益的平衡。

(2) 构建商业银行全面风险管理组织机构。

关于银行内部组织机构的建设，我国商业银行在借鉴国外成功经验的同时，还应坚持两条基本原则：一是匹配建设原则。风险管理机构是银行从事风险管理的一个部门，具有较强的针对性和特定性，只有与银行自身业务特点相匹配，才能发挥风险指引的作用。二是持续优化原则。银行应配备一支专业化队伍和专门的机构，负责全面风险管理机构的运行、维护、升级和创新，建立起适合银行发展的风险管理机构，并在实践中不断修正和完善。

(3) 建立科学的信用风险管理模式。

信用风险管理要是能够有效地被执行，除了制定适当的信用风险管理的政策与适时监督银行整体的风险外，更为积极的一种方法就是促使信用风险管理的理念深植于商业银行的组织文化中。同时要建立科学的信用风险管理体系。首先要建立起全面的风险管理的模式。其次要构建完整独立的、纵向式的信用风险管理体系。还要完善信息系统建设。建立和完善信息系统及有效的交流渠道，要使信息系统的开发具有前瞻性和连续性，使信息系统能够涵盖银行所有的业务活动，并具有准确性和一致性，充分满足银行风险管理的需求。

(4) 建立完善的操作风险控制机制。

首先要根据操作风险决策层对操作风险定义，深入分析引起操作风险的原因，识别各业务线和管理环节可能存在的操作风险种类和风险点，评估其可能的影响并明确风险标志。根据操作风险信息，选择适当的模型进行风险计量，或根据《新巴塞尔资本协议》和上述风险决策支持系统，采用相应的方法和模型对操作风险进行模拟和度量，计提操作风险资本金。其次，开发和应用相应的缓解和管理系统和模型，这样决策层和管理层可以较全面地把握操作风险基本情况，及时调整和转换风险管理的策略和方法。

总之，当前商业银行的风险趋于全球化、多样化、复杂化，这就需要我国金融机构顺应全面风险管理的新趋势，构建更合理和完善的商业银行全面风险管理体系。

# 项 目 总 结

本项目系统阐述了全面风险管理的定义、目标和要素，并总结了国内外金融机构在实施全面风险管理框架中的现状和经验。

# 课 外 活 动

通过网络途径阅读本项目中提到的关于全面风险管理的法规文件，体会全面风险管理的本质是什么。

# 参 考 文 献

[1] 温红梅，姚风阁，王岩伟. 金融风险管理[M]. 大连：东北财经大学出版社，2009.

[2] 朱淑珍. 金融风险管理[M]. 北京：北京大学出版社，2011.

[3] 安东尼·桑德斯，马西娅·米伦·科尼特. 金融风险管理[M]. 5版. 王中华，陆军 译. 北京：人民邮电出版社，2012.

[4] 宏章教育银行业从业资格考试研究院. 风险管理(中国银行业从业人员资格认证考试辅导教材)[M]. 北京：中国财政经济出版社，2012.

[5] 人力资源社会保障部人事考试中心. 金融专业知识与实务[M]. 北京：中国人事出版社，中国劳动社会保障出版社，2013.

[6] 洪锡熙. 风险管理[M]. 厦门：暨南大学出版社，1999.

[7] 泰翰·菲兹罗，楠斯·颇特，艾得·泰科斯. 中国的利率市场化：比较与借鉴[J]. 新财经，2010.

[8] 银监会. 商业银行市场风险管理指引. 2004.

[9] 银监会. 商业银行操作风险管理指引. 2007.

[10] 侯训义，郝文刚，张吉光. 商业银行操作风险的特征分析及启示——基于巴塞尔银行监管委员会调查结论的再分析[J]. 济南金融，2007(6).

[11] 程莉. 我国商业银行操作风险管理的现状分析[J]. 中国经贸，2010(2).

[12] Treadway 委员会发起组织委员会(COSO). 内部控制整合框架. 方红星译. 中国企业内部控制标准委员会(财政部会计司)组织翻译.

[13] 沈良整理. 期货中国专访刘汉兴：对冲基金追求风险调整后的高回报. 期货中国网，2010.

[14] 银监会. 商业银行信用风险内部评级体系监管指引. 2008.

[15] 陈燕玲. 新巴塞尔协议及其对我国银行业的影响[J]. 中央财经大学学报，2002(9).

[16] 国研网金融研究部研究员. 《金融中国》9月度分析报告. 国研网

[17] 刘聪. 《巴塞尔协议 III》对全球银行业的影响[J]. 银行家，2010.

[18] 中国银行业监督管理委员会干部教育培训教材编审委员会. 银行业监管理念监管文化. 2006.

[19] 吕香茹. 商业银行全面风险管理[M]. 北京：中国金融出版社，2009.

[20] 冯宗宪. 金融风险管理[M]. 西安：西安交通大学出版社，2011.

[21] 王顺. 金融风险管理[M]. 北京：中国金融出版社，2007.

[22] 刘金波. 风险管理[M]. 北京：中国金融出版社，2010.

[23] 中国银行业从业人员资格认证办公室编写. 风险管理[M]. 北京：中国金融出版社，2007.

[24] 部分文献摘自百度文库

http://wenku.baidu.com/view/252f1a0702020740be1e9b16.html

http://wenku.baidu.com/view/1634973283c4bb4cf7ecd199.html.

http://www.chinabond.com.cn/Info/10347174.

http://baike.baidu.com/link?url=cy69kYYPDAVbm3e-4c-PdmG5beNbP4E5syPXLnTCsBUgUua6CqqCJEWFrYWpm1JQ.

http://baike.baidu.com/link?url=D0LbMs89Q7a09p4JH1UWxfh6IUwZEtzpXFYM6HQjFlkaECAWuqgLbQYRCIHPNNQn.

http://baike.baidu.com/view/4322566.htm.

http://baike.baidu.com/view/978878.htm.

http://wenku.baidu.com/view/8a526928915f804d2b16c195.html.

http://baike.baidu.com/view/156901.htm.

http://baike.baidu.com/subview/1298547/11054796.htm?fromId=10556.

[25] 高增安，何京君. 从金融危机看新巴塞尔协议的改革方向[J]. 西南金融，2010(7)：27～29.

[26] 张晓朴. 系统性金融风险研究：演进、成因与监管[J]. 国际金融研究，2010(7)：58～67.

[27] 韦林克. 巴塞尔委员会监管改革新思路[J]. 中国金融，2010(13)：17～18.

[28] 霍再强. 现代金融风险管理[M]. 北京：科学出版社，2004.

[29] 徐镇南. 金融风险与银行管理[M]. 上海：复旦大学出版社，1999.

[30] 宋清华，李志辉. 金融风险管理[M]. 北京：中国金融出版社，2003.

[31] 施兵超，杨文泽. 金融风险管理[M]. 上海：上海财经大学出版社，2002.

[32] 中国银行业从业人员资格认证办公室. 风险管理[M]. 北京：中国金融出版社，2013.

[33] 赵志宏等. 银行全面风险管理体系[M]. 北京：中国金融出版社，2005.

[34] 丁鹊. 浅谈金融风险的特征与防范的对策[J]. 时代金融，2011(3).

[35] 周晔. 金融风险度量与管理[M]. 北京：首都经济贸易大学出版社，2010.

[36] 高晓燕. 金融风险管理[M]. 北京：清华大学出版社，2012.